KB129988

브릿지하라!

브릿지하라!

초판 1쇄 2022년 2월 14일

지은이 브릿지피플
발행인 김재홍
마케팅 이연실
디자인 박효은 현유주

발행처 도서출판지식공감
등록번호 제2019-000164호
주소 서울특별시 영등포구 경인로82길 3-4 센터플러스 1117호{문래동1가}
전화 02-3141-2700
팩스 02-322-3089
홈페이지 www.bookdaum.com
이메일 bookon@daum.net

가격 18,000원
ISBN 979-11-5622-673-4 03320

ⓒ 브릿지피플 2022, Printed in South Korea.
- 이 책은 저작권법에 따라 보호받는 저작물이므로 무단전재와 무단복제를 금지하며,
  이 책 내용의 전부 또는 일부를 이용하려면 반드시 저작권자와 도서출판지식공감의
  서면 동의를 받아야 합니다.
- 파본이나 잘못된 책은 구입처에서 교환해 드립니다.

위기를 기회로

브릿지
하라!

일과 삶의 지혜

Bridge

지식공감 도서출판

Contents

Bridge

위드 코로나
새로운 각본을 써라

이수경

- 가정행복코치, 시나리오 플래너
- 《자기 인생의 각본을 써라》, 《차라리 혼자 살걸 그랬어》, 《이럴 거면 나랑 왜 결혼했어?》

위드 코로나,
새로운 각본을 써라

코로나 팬데믹, 위험인가 기회인가?

2020년 1월 20일, 우리나라에서 코로나 첫 확진자가 발생한 이후 2년이 넘었다. 아마도 그 기간에 사람들 입에 제일 많이 오르내린 단어는 '코로나'가 아닐까 싶다. 여기 가도 코로나, 저기 가도 코로나, 온통 코로나 얘기뿐이다. 그만큼 코로나는 작금의 우리 삶을 지배하고 있다. 팬데믹 초반 전 세계가 코로나 확산으로 몸살을 앓고 있을 때 우리나라는 K-방역 성공으로 세계의 관심을 받았다. 2년이 넘은 지금은 우리나라도 확산세가 만만치 않다. 더욱이 새로운 변이종의 출현으로 정부도, 방역 당국도, 국민들도, 위태로운 하루하루를 보내고 있다.

코로나 2년, 우리에게 코로나란 무엇이었을까. 여러분에게 코로나란 무엇이었는가. 비대면이 일상이 되다 보니 일부 비대면 산업은 활황을 맞고 있지만, 대부분 사람들에게는 우울한 소식뿐이다.

코로나 시대, 가장 빈번하게 등장한 단어들을 빅데이터를 통해 살펴보니 코로나, 바이러스, 팬데믹, 마스크, 백신, 치료제, 질본, 집, 집콕,

재난지원금, 배달, 홈트, 확진자, 예방, 손 씻기, 접종, 아스트라제네카, 화이자, 모더나, 얀센, 신천지, 의료진, 사회적 거리두기, 주식, 부동산, 가상화폐, 메타버스, 온라인, 비대면, 등이었다.

각자 처한 상황에 따라 다르겠지만 일반 개인에게 가장 보편적인 연관어는 무엇일까? 나 개인적으로는 사회적 거리 두기, 가족, 시간 활용이었다. 코로나 팬데믹 상황이 장기화되면서 대다수의 사람들에게 위험 요인이 되고 있지만, 그 가운데 기회 요인을 찾는 노력이 필요하다.

인류 역사, 위기 극복의 역사

그동안 살아오면서 크고 작은 위기를 겪었지만, 이번 같은 역대급 위기는 한 번도 경험하지 못했던 것 같다. 오죽하면 타임지 커버에 '2020X 역대 최악의 해'라고 했을까. 그러나 뭐 어쩌겠는가. 위기란 극복하라고 있는 것이다. 과거에도 그랬고 지금도, 또 미래에도 우리 앞에는 크고 작은 위기가 파도처럼 몰려올 것이다. 인류 역사는 위기 극복의 역사다. 만약 인간이 위기를 극복하지 못했다면 위기란 단어가 태어나지 못했을 거다. 그냥 위험과 실패, 몰락이란 단어밖에 없었겠지.

왜 누구는 위기를 극복하고 누구는 무너질까? 똑같은 환경에서 태어났어도 잘 되는 사람이 있고 잘못되는 사람이 있다. 흙수저로 태어난 쌍둥이도 왜 한 사람은 성공하고, 다른 한 사람은 실패할까. 인간이 동물과 다른 점은 태어난 대로 살지 않는다는 것이다. 약한 동물은 평생 강한 동물에 쫓겨 다니다 일찍 삶을 마감한다. 그러나 인간은 다르다. 어떤 역경도 얼마든지 역전이 가능하다.

삶은 사는 게 아니라 살아내는 거다

삶에는 우여곡절이 있게 마련이다. 성공과 실패, 기쁨과 슬픔, 희망과 절망, 위기와 기회, 안정과 불안정이 끊임없이 반복되며 흘러간다.

만약 성공만 계속된다면 그 사람은 어떻게 될까? 하늘 높은 줄 모르고 교만해질 것이다. 세상 저 혼자 밖에 모르고 다른 사람은 배려하지 않고 무시하게 될 것이다. 그러면 종국에는…? 실패하게 될 것이다. 나락으로 떨어지게 된다. 그동안 실패를 경험해본 적 없기에 회복할 수 없는 상태로 망가지게 될 것이다.

실패는 사람을 성장시킨다. 사람은 실패할 때 비로소 자신을 되돌아보기 때문이다. 무엇이 부족한지. 어떤 선택이 잘못됐는지를 곱씹는다. 이렇듯 사람은 실패에서 배움을 얻는다. 실패보다 더 큰 실패가 뭘까. 실패를 통해서 배우지 않는 것이다. 실수나 실패는 누구나 하지만 모두가 실수나 실패로부터 배우지는 않는다. 회개 없이 돌아온 탕자의 모습이다.

살아가는 동안 수많은 문제를 만난다. 문제는 파도처럼 온다. 이제 끝났나 싶으면 또 다른 문제가 나타난다. 그래서 인생은 문제를 해결(Trouble shooting)하는 과정이다. 나는 문제 해결자(Trouble shooter)다. 내 앞에 나타나는 문제를 끊임없이 해결해야 한다. 그것이 나의 과제이고 숙명이다.

스티브 잡스의 말을 들어 보자.
"내 인생 최고의 행운은 창업한 애플에서 해고당한 것이다."

해고당한 뒤 그의 인생관과 경영관은 크게 바뀌었다. 독선적 창업가가 유연한 경영자로 재탄생하는 계기가 됐고, 훗날 애플이 대도약하는 데에 밑거름이 됐다. 해고가 최고의 행운이라고? 사람들은 대부분 해고당하면 '아, 망했다. 내 인생 끝났다'라고 생각한다. 그러나 회복탄력성이 강한 사람들은 다르다. 그들은 역경을 딛고 다시 일어선다.

시스코시스템즈의 CEO 존 체임버스의 말도 의미심장하다.
"난독증은 내게 기회를 줬다."
그는 책은커녕 보고서 한편조차 스스로 읽기 어려웠던 사람이었다. 그랬던 그가 어떻게 최고 경영자가 될 수 있었을까? 그는 부하 직원이 써준 보고서를 읽는 대신 현장에 달려가 생생히 오가는 말과 느낌에 집중했고, 그 결과 경청의 대가가 됐다. 글로 읽을 수 있는 것보다 훨씬 많은 정보를 얻게 됐다. 고객들과 수없이 소통하면서 남들이 보지 못하는 것을 보았고, 남들이 생각하지 못 하는 것을 떠올렸다.

사람들은 문제에 봉착하면 세 가지 선택을 한다.
① 그대로 산다(미온적 대응)
② 고쳐서 산다(적극적 대응)
③ 포기한다(최악의 대응)

《무지개 원리》의 저자 차동엽 신부는 〈희망의 귀환〉에서 그걸 3가지 바라봄(望)이라고 말했다. 관망(觀望), 절망(絶望), 희망(希望)이었다. 관망한다는 것은 자신의 삶에서 주인공 자리를 내려놓는 것이다. 절망을 선택한다는 것은 내 삶을 포기하겠다는 말이다. 반대로 희망을 선택하면 긍정의 에너지가 몰려온다. 젖 먹던 힘까지 내게 되고 미처 생각지 못한 묘수도 떠오르며, 주위 사람들은 물론 온 우주가 나서서 나를 도와준다.

헤밍웨이의 《노인과 바다》에도 이런 말이 있다.

"희망을 품지 않는 건 어리석은 짓이다. 그것은 죄악이라고 믿는다."

그렇다. 희망을 품지 않는 건 어리석음을 넘어 자신에 대한 범죄행위다. 한쪽 문이 닫히면 다른 문은 없는지 둘러보자. 좌절하지 말자. '이번 일을 통해 내게 주는 교훈이 뭐지? 어떤 좋은 일이 일어나려나?'라고 생각하자.

물론 그렇게 생각한다고 문제 상황이 갑자기 해결되지는 않을 것이다. 누구나 꽃길만 걸으며 살기를 원하지만 그런 사람이 몇이나 되겠는가. 아니 꽃길만 걷는 사람은 없다. 때로는 자갈밭을 걷기도 하고, 또 때로는 가시밭길도 걸어야 한다. 콧노래 부르며 꽃길을 걸을 때도 있고 무거운 짐을 지고 자갈밭을 걸을 때도 있다. 그게 삶이다. 힘들 땐 힘을 내야 하고, 슬플 땐 참아내야 하며, 아플 땐 이겨내야 한다.

삶은 살아내야 한다. 삶이 나를 끌고 가게 하지 말고 내가 삶을 끌고 가야 한다. 코로나로 인해 온 세상이 멈춰 버렸지만 코로나 탓만 하고 있을 수는 없다. 코로나가 완전 종식될 때까지 나는 철저한 위생관리를 하는 동시에 내가 할 수 있는 일을 하며 버텨야 한다. 그러다 보면 어느 날 태양이 찬란하게 나를 비추는 날이 온다. 그때 나는 씨익 웃을 거다.

코로나로 멈춰버린 작금의 세상이지만 **그래도 삶은 계속되어야 한다.** 그렇다. 어찌 됐든 삶은 계속된다. 아무리 힘들고 고달픈 현실이라도 태양은 다시 떠오른다. 우리는 그 태양을 마주해야 한다. 죽어도 오고 마는 내일이 두렵기는 하지만, 하루는 아무 일도 없단 듯이 오늘이라는 이름으로 어김없이 또 돌아온다. 그러니 마주할 수밖에 없다. 피할 수 없다면 즐기지는 못 하더라도 도망가지는 말아야지. 이 또한 언젠가 지나갈 것이고 하나의 추억거리가 될 것이다. 그나마 다행스러운 건 코로나는 신분과 계급을 따지지 않고 공평하다는 점이다. 미국 대통령도, 영국 총리도 확진자가 됐지만 나는 확진자가 안 됐으니 말이다.

코로나 그린(GREEN)[1]으로 코로나를 이기자

코로나 바이러스 자체도 문제지만 팬데믹 장기화에 따른 스트레스·우울·공포가 바이러스처럼 번지고 있다. 그래서 코로나 관련 심리 용어도 생겨났다. 코로나 확진자나 격리자 뿐만 아니라, 일상생활을 하는 많은 사람들이 '코로나 블루(우울)', '코로나 레드(분노)'와 '코로나 번아웃(정서적으로 부담 혹은 기대가 높은 환경에 오랜 시간 노출되면서 비롯되는 긴장되고 고갈된 상태)'으로 인한 고통을 호소하고 있다.

코로나 팬데믹 상황에서 2년 넘도록 '사회적 거리두기'가 일상화되고 다른 사람과의 접촉이 차단되며 개인 또는 가족 간 접촉만 유지되는 상황이니 우울감을 호소하는 사람이 많다. 실제 통계로도 코로나 19가 전국을 휩쓴 두 해 동안 이전보다 우울증, 고의적 자해, 자살 신고 건수가 동반해 늘어났다. 코로나 사태로 일상생활에 타격을 받으면서 우울증과 무기력감에 휩싸이는 이른바 '코로나 블루'가 실제 수치로 확인된다는 분석이다.

나아가 이런 현상이 지속되고 보니 불안감, 무기력, 공포감이 내재돼

---

1 '코로나 그린'은 필자가 만든 용어로 세계 최초로 발표하는 것이니 무단 전재를 금하며 인용 시에는 필히 출처를 밝혀주시기 바랍니다.

있다가 외부의 자극에 쉬 분노감을 표출하는 사람들이 많다. 이른바 '코로나 레드'이다. 대중교통이나 공공장소에서 마스크를 써달라는 요구에 욕설이나 주먹질을 한다든지, 뉴스나 SNS를 통해 악성 댓글을 단다든지 하는 사례가 많다. 심지어 극단적인 선택을 하는 사람들도 늘고 있다.

2020년 8월, 안양 평촌동에서 '노래바'를 운영하던 60대 자매가 업소에서 극단적 선택을 시도했다. 동생은 목숨을 건졌지만, 언니는 끝내 숨졌다. 국내의 여러 인터넷 커뮤니티에도 "코로나 장기화에 따른 경제적, 정신적 고통을 말로 다할 수 없다. 차라리 죽고 싶다."라는 글이 속속 올라왔다.

우울을 넘어 타인을 분노하게 만드는 파렴치와 몰상식이 난무하는 요즘, 코로나 블루와 코로나 레드, 코로나 번아웃을 극복할 수 있는 심리적 방역이 절실히 필요하기에 필자는 이 위기를 '코로나 그린'으로 이겨낼 것을 제안한다. 코로나로 인해 받는 직간접 스트레스를 잘 관리해 이 시기를 재도약의 발판으로 삼는 지혜를 필자는 코로나 그린 GREEN이라는 용어로 정리했다.

1. Grit 끈기

무엇보다 이 상황이 오래갈 것이라는 생각을 해야 한다. 쉽게 끝나지 않을 것이다. 그래도 어쩌겠는가. 우리는 살아내야 하지 않겠는가. 살아내지 못 하면 사라진다. 힘들지만 "이 또한 끝날 것이다."라는 마음으로 끈기 있게 이겨내야 한다. 이제 백신도 개발됐고 치료제도 나오면서 코로나도 조만간 종식될 것이다. 그때까지 잘 버티자. 이외수 선생의 말을 빌려 '존버(존나게 버틴다)'하자.

누구나 그렇겠지만 내 일상생활 중 가장 많은 변화를 보인 게 '사회적 거리 두기'였다. 지난 2년 동안 저녁 약속은 거의 없었다고 해도 과언이 아니었으니까. 낮에 하는 개인 또는 비즈니스 모임도 대부분 취소했다. 나는 이런 변화가 포스트 코로나에도 뉴 노멀로 자리 잡으리라는 확신하에 장기전을 치를 준비를 하고 있다. 내 비즈니스도 비대면 온라인으로 바꾸는 작업을 하고 있다. 오프라인 강의는 대부분 줌 강의로 대체됐고 유튜버 활동은 이미 하고 있으며, 올해는 내 콘텐츠 대부분을 온라인용으로 바꾸는 작업을 본격적으로 하려고 한다.

확보된 시간으로 건강한 습관 만든 덕에 매일 새벽 글쓰기를 생활화해 그동안 미뤄왔던 세 번째 책도 지난해 6월 출간했다. 아마도 코로나가 아니었다면 내 기질로 보아 출간 일정이 더 늦어졌을 것이다.

2. Resilience 회복탄력성

회복탄력성은 크고 작은 다양한 역경과 시련을 만날 때 이를 실패로 인식하는 대신 오히려 도약의 발판으로 삼아 더 높이 뛰어오르는 마음의 근력을 의미한다. 물체에 탄성이 있듯이 사람에게도 탄성이 있고 사람에 따라 탄성이 다르다. 대부분의 성공한 사람들은 역경을 딛고 일어선 사람들이다. 아니 역경이 오히려 역전의 계기가 된 거다. 장애물인 줄 알았던 걸림돌이 디딤돌이 된 거다. 회복탄력성이 강한 사람들은 역경으로 인해 밑바닥까지 떨어졌다가도 원래 있었던 위치보다 더 높은 곳까지 올라갈 수 있다. 인류 역사는 그런 위기를 이겨낸 사람들의 성공스토리를 모아놓은 것이다. 역사(History)는 살아남은 자들의 스토리(story)다.

물론 지금은 누가 봐도 위기다. 하지만 위기, 그다음에는 뭐가 있을까. 코로나도 언젠가는 끝날 것이다. 코로나가 종식되면 어떻게 될까. 누군가는 최고의 기회를 맞을 것이고, 누군가는 큰 변화 없이 그럭저럭 살아갈 것이며, 누군가는 세상 욕하고, 신세 한탄하며 SNS로 거짓 정보나 퍼 나르고 허송세월하다 더 비참한 삶을 살게 될 거다.

마지막 그룹에 속하지 않으려면 지금 뭘 해야 할까. 코로나가 나에게만 온 게 아니라 누구에게나 왔기에 필요 이상으로 공포심을 가질 필요는 없다. 어떻게 하면 이 시기를 내 인생에 가장 도움이 되는 방향으로 활용할 수 있을까 하고 깊이 고민하고 나름의 대책을 세워야 한다. 지금이 우회축적의 시간이어야 한다.

3. Emotion 감정 관리

우리가 어떻게 살고 어떻게 다른 사람들과 상호 작용하는지에 영향을 미치는 다양한 유형의 감정이 있다. 때때로 우리는 이러한 감정에 지배받는 것처럼 보일 수 있다. 우리가 하는 선택, 우리가 취하는 행동, 우리가 가진 인식은 모두 어떤 특정한 순간에 우리가 경험하는 감정의 영향을 받는다. 자신이 겪는 다양한 유형의 감정을 인식함으로써 이러한 감정이 어떻게 표현되는지 또 행동에 미치는 영향에 대해 더 깊이 이해할 수 있다.

우리는 살아가면서 다양한 감정을 경험하게 될 텐데 기본적으로는 6가지 감정을 경험한다. 행복감(Happiness), 슬픔(Sadness), 두려움(Fear), 싫음(Disgust), 분노(Anger), 놀라움(Surprise) 등. 그 외에도 다양한 감정들이 있다. 즐거움, 경멸, 만족, 당황, 흥분, 죄, 성취에 대한 자부심, 만족감, 부끄러움 등

그러나 어떤 감정도 절대적이 아니라는 사실을 기억하는 것이 중요하다. 문제는 그럼에도 우리가 어떤 감정을 경험할 때 그 감정에 지나치게 영향을 받는다는 점이다. 앞에서 말한 것처럼 우리는 다양한 경험을 감정으로 느끼게 된다. 그런데 대부분 주된 감정만을 인식하고 나머지 감정을 인식하지 못함으로써 우리 스스로 지나치게 흥분하거나 함몰될 때가 있다. 우리가 행복을 느끼는 가운데서도 불안이나 걱정거리를 가지고 있을 수 있고, 슬픔을 느끼면서도 기대감을 가질 수 있다는 말이다. 그래서 감정을 뇌로만 인식하게 되면 그 생각밖에 안 나서 주 감정에 과몰입할 수밖에 없다. 따라서 감정을 정리하기 위해 글로 써보는 것이 중요하다. 그러면 주 감정과 보조 감정을 인식할 수 있게 되고, 그러다 보면 주 감정은 사그라들고 보조 감정이 확장될 수도 있다. 그때 주로 긍정적 감정을 붙잡으라고 권하고 싶다.

스트레스를 받을 때는 음악을 듣거나 운동, 또는 글쓰기를 통해 자가 치유를 하는 게 좋다. 필자는 그중에서 글쓰기를 강력 추천한다. 글쓰기

목적은 사람마다 다르겠지만 그중 하나는 스스로에 대한 화해와 치유 기능이다. 운동에 대해서는 아래 〈5. 에너지〉에서 말씀드리겠다.

글쓰기를 할 때는 이렇게 시작하시길 권한다.

'오늘은 무슨 신나는 일이 있을까', '무슨 가슴 설레는 일이 있을까'

그리고 그날 있었던 일, 느꼈던 감정, 깨달은 교훈, 새로운 각오 순서로 쓴다. 그리고 마지막은 이렇게 끝내길 권한다.

"오늘도 수고했어", "다 잘 될 거야. 난 할 수 있어."

4. Energy 에너지 관리

다들 우울해하는 이 시기에도 누군가는 자신의 목적을 향해 끊임없이 노력할 것이고 매일매일을 에너지 축적의 시간으로 삼을 것이다. 그런 사람들은 결국 살아남는다.

요즘 100세 시대라고 하는데 건강하게 80년을 산다고 치자. 코로나 위기를 경험하는 기간은 2~3년밖에 되지 않는다. 나머지 수십 년을 잘 살아 내야 하는 거다. 지금 이 시기를 잘 넘긴 사람은 물 만난 고기처럼 쭉 성장할 것이고, 이 시기를 잘 못 넘긴 사람은 코로나가 끝나도 힘든 생활이 계속될 것이다.

많은 사람들이 코로나로 인해 아무것도 할 수 없다고 말한다. 틀린 말은 아니다. 이전에 우리가 해 왔던 많은 활동들을 할 수 없으니까.

그러나 필자는 다르게 생각한다. 코로나 덕분에 우리는 많은 시간을 확보했다. 여러분은 그 시간에 뭘 하시는가? 나는 운동을 생활화했다. '확진자'도 안 돼야 하지만 '확 찐자'도 안 돼야 하기 때문이다. 일주일에 적어도 4~5일은 운동한다. 운동 시간도 평소보다 훨씬 길어졌다. 재작

년 8월 '사회적 거리두기 2.5 단계' 이후 내 일상 루틴을 아래와 같이 정리했는데, 지금도 계속 유지하고 있다.

- 무엇보다 일찍 자고 일찍 일어난다. 면역력 강화를 위해 적절한 수면은 필수이기 때문이다.
- 건강한 식사를 제때 천천히 하고 있다.
- 밤 10시 이후는 TV를 안 보기로 했다. 그 좋아하던 영화를 끊고 대신 책을 본다.
- 11시쯤 잠자리에 들어 새벽 5시반에 일어난다.

이처럼 일상이 단순해지자 쓸데없는 일을 안 해도 되었고, 꼭 필요한 일들만 하다 보니 컨디션도 아주 좋다. 운동의 효과를 맛봤기 때문에 나는 코로나가 끝나도 계속 운동할 생각이다. 사람들은 "그럼 무슨 재미로 사냐?"라고 묻지만 내가 이런 습관으로 1~2년을 지속한다면 얼마나 좋은 결과가 있을지 상상하면 기대가 된다. 그야말로 에너지 뿜뿜이다. 코로나 시대, 운동을 통해 건강한 몸과 건전한 정신을 유지하고 에너지를 비축해둔다면 코로나가 끝났을 때 마음껏 일할 수 있게 되지 않겠는가.

5. Network 인간관계

마지막으로 인간관계다. 사람은 혼자서는 살 수 없다. 그래서 사회적 동물이라고 하는 거다. 코로나 시대라 자유롭게 사람을 만날 수 없지만 전화, 메신저, 이메일 등을 통해 얼마든지 교제할 수 있다. 특히 요즘은 SNS의 발달로 다양한 소통이 가능한 시대 아닌가. 코로나 이전보다 늘어난 시간으로 평소 교제하지 못했던 분들에 대해 교제의 폭과 질을 넓히는 것이 필요하다.

그중에서도 가족 관계가 정말 중요하다. 코로나로 인해 '사회적 거리 두기'가 일상화되다 보니 만날 수 있는 사람은 가족밖에 없다. 가족과 많은 시간을 함께 보내야 한다. 그러다 보니 가족 간 불화가 생기는 경우가 많다고 한다. 예컨대, 영식 씨가 '삼식이 세끼'가 되고 보니 자주 부딪힌다. 평소에 가족끼리 대화도 없고, 오랜 시간을 함께 보내는 기술도 없다 보니 그런 일이 생기는 거다. 그래서 가정 내 음주가 늘고 가족 학대나 가정 폭력이 많이 늘었다고 한다. 절대로 안 될 일이다.

개인적으로는 결혼 후 30년 동안 아내와 함께한 시간보다 최근 1년간 함께한 시간이 훨씬 더 많다. 많은 일을 아내와 함께 하고 있다. 매일 두 끼 식사를 같이 하고 거의 매일 저녁 양재천 산책을 간다. 과거에는 상상도 못 했던 일이다. 부부 사이가 좋지 않다면 그 시간이 고통의 시간일 텐데, 다행히 나는 직업이 가정행복코치인지라 그 시간을 잘 즐기고 있다.

그동안 우리의 일상은 일과 삶의 불균형 상태였다. 이제 드디어 일과 삶의 균형(Work-life balance)을 갖는 시기가 온 거다. 그동안 무엇을 위해 이렇게 살았던가 돌이켜 본다. 무엇 때문에 일을 하고 무엇 때문에 돈을 벌었던가. 명목적 이유는 나와 가족의 행복을 위해서였다. 그런데 정작 가족은 행복하지 않고 각자 뿔뿔이 흩어져 살았다.

이제 눈에 보이지도 않는 바이러스라는 놈이 반강제로 전 세계인에게 사회적 멈춤을 명령하고 가족 간에 하나 됨을 주문하고 있다. 다들 흩어지라고, 가족들끼리만 뭉쳐 살라고 주문하고 있다. 지금이 아니면 언제 우리가 이렇게 가족과 하나 되겠는가. 할 수 있을 때 열심히 가족을 섬기자. 열심히 가족을 사랑하자. 우리 인생의 목표가 그거 아닌가? 가족의 건강, 안녕, 행복 아닌가? 코로나가 우리에게 준 최고의 선물은 '가족'이다.

위드 코로나, 새로운 각본을 써라

코로나 이후 세상이 어떻게 변할지 솔직히 나도 잘 모른다. 녹록지 않을 것만은 틀림없는 사실이다. 미래학자들은 이제 세상을 BC(Before Corona)와 AC(After Corona)로 나눠야 한다고 말할 정도로 코로나 이전과 이후는 다를 것이라고 전망한다. 그러나 인류는 지금까지 그래 왔듯이 코로나도 이겨낼 것이다. 어쨌든 내일은 또 다른 태양이 떠오를 것이고 우리는 그 가운데 살아가야 하며 잘 살아내야 한다. 위기의 때일수록 기본으로 돌아가야 한다. 남 탓, 환경 탓한다고 상황이 달라지지 않는다. 오로지 내가 할 수 있는 일에 초점을 맞춰야 한다.

여기 자신이 처한 극한 상황에서 전혀 다른 인생 시나리오를 쓰고 자신의 미래를 전격적으로 바꾼 사람이 있다. 《죽음의 수용소에서》의 저자이자 정신과 의사인 빅터 프랭클. 그는 독일 나치 치하의 유대인 강제 수용소에서 수감자로서 삶과 죽음을 목도하게 된다. 수용소에서 부모와 형제, 아내를 모두 잃고 그 자신도 추위와 굶주림, 폭행 그리고 목숨까지 잃을 수 있는 극한의 공포에 시달린다. 그런 최악의 상황에서도 그는 희망을 잃지 않고 여기서 살아남아 훗날 자신의 경험을 토대로 새로운 정신치료법 이론을 개발해 대학 강단에 서는 꿈을 꾼다. 결국 그는 그곳에서 살아남아 '로고테라피'라는 정신치료법 이론을 창시해 프로이트, 아들러에 이어 세계 3대 심리학자로 우뚝 서게 된다.

나도 그런 경험이 있다.

내가 다니던 회사가 IMF 위기를 맞아 졸지에 부도가 났다. 회사에 하청을 주었던 원청 건설회사들이 무더기로 부도가 나면서 연쇄부도를 맞은 것이다. 암울한 시기였다. 누구를 원망할 수도 없었다. 국가부도위기인데 누구를 탓하고 어디 가서 하소연하겠는가. 살아야 했다. 이대로 주저앉을 수는 없었다. 사장이 비상대책위원회를 설치하고 대대적인 구조조정을 실시했다. 10명의 임원 중 8명을 내보내고 나만 달랑 남겼다. 직원 숫자도 450명에서 170명으로 줄였다. 그때부터 뼈를 깎는 고난의 행군이 시작됐다. 장기로 말하면 차, 포 떼고 졸만 데리고 일해야 했다. 1,000억 매출하던 회사가 다음 해 700억원으로, 이듬해 450억원까지 떨어졌다.

나는 영업본부장을 맡아서 그 이후 7년 동안 허리띠, 머리띠, 신발끈 조여 매고 월화수목금금금 일했다. 천신만고 끝에 7년만에 회사 빚 다 갚고 다시 1,000억짜리 회사로 만들었다. "위기는 기회다"라는 말, 틀리지 않았다. 회사가 위기를 맞으니까 10명이던 임원들 두 명으로 줄이고, 450명 직원을 170명으로 줄여도 아무 문제없었다. 오히려 생산성이 3~4배가 뛰었다. 개인적으로도 내가 영업본부장이 될 때 이사였는데, 3년만에 상무로, 3년만에 전무로, 또 2년 만에 부사장으로 승진을 했다. 탄탄대로가 눈앞에 보이는 듯 했다. (결론적으로 해피엔딩으로 끝나지는 않았다. 궁금하시면 내 책《자기 인생의 각본을 써라》를 읽어보시기 바란다.)

참 아픈 추억이지만 지금 생각하면 내 성장의 결정적 계기가 됐던 사건이었다. 그 이후 나는 힘든 일이 있을 때마다 그때를 떠올리며 이렇게 되뇐다.

'IMF도 이겨냈는데 뭘 못 이겨 내겠어?'

그렇다. 어떤 절망 속에서도 희망이 있으며, 어떤 상황에도 삶의 의미가 있다는 것을 빅터 프랭클의 삶을 통해 우리는 깨닫고 살아갈 힘을 얻는다. 지금의 현실이 절망적인가? 불행하다고 느끼는가? 그렇다면 인생 각본을 다시 써라!

프로 선수들은 남들이 다 쉬는 겨울에 집중훈련을 한다. 그래야 봄 시즌에 두각을 나타내기 때문이다. 우리도 마찬가지다. 각자 꾸준히 운동을 해 면역력을 키워야 하고, 온통 코로나 관련 뉴스 뿐이니 정보의 편식을 해결하기 위해 책 읽기도 게을리하지 않아야 한다. 학생은 더 열심히 공부해야 하고, 뭔가를 계획 중인 사람들은 이때를 이용해 나름 준비해야 한다. 강제로 주어진 시간이지만 뭔가를 하기에 가장 좋은 시간이기도 하다. 만나지 않아도 될 사람들을 만나는데 시간을 빼앗기지 않아 여유로워지고 밖에 나가지 않아 돈도 절약되니 얼마나 좋은가.

평생 이렇게 살 수는 없겠지만 앞으로 1년 정도 창살 없는 감옥에 갇혔다고 생각하고 이 시기를 잘 활용하자. 실력을 키우자. 위대한 작품들은 유배지나 감옥 생활에서 나온 경우가 많다. 신영복 선생도 옥고 중에 《감옥으로부터의 사색》을 썼으며, 정약용은 18년간의 유배 생활에서 무려 48권 16책의 《목민심서》를 집필했다. 남아프리카 공화국 최초의 흑인 대통령이자 흑인 인권운동가인 넬슨 만델라도 종신형을 받고 27년여간을 복역하면서 세계 인권운동의 상징적인 존재가 되었다. 뭔가를 이루기위해 일부러 감옥에 갈 필요는 없지만, 어차피 해야 할 감옥 생활이라면 기회로 삼아야 하지 않겠는가. 탈옥 시리즈로 유명한 영화 〈이스케이프 플랜 2 하데스〉에서 실베스터 스탤론이 동료 직원에게 하는 말이 생각난다.

"감옥의 유일한 선물인 시간을 낭비하지 마!"

그렇다. 코로나라는 감옥이 우리에게 준 선물은 '시간'이다. 개인도, 기업도, 국가도 이 고난의 시기에 체질 강화를 위해 변신이 절실하다. 지금도 안 고치면 언제 고치겠는가. 2차 대전을 승리로 이끈 영국 윈스턴 처칠 총리는 "좋은 위기를 낭비하지 말라(Never waste a good crisis)"라는 명언을 남겼다. 지금이 바로 좋은 위기다. 평소 잘하던 건 계속 하고, 시간이 부족해 못 했던 것들은 이 기회에 한 번 도전해보자. 또 가족과만 함께 보내는 시간이 달갑지 않은 사람들도 있겠지만 사회적 거리는 멀어도 가족 간 거리는 더 가까워지자. 어차피 피할 수 없다면 그동안 바빠서 못한 사랑 마음껏 해보자. 코로나 베이비라도 생기면 출산율도 높이고 애국도 하니 얼마나 좋은가.

이제 결론을 맺자.
- 지금 이 상황도 언젠가 끝날 것이라는 믿음으로 끈기 있게 이겨내고
- 그 과정에서 크고 작은 문제나 위기가 있더라도 오뚝이같이 분연히 일어서며 코로나가 끝나 일상으로 돌아갔을 때 내가 할 수 있는 일을 상상해 내 콘텐츠 관련 실력을 키우고
- 매 순간 내가 맞는 상황에서 감정을 잘 조절하고
- 무엇보다 심신을 건강하게 유지하는 등 기본에 충실하며
- 사회적 거리 두기 상황에도 사람들과의 인간관계, 특히 가족 관계를 건강하게 유지하는 등 포스트 코로나에 대비한 인생각본을 짜자!

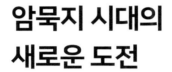

암묵지 시대의
새로운 도전

김중태(ith.kr)

암묵지 시대의
새로운 도전

2018년에 브랜드가치 순위 1위를 기록한 애플을 비롯하여 4위까지 기록하고 있는 구글, 아마존, 마이크로소프트, 이들 네 기업의 공통점이 몇 가지 있다.

첫 번째는 시가총액 1천조(1조 달러)를 돌파한 기업이라는 점이다. 2018년에 애플은 미국기업 최초로 시가총액 1조 달러를 돌파한 기업이 되었다.

두 번째 특징은 모두 IT기업이라는 점이다.

세 번째 특징은 브랜드 순위뿐 아니라, 시가총액에서도 세계 1~4위라는 점이다.

네 번째 특징은 **암묵지 경영으로 변화한 기업**이라는 점이다. 과거의 기업은 형식지 경영으로 성장해 브랜드 순위와 시가총액 순위에 이름을 올렸는데, 최근 상위권에 포진한 애플, 구글, 아마존, 마이크로소프트, 페이스북 등은 암묵지 경영으로 성장한 기업이라는 특징이 있다.

그렇다면 형식지(explicit knowledge)는 무엇이고 암묵지(tacit knowledge)는 무엇인가? 형식화시킬 수 있는 지식을 형식지라 부르고, 형식화시킬 수 없는 지식을 암묵지라 부른다.

가령 프랑스에 간 적 없는 내가 어떻게 에펠탑을 알 수 있을까? 에펠탑 사진과 그림, TV화면 등을 통해 봤기 때문이다. 전 세계 많은 사람들이 글, 그림, 사진, 영상 등을 통해 에펠탑의 형태를 학습하는 것이다. 글, 그림, 사진, 도표, 수치, 공식, 영상 등으로 형식화 가능한 지식이 형식지다.

그동안 인류는 형식지를 잘 외우는 사람이 좋은 대접을 받았다. 땅 이름과 돌 이름을 잘 외우면 지리 점수가 좋았고, 주기율표를 잘 외우면 화학 점수가 좋았으며, 역사 연표 잘 외우면 역사 성적이 좋았다. 법률과 판례를 많이 외운 사람은 판검사가 되었다. 영어 단어 많이 외우면 영어 잘하는 사람이었다. 지금까지 인류 역사는 형식지가 지배한 역사였다. 판검사를 선발할 때 문학적 감성이 풍부하거나 도덕성이 뛰어난 사람을 뽑은 적이 없다. 법률과 판례를 많이 외운 사람을 뽑았다. 어느 시험에도 '연인이 말다툼을 적게 하면서 사귈 수 있는 방법은 무엇인가?'라는 문제가 나온 적은 없다. 고시를 비롯해 각종 자격증 시험, 공무원 시험은 책을 많이 외운 사람이 풀 수 있는 문제를 출제했지, 감성이 풍부한 사람이 풀 수 있는 문제를 출제한 적이 없다.

암묵지는 형식화시킬 수 없는 지식이다. 좋아하는 연인을 보면 기분이 좋고 행복해진다. 그런데 얼마나 행복하고 기분이 좋은지 글이나 그림, 사진, 도표, 숫자로 표시할 수 없다. 아들을 군대 보내고 불안해하던 엄마가 첫 휴가로 아들을 만날 때 느끼는 기쁨과 행복, 안도감 등의 복잡미묘한 감정을 글이나 그림, 수치, 도표로 형식화시킬 수 있을까? 불가능하다. 음악을 들으면서 떠오르는 느낌과 감정을 형식화시킬 수 없다. 왜 좋은지 설명하기도 어렵다. 그냥 노래를 들으니 기분이 좋을 뿐이다.

암묵지는 기계가 못 하는 영역에 있는 지식인 경우가 많다. 악보를 입력만 하면 컴퓨터 혼자서 오케스트라 연주도 한다. 음정, 박자 실수 한 번 없이 모든 악기 소리로 연주가 가능한 것이 컴퓨터다. 이때 악보라고 하는 영역은 오선지에 기호로 형식화된 지식이다. 그렇지만 음악을 듣고 받는 느낌은 암묵지 영역에 속한다. 그래서 암묵지는 미래를 위한 중요한 경쟁력이 된다.

휴머노이드와 인공지능의 발전은 인류에게 새로운 시대를 예고하고 있다. 인공지능을 탑재한 휴머노이드 로봇이 100개국 언어를 자유롭게 말하고, 10만 가지 직업을 대체하는 날이 다가오고 있는 상황에서 영어 교육 하나에만 20년을 모두 투자하고 있어서는 안 된다. 그렇다면 앞으로 우리는 어떻게 교육하고, 어떤 능력 개발에 투자해야 할까? 당연히 로봇이 대체할 수 없는 영역, 미래에도 인류가 담당해야 하는 영역에 투자해야 한다. 그 영역이 암묵지 영역이다.

먼 미래에는 또 달라지겠지만 당분간 로봇과 컴퓨터가 하기 어려운 지적 영역은 세 가지다. **창조, 가치판단, 감성이다.** 이 세 가지 영역을 아우르는 지식이 암묵지다.

기계는 앞으로도 무에서 유를 창조하기 어려울 것이다. 베토벤의 '합창' 교향곡 같은 명곡은 기계가 작곡하지 못 한다. 사람은 사람보다 더 바둑을 잘 두는 프로그램을 창조할 수 있지만, 프로그램이 자신보다 더 뛰어난 프로그램을 창조하면서 진화하는 일은 현재로서는 불가능하다. 이처럼 창조는 컴퓨터에게 매우 어려운 영역이다. 그래서 앞으로도 컴퓨터 프로그래머와 엔지니어는 매우 중요한 직업으로 각광받을 수밖에 없다.

가치판단도 컴퓨터에게는 어려운 영역이다. 미국의 변호사가 한국에 와서 민법, 형법 변호사로 활동하는 모습을 볼 수 없을 것이다. 미국 변호사가 한국의 문화를 이해할 수 없기 때문이다. 한국인 변호사가 아랍 국가에 가서 여성을 변호할 수 있을까? 아랍의 문화와 역사를 전혀 모르는데 아랍의 이혼 문제를 어떻게 변호할 수 있겠는가?

동계올림픽에서 스케이트 칼날의 위치를 천 분의 1초까지 판단해서 누가 먼저 들어왔는지 여부는 기계가 가장 잘 판단할 수 있지만, 범죄자의 형량을 얼마로 해야 할지는 그 범죄를 둘러싼 히스토리와 사회적 분위기 등 많은 면을 고려하여 그 시대 그 지역 사람들이 판단해야 하는 가치판단의 영역이다.

물론 일정한 형식에 맞춘 간단한 법률적 판단 정도는 법률DB의 구축으로 어느 정도 가능할 것이다. 속도위반 시 벌금 4만 원은 컴퓨터가 자동으로 판단해서 벌금을 매길 수 있다. 그래서 가치판단 영역의 일정 부분도 기계로 조금씩 대체될 것이다. 하지만 우리가 살면서 만나게 되는 수많은 가치판단은 대부분 기계가 대체하기 어려운 영역에 속한다. 특히 남녀가 만나서 결혼생활을 하는 과정에서 일어나는 수많은 가치판단은 사람이라 하더라도 다른 사람이 대신해줄 수 없는 영역이다.

가치판단보다 더 어려운 것은 감성 영역이다. 가치판단이라고 하는 말은 가치의 기준만 정해지면 어느 정도 판단이 가능하다는 뜻을 내포하고 있다. 법이라는 기준선과 판례라는 자료만 있으면 어느 정도 가치판단이 가능하다. 하지만 감성은 그 기준마저 없으며, 있다 하더라도 백명이 모두 다른 기준을 가지고 있다. 심지어 그 기준은 본인조차도 설명하기 어려운 경우가 대부분이다. 어제는 애인이 약속에 지각해도 기분이 좋았는데, 오늘은 기분이 나쁘다. 기준 자체가 들쑥날쑥한 것이다. 감성은 그야말로 백인백색이며, 같은 사람에게도 시시각각 변하는 영역이기 때문에 사람들조차 대신해줄 수 없는 영역에 속한다. 그래서 감성 영역은 기계가 가장 늦게 대체할 수밖에 없고, 대체할 수 있는 영역도 매우 적은 부분을 차지할 수밖에 없다. 감성이야말로 인간 고유의 영역이라 말할 수 있는 영역이 될 것이다.

이러한 암묵지의 특징은 두 가지다. 하나는 몸으로 익혀야 하는 지식인 경우가 많다는 점이고, 다른 하나는 오랜 시간이 필요한 지식인 경우가 많다는 점이다. 피아노 교본과 피겨스케이팅 교본, 태권도 교본을 1만 시간 본다고 해서 피아노 연주가 되고 빙상장에서 회전이 되는 것이 아니다. 매일 한 시간씩 피아노를 직접 연주하고 빙상장에서 한 시간씩 스케이트를 타며, 매일 한 시간씩 태권도 연습하기를 10년 정도는 해야 하는 일이다. 천부적 재능이 있다고 해서 한 달 만에 김연아 선수 수준의 피겨스케이팅 능력을 갖출 수 있는 것이 아니다. 김연아 선수의 재능이 있어도 매일 몇 시간씩 10년 동안 꾸준하게 투자하고 훈련해야만 가능하다.

운동만이 몸으로 익혀야 하는 영역은 아니다. 이성을 유혹하는 방법은 책으로 배울 수 있는 지식이 아니다. 수많은 이성을 직접 만나 이야기하면서 몸으로 익히는 영역이다. 춤, 서예, 회화, 조각, 시 짓기, 토론하기, 회화 감상법, 음악평론, 발표력, 미용과 같은 많은 능력은 오랜 시간 동안 몸으로 익혀야 하는 능력이다. 미적 감각, 미각, 논리라는 것이 책만으로 단기간에 익힐 수 있는 능력이 아니다.

똑같은 음악과 영화를 감상하고도 평은 사람마다 다르다. 누구에게는 신나는 락 음악이 다른 누구에게는 쓰레기 같은 소음으로 들렸을 것이다. 누구에게는 감동적인 영화가 다른 누구에게는 잠 오는 영화로 평가받을 것이다. 사람마다 각기 다른 역사와 성장환경이 있고, 그에 따라서 암묵지를 받아들이는 방식이 다르기 때문에 벌어지는 차이다.

지금까지 인류는 형식지에 치중한 교육을 했다. 하지만 앞으로는 암묵지가 비즈니스를 이끌 것이다. 형식지의 몰락이 시작되었기 때문이다.

2011년에 ABC의 인기 퀴즈쇼인 '제퍼디!(Jeopardy!)' 최종 라운드에서 IBM의 AI인 왓슨은 압도적인 차이로 퀴즈 달인을 따돌리며 우승했다. 형식지를 겨루는 퀴즈대회에서 AI가 우승함으로써 형식지 영역은 AI가 담당할 것임을 보여준 것이다. 1997년에 체스 세계 챔피언인 카스파로프(Garry Kasparov)가 IBM의 슈퍼컴퓨터인 딥블루(Deep Blue)에 질 때만 하더라도 경우의 수를 빨리 연산하는 계산 능력에서 인간이 진 것뿐이라고 자위했다. 그러나 총 전적 74전 73승 1패로 이세돌의 1승이 알파고에게 인간이 거둔 유일한 1승으로 남으면서 바둑도 AI에게 넘겨주었다. 형식지에서 인간이 더 이상 AI의 상대가 될 수 없음은 이제 누구나 인정해야 한다.

이 때문에 애플 구글 등의 기업이 암묵지 경영으로 변화한 것이다. 세계 1위 기업인 애플, 구글 등 많은 기업은 이미 암묵지 경영으로 세계 1위가 되었음을 보여주었다. 암묵지 경영 사례 몇 가지를 살펴보자.

스티브 잡스의 암묵지 경영

- 컴퓨터를 만들었던 스티브 잡스(Steve Jobs)는 에드윈 캣멀(Edwin Catmull), 존 라세터(John Lasseter)와 만나 픽사(PIXAR) 신화를 만든다. 픽사는 계속 적자를 냈으나 스티브 잡스는 픽사에 대한 지원을 멈추지 않았다. 10년간 잡스가 픽사에 투자한 개인 자산만 5천만 달러(570억 원)나 된다. 그럼에도 잡스는 창의적인 사람들이 모인 픽사를 지원했고 '토이 스토리'의 성공신화를 만든다.

- 잡스는 디즈니와 일하면서 여자와 어린아이의 언어를 배운다. 감성의 중요함을 배우고, 디즈니의 애니메이션을 통해 디자인의 중요성을 배운다. 이렇게 해서 좌뇌 천재였던 스티브 잡스는 우뇌마저 갖추는 완벽한 천재로 다시 태어나게 된다. 그리고 이런 학습을 바탕으로 잡스가 애플에 복귀하자, 애플은 '감성의 애플, 디자인의 애플'로 재탄생하게 되는 것이다.
- 1997년에 애플로 복귀한 잡스는 변기를 디자인했던 직원 한 명을 지목한다. 그 사람은 바로 조너선 아이브(Sir Jonathan Ive). 당시 30살의 새파란 신입사원에 불과한 조너선 아이브에게 집에 어울리게 예쁜 컴퓨터를 주문했고, 조너선 아이브는 반투명의 케이스 안에 담긴 아이맥을 디자인한다. 1998년 8월에 나온 아이맥은 적자였던 애플은 1년 만에 3억 950만 달러의 흑자로 만들어준다. 누구도 못 살린다는 애플을 구원한 사람은 욕실 디자이너의 미적 감각이었다.

망해가는 애플을 살린 사람이 미술 감각의 조너선 아이브라면, 애플을 시가총액 1조 달러로 성장시킨 음악산업을 이끈 사람은 스탄 NG(Stan Ng)다. 음원시장을 잡기 위해 잡스가 선택한 사람은 스탄 NG다. 스탄은 첼로, 바이올린, 기타를 배울 정도로 음악에 심취한 사람이다. 오케스트라, 밴드, 합창단, DJ 등 음악에 관한 경험도 풍부하다. 음악을 너무나 좋아하는 사람이다. 스탄 NG와 토니 파델(Tony Fadell)에게 스티브 잡스가 2001년 2월에 내린 비밀 프로젝트는 'skunk works'다. 3개월의 시장 조사 후 음악시장 진출이 가능하다는 것을 보고받은 잡스는 두 사람에게 새로운 음악기기 설계를 지시했고, 이들은 몇 달 만에 가장 혁신적인 음악기기를 선보인다. 수만 곡을 담을 수 있는 제품 아이팟을 내 놓은 것이다. 잡스가 음악 시장을 잡으려고 했던 이유는 음악이 주목경제의 출발점이자 인류 최초의 콘텐츠이며 동시에 최후의 콘텐츠임을 알았기 때문이다.

경험을 파는 스타벅스

스타벅스 하워드 슐츠 회장은 '스타벅스는 커피가 아닌 경험을 파는 회사'라고 말하며 스타벅스가 판매하는 경험과 평온한 공간을 '스타벅스 경험(Starbucks Experience)'이라고 정의했다. 슐츠 회장은 불안정한 세계와 스트레스 속에서 편안하고 마음을 안정시키는 공간인 동시에, 신뢰와 편안함을 파는 것이 스타벅스 경험이라고 말한다.

내리막길을 걷던 스타벅스에 다시 복귀한 슐츠 회장은 소비자에게 스타벅스의 경험을 되찾아 주고 직원들의 자부심을 회복시키는 것을 가장 중요한 일로 잡고 경영을 했고, 이 전략이 주효하면서 스타벅스는 다시 상승세로 돌아섰다. 2010년에는 매출 104억 달러, 영업이익 14억 7천만 달러라는 사상 최대 실적을 거두었다. 그가 1994년에 디자이너 출신의 기업가인 라이트 메세이(Wright Massey)를 영입한 이유는 커피를 파는 기업이 아니라 경험을 파는 기업이기 때문이다.

삼성의 감성광고

삼성전자의 '찾아가는 서비스' 광고는 4분 길이의 광고로 인도 광고 사상 최초로 1억 조회수를 돌파했다. 삼성 이전에 인도 광고 최다 조회수가 2천만 건 수준이었음을 생각하면 놀라운 성과라 할 수 있다. 삼성의 감성광고는 2020년에 2억 회를 돌파했다.

이 광고에 달린 댓글들을 보자.

"당신이 아무리 강하더라도 당신의 눈에 눈물이 흐를 겁니다."

"삼성은 세계에서 가장 신뢰할 수 있는 최고의 브랜드 중 하나입니다."

"가장 감동적인 광고 중 하나인 삼성인도 광고는 큰 비전을 가지고 만들었습니다."

"끝내준다. 정말 몇 시간 동안 보고 싶어."

"이 영상을 보고 말 그대로 울었습니다."

"이 광고는 영화보다 훨씬 훌륭합니다."

"이 광고를 본 후 삼성 TV를 구입했습니다. 1년 반 만에 화면이 깨졌으나 정확히 서비스센터 직원이 내 집에 와서 수리했습니다. 거의 120km를 달려와서 수리했습니다. 삼성에 경의를 표합니다. 나는 삼성에 별점 5개를 줍니다."

"내가 이 영상을 볼 때마다…, 이 세 장면은 항상 나에게 감정을 올려버리고 나는 말 그대로 울기 시작합니다."

"정말 가슴이 아프다."

〈…생략…〉

등의 댓글이 달려있다. '감동적이다, 슬프다'는 정도를 넘어 많은 시청자가 영상을 볼 때마다 눈물을 흘린다는 댓글을 달고 있다. 광고 내용에 정서적으로 공감을 했기 때문에 나타나는 현상이다. 암묵지 시대의 마케팅은 기능을 설명하는 광고가 아니라 정서적으로 공감하는 광고여야 함을 보여주고 있는 것이다. CEO라면 근미래의 경쟁력이 기술경영이 아닌 감성경영, 성능을 강조하는 마케팅이 아닌 감성마케팅이 대세인 시대임을 깨달아야 한다.

이날치밴드의 한국관광 광고가 몇억 회의 조회수를 기록하면서 기존 한국관광공사의 모든 광고를 압도한 이유도 음악이라는 감성을 이용한 광고였기 때문이다.

애정을 파는 서비스

지비티(Zivity.com) 사이트는 콘텐츠를 보기 위해 돈을 지불하지 않는다. 그들이 돈을 지불하는 것은 투표권이다. 팬들은 자기가 좋아하는 모델이 순위에 오르는 것을 보기 위해 돈을 쓴다. 지비티는 팬들의 애정을 돈으로 대체시킨 것이다. 일본의 AKB48라는 걸그룹도 투표권을 돈으로 대체시켰다. 팬들은 투표권을 사기 위해 CD를 여러 장 산다. 이런 방식으로 첫날에만 94만 2,475장을 판매해 첫날 판매량으로 일본 오리콘 최고 기록을 세웠으며, 첫 주 판매량 130만 장으로 주간 기록도 갈아치웠다.

온리팬스(OnlyFans)와 패트리온(patreon)은 이러한 팬들의 애정을 정기적인 후원으로 연결해주는 서비스다. 아티스트는 팬들의 후원금을 통해 안정적으로 창작활동에 몰두할 수 있게 된다. 'IN A NUTSHELL – KURZGESAGT'이라는 애니메이션 제작팀을 비롯하여, 유희왕 요약 시리즈의 제작자 Littlekuriboh, 동방 3D 탄막놀이로 유명한 minusT, 너프 나우의 작가, 드래곤볼 Z 요약시리즈의 제작 단체 Teamfourstar, 헤즈빈 호텔의 제작자 Vivziepop, 성인물 일러스트레이터 Kidmo 등 다양한 창작자가 이들 사이트에서 활동하고 있다.

미술품이 만든 보험 1위 프로그레시브

피터 루이스가 프로그레시브사를 물려받았을 때는 직원 100명도 안되는 작은 회사였으며, 무엇보다 의욕이 없는 직원들로 가득 차 있었다. 이때 피터 루이스가 직원들의 자세를 바꾸고 마음을 움직이기 위해 선택한 방법은 예술이었다. 예술이 사람의 마음에 감동을 줄 수 있으니 예술을 통해 사람의 마음을 움직일 수 있다고 본 것이다. 자신이 가지고 있던 판화 30점을 회사에 기증한 것을 시작으로, 미술품 구입 예산 2만 5천 달러를 확보한다. 적은 금액이었지만 유명세를 타지 않은 젊고 참신한 작가들의 작품을 발굴함으로써 200~300여 개 작품을 구입할 수 있었다. 구입한 작품은 직원들에게 나누어주고 사무실에 걸게 했다.

그렇게 수십 년을 투자하면서 30년이 지나자 7,500점이 넘는 현대 예술품이 프로그레시브 본사 캠퍼스를 가득 메우게 되었다. 프로그레시브의 직원은 몇 걸음을 걸을 때마다 만나는 수천 개의 다양하고 독창적인 작품을 보면서 매일매일 새로운 영감과 창의력에 대한 에너지를 얻게 된다.

이러한 미술경영에 힘입어 클리브랜드의 영세보험사였던 프로그레시브는 2000년에 포춘지 선정 500기업에서 86위까지 치솟았다. 2019년 프로그레시브사는 직접 보험료 기준 상업용 자동차 보험사 중 시장점유율 12.3%로 2위인 트래블러스컴패니스사의 6.2%를 두 배 차이로 따돌리는 압도적인 점유율로 자동차보험사 1위를 기록했다.

'좋아요'는 직원의 경험에서 만들어진 서비스

페이스북의 창업 자체가 저커버그의 경험과 남녀 미팅이라는 감성에 시작된 것처럼 이후 페이스북을 발전시켜나간 원동력도 직원 개인의 암묵지에 기반하고 있다. 오늘날 페이스북 하면 떠오르는 상징이 '👍 좋아요(Like)' 아이콘이다. 페이스북의 좋아요 아이콘이나 타임라인 서비스는 페이스북 사내 해커톤 대회에서 나온 아이디어다. 채팅을 비롯해 한국에만 도입된 음력생일 표시 서비스 등도 해커톤에서 나온 아이디어다. 해커톤과 같은 문화가 가능한 이유는 페이스북의 철학과 문화가 암묵지를 추구하기 때문에 가능한 것이다.

페이스북의 철학과 문화는 페이스북의 '다섯 가지 핵심 가치'로 정리되어 있다. 그중 첫 번째 가치가 '사회적 가치를 만들라(Build Social Values)'로 규정되었다.

생산성, 초테크, 경쟁력이 아니다. 페이스북의 핵심 가치는 돈을 버는 기업이 아니다. 사회적 가치를 만드는 것이다. 그렇기에 페이스북은 입사 이후 끊임없이 돈을 벌려고 시작한 기업이 아니라는 말을 듣는다고 한다. 처음부터 페이스북은 남녀 미팅 사이트로 시작했다. 남녀 사이의 감성을 목표로 한 서비스였지 돈을 벌기 위한 사이트가 아니었다. 이 정신은 대기업으로 성장한 후에도 그대로 이어지고 있다. 그래서 페이스북 직원은 돈보다는 '커뮤니티를 만들고 사람 사이를 더 가깝게' 만드는 데 목표를 두고 있으며, 채용 과정에도 이 철학은 반영된다. '일하기 좋은 기업 1위'라는 평가는 형식화된 업무의 지시가 아닌 직원 개인의 암묵지를 발견하고 집중할 수 있도록 보살피는 페이스북의 암묵지경영의 결과인 것이다.

마지막 과제: 암묵지 시대에 할 일

암묵지 시대로 변환은 형식지 시대 직업의 몰락을 의미한다. 화이트칼라는 AI에 밀리고, 블루칼라는 로봇에 밀릴 것이다. 번역 기능을 통해 웹 세상에서는 언어의 장벽도 무너진 상태다. 결국 암묵지 시대로의 변화는 사회구조의 변화로 이어지게 될 것이다. 농경사회에서 사회 구조는 피라미드 형태를 지녔다. 이 구조가 산업화시대로 접어들어 자본주의 사회로 이전하면서 마름모꼴 형태로 바뀌었다. 하지만 미래에는 지식구조가 호리병 형태로 바뀌면서 부의 구조도 호리병형으로 바뀔 가능성이 많아졌다. 중간층이 많은 사회에서 중간층이 엷어지는 사회로 양극화 되는 것이다. 이는 지식을 외우지 않아도 되는 세상이 되면서 소수의 지식 생산자와 지식 소비자로 나누어지기 때문이다.

이러한 시대가 도래하면 암묵지 비중을 높이고 감성 공감 능력을 키운 사람이 경쟁력을 갖게 된다. 결국 개인이 가져야 할 최고의 능력은 멀티랭귀지가 되어야 한다. 멀티랭귀지란 영어 프랑스어 중국어를 말하는 능력이 아니다. 이런 기술적인 언어 통역은 기계가 담당한다. 멀티랭귀지란 여자의 언어, 남자의 언어, 어린아이의 언어, CEO의 언어, 부하직원의 언어, 주민의 언어, 공무원의 언어를 두루 잘하는 능력을 말한다. 앞서 살펴본 것처럼 스티브 잡스는 디즈니와 함께 일하면서 여자의 언어와 어린아이의 언어를 익힘으로써 우뇌까지 천재로 각성했고, 감성을 바탕으로 '디자인의 애플', '감성의 애플'을 창조할 수 있었다.

멀티랭귀지와 함께 개인이 갖추어야 할 또 다른 능력은 글로벌 스킬과 글로벌 마인드다. 글로벌 스킬은 물론 영어회화 능력을 말하는 것이 아니다. 영어가 글로벌 스킬이면 미국의 슬럼가 거지도 글로벌 인재일 것이다. 전 세계 어디서나 통하는 기술이 글로벌 스킬이다. 한국에서 피아노를 연주하던 사람은 호주, 미국 어디를 가더라도 첫날부터 업무를 수행할 수 있다.

글로벌 마인드는 전 세계 누구와도 대화 가능한 마인드다. 글로벌 마인드는 책으로 익힐 수 있는 마인드가 아니다. 직접 많은 외국인과 소통하면서 익혀야 하는 능력이다. 글로벌마인드를 갖추기 위해서는 해당 국가의 역사를 이해하고 문화를 이해하는 능력이 필요하다. 당연히 아이들의 미래 직업을 선정할 때 로봇과 AI가 미치기 어려운 직업을 선택하는 것이 좋다. 지식노동이라면 암묵지 관련 지식노동을, 육체노동도 암묵지 관련 육체노동을 선택하는 것이 좋다. 암묵지 기반 노동은 문화적·심리적 요소에 전문지식이 필요하며, 오랜 시간의 경험이 필요하다는 특징을 갖고 있다. 붕어빵 포장마차나 떡볶이 포장마차는 누구나 내일부터 창업이 가능한 노동이다. 식당 서빙, 그릇 닦기, 편의점 종업원도 누구나 당장 내일부터 취업할 수 있는 노동이다. 로봇이 대체 가능한 노동인 것이다.

반면 미용의 경우는 내일부터 바로 시작할 수 없다. 관련 학과나 학원에서 1년 이상 교육을 받고, 실습생으로 몇 년을 보내면서 경험을 쌓은 뒤에야 동네에 작은 미용실을 차릴 수 있다. 본인의 몸에 쌓인 기술이므로 빼앗길 우려도 없고, 전 세계 어디서나 써먹을 수 있는 글로벌 스킬이다. 일본으로 이민을 가건, 영국으로 이민을 가건 미용 기술은 동일하고 바로 취업이 가능한 직종이다. 무엇보다 로봇이 대체할 수 없는 암묵지 기반의 노동이다. 아름다운 헤어디자인에 관한 감각은 로봇이 대체할 수 없는 영역이다. 당연히 미래의 직업으로 육체노동 직업을 선택하겠다면 암묵지 기반의 글로벌 스킬로 통하는 기술을 습득하는 것이 좋다.

이제 우리는 미래사회가 AI와 로봇이 인간과 함께 살아가는 시대임을 인정해야 할 때가 왔다. 이제 남은 것은 속도다. 얼마나 빨리 올 것이냐 하는 문제만 남았다. 매우 먼 미래라고 생각한다면 과거를 다시 한번 돌아보자.

20년 전인 1999년에 한국의 초고속인터넷서비스 가입자 수는 37만 명에 불과했다. 소수의 국민만이 전화선을 이용한 모뎀을 이용해서 PC 통신을 즐기고 있었다. 인터넷이 무엇인지 아는 국민은 거의 없었다. 그리고 10년이 지나는 동안 인터넷은 한국과 전 세계인의 생활필수품이 되었다. 2009년 한국의 스마트폰 보급률은 2%에 불과했다. 그리고 10

년이 지나는 동안 대한민국 국민은 스마트폰만 바라보며 사는 인간이 되었다. 지난 10년 동안 우리의 삶은 얼마나 바뀌었을까?

[스마트폰 보급 10년 사이에 변화된 우리의 일상]
- 잠에서 깨면 제일 먼저 보던 인터넷이나 신문의 날씨예보를 스마트폰의 일기 앱으로 확인한다.
- 전화나 문자 대신 카톡 대화를 보면서 지인과 오늘 할 일을 생각하며 아침을 준비한다.
- 출근길. 지하철 선반을 가득 메운 무가지. 그 무가지를 보면서 출근하던 풍경이 사라졌다. 종이신문을 보던 풍경도 사라졌다. 지하철 안의 모든 남녀노소는 스마트폰만 바라보고 있다.
- 출근길에 종이만화책을 보던 젊은이들이 사라졌다. 아침 출근길에 그들은 네이버 웹툰을 본다.
- 출근길에 종이소설을 읽던 사람들이 사라졌다. 그들은 웹소설을 읽는다.
- 업무 시작. 거래처와 고객 명단은 아웃룩익스프레스가 아니라 스마트폰의 주소록을 이용한다.
- 업무 중에 기록할 것이 생겼다. 종이로 된 업무수첩에 기록하지 않고, 스마트폰의 카메라로 사진을 찍어서 보관한다. 사진은 클라우드에 보관된다.
- 점심 약속을 위한 맛집은 스마트폰 앱을 이용해 검색하고, 예약한다.
- 점심을 마친 후 스타벅스의 커피를 사기 위해 줄서지 않고 사이렌오더로 시킨 후 픽업한다.
- 쉬는 시간을 이용해 쇼핑을 한다. 시장이나 대형마트에 가지 않고 스마트폰으로 쇼핑한다.

- 저녁 때 데이트를 위한 영화표 예매도 창구에 가서 하거나 인터넷 예약 대신 스마트폰 앱으로 한다.
- 거래처로 이동해야 한다. 자동차 한구석을 차지했던 '서울시도로교통지도, 전국도로교통지도'는 오래전에 사라졌다. 중간에 몇 년 쓴 만도지니와 같은 내비게이션도 사라졌다. 티맵을 켜고 실시간 교통정보를 이용해 가장 빠른 길로 거래처로 이동한다.
- 거래처와 명함을 교환했다. 폰으로 찍으면 명함앱이 자동 스캔해서 주소록에 저장한다. 명함첩이라고 하는 비닐 수십 장이 달린 파일철은 사무실에서 사라졌다.
- 지하철앱을 이용해 지하철로 몇 분이 걸리는지 확인하며 영화관으로 향한다. 전에는 지하철공사에서 나누어준 작은 축소지도를 보느라 눈이 아팠다.
- 영화관에서 애인을 기다리는 동안 친구가 보내준 카톡 기프티콘의 바코드를 보여주고 커피를 주문했다.
- 애인과 함께 영화를 보고 데이트하면서 카메라와 영상으로 기록한다. 사진과 영상은 여자친구는 인스타그램에 남자친구는 페이스북에 올린다.
- 밤이 늦어 카카오톡택시로 택시를 불러 애인을 집까지 바래다주었다.
- 집에 오니 출출하다. 홍보전단이나 우리동네맛집 종이책자를 뒤지지 않고, 배달앱을 이용해 야식을 주문했다.
  〈…생략…〉

  눈을 뜬 후부터 다시 잠들 때까지, 대한민국 사람은 스마트폰과 함께 하루종일 모든 문제를 해결하고 일상을 영위해 나간다. 스마트폰 보급 이후 우리의 일상은 너무 많이 바뀌었지만, 워낙 자연스럽게 변화해 무엇이 사라지고 무엇이 달라졌는지 의식하지 못 할 뿐이다. 그 기간은 10 년도 되지 않는다.

이제 남은 과제는 하나다.

'AI와 로봇의 시대에 기업과 개인은 각자 어떻게 적응할 것인가?'

나는 그 해법을 암묵지로 생각하고 있다.

'형식지 비중보다 암묵지 비중을 늘려 암묵지 능력을 향상시키는 것, 그러한 교육을 통해 글로벌 마인드, 글로벌 스킬을 준비하는 것이 개인 이 적응하는 방법이다.'

우리 세대는 100세 시대를 살아야 한다. 공무원 기준으로도 은퇴 후 40년을 더 살아야 한다. 머리는 나빠지고, 갈수록 몸은 삐걱거려 걷기 조차 어렵다. 갈수록 형식지나 육체노동으로 먹고살기 어려운 나이가 되어간다. 20대와 80대의 육체적 경쟁력은 몇 배 이상 차이가 난다. 다 행스럽게도 암묵지는 형식지나 육체노동과 달리 나이가 들어도 경쟁력 이 많이 줄어들지 않는다. 그렇기 때문에 암묵지와 암묵지 노동은 '+50' 이후 제2의 인생을 설계하는 실버세대에게도 가장 필요한 경쟁력이라 할 수 있다. 그래서 나는 새로운 도전을 준비하고 있다. 형식지 시대의 비즈니스가 아닌 암묵지 시대에 맞는 비즈니스. 형식지 시대의 제2인생 이 아닌, 암묵지 시대의 제2인생을 준비하고, 새로운 도전에 나선다.

중소기업의 효과적인 디지털 트랜스포메이션 전략

정종기 박사/교수

- 얼라이언스코리아 대표 / AI비즈니스전문가 1호
- '인공지능 완전정복', '쉽게 활용하는 인공지능 비즈니스' 외 다수
- 대통령직속 정책기획 한국판 뉴딜 국정자문위원
- 칼럼니스트 : 종합경제지 오늘경제[정종기의 AI시대 저널리즘]

중소기업의 효과적인
디지털 트랜스포메이션 전략

디지털 트랜스포메이션(Digital Transformation)이란 무엇인가?

디지털 기술을 사회 전반에 적용하여 전통적인 사회구조를 혁신시키는 것으로 비즈니스의 모든 영역이 디지털 기술과 결합되어 근본적인 변화를 일으키는 것이다. 디지털 트랜스포메이션을 위해서는 아날로그 형태를 디지털 형태로 변환하는 '전산화(Digitization)' 단계와 산업에 정보통신기술을 활용하는 '디지털화(Digitalization)' 단계를 거쳐야 한다.

일반적으로 기업에서 사물 인터넷(IoT), 클라우드 컴퓨팅(Cloud Computing), 인공지능(AI), 빅데이터 솔루션 등 정보통신기술(ICT)을 플랫폼으로 구축·활용하여 기존 전통적인 운영 방식과 서비스 등을 혁신하는 것을 의미한다.

디지털 트랜스포메이션은 기업의 조직원이 새로운 기술, 프로세스, 문화를 공통된 목적에 접목하려는 노력을 통해 점증적으로 완성되어 간다. 이러한 목적은 고객 경험 향상이나 혁신의 가속화일 수도 있고, 디지털 디스럽션(Digital Disruption) 즉, 파괴적 혁신으로 인한 업계 재편에 따른 생존방법 중 하나일 수도 있다.

목적이 무엇이든 간에 디지털 트랜스포메이션의 가장 중요한 점은 기술 도입이나 현대화에 그치지 않는다는 것이다. 디지털 트랜스포메이션은 IT뿐 아니라 많은 비즈니스 영역에서 기술의 역할을 근본적으로 향상하고자 하는 조직에서 자주 논의된다. 언젠가 끝나는 프로젝트가 아닌, 현 상태를 지속적으로 변화시키는 것으로 간주하는 것이 가장 적합하다.

많은 업계 전문가들은 이제 **모든 기업의 의사 결정 과정이 디지털 트랜스포메이션을 통한 혁신에 초점을 맞춰 이뤄져야 한다**고 입을 모은다. 지금까지 축적해 온 혁신에 대한 내성만으로는 다가올 글로벌 경쟁에서 살아남을 수 없다는 것이다.

오늘날 디지털 혁신은 제품과 서비스 혁신보다 더 큰 가치를 기업에 제공하기 때문에, 지금은 기업의 가치 증대를 위해 불가피하게 디지털에 관심을 기울여야 하는 시점이다. 그렇다면 디지털의 정의는 무엇일까? 어떤 사람들은 디지털을 단순히 기술이라고 말하고, 다른 사람들은 고객과 관계를 맺는 새로운 방식이라고 한다.

디지털 관련 연구논문에서 디지털이란 기업에 있어 다음 3가지로 정의하고 있다.

첫째 디지털은 디지털 비즈니스(Digital Business)로의 전환을 의미한다. 기업은 디지털을 통해 비즈니스를 수행하는 방식을 전면 재검토하고, 미래에 가치가 유입될 것으로 예상되는 영역을 중심으로 사업 기회를 개척할 수 있다. 다시 말해, 현재의 비즈니스 모델을 디지털 기술을 이용해서 새로운 비즈니스 모델로 전환함을 의미한다. 전통적인 제조업체가 제품을 생산하고 판매하는 비즈니스를 수행했다면, 이제는 여기에 센서, 위성위치확인시스템(GPS) 등의 디지털 기술을 접목해 고장 나기 전에 원격수리를 받거나 부품의 교체 시기를 알려 주는 식으로 제품과 서비스를 판매해 비즈니스 모델을 전환할 수 있다.

둘째 디지털은 디지털 고객(Digital Customer)에게 제품과 서비스를 제공하기 위해서 디지털 기술을 활용함을 의미한다. 기업은 고객에게 제품과 서비스를 제공하는 방식을 개선하기 위해 디지털이라는 새로운 역량을 어떻게 활용할지 검토하게 된다. 기존의 대량 생산 체제에서 벗어나 다품종 소량 생산 서비스를 제공하기 위해 3차원(3D) 프린팅으로 재고 비용과 생산 비용을 줄이면서 소량의 제품을 유연하게 생산할 수 있다. 인공지능(AI)을 이용해서 사람이 하던 상담 업무를 기계가 대신하고 있다.

셋째 디지털은 디지털 운영(Digital Operation)을 의미한다. 디지털 기술을 통해 기업의 업무 프로세스를 좀 더 민첩하고 신속하게 전환할 수 있다. 4차 산업 혁명이라는 용어가 대두되면서, 제조업의 연구 · 개발 (R&D) 및 생산은 스마트 공장(Smart Factory)으로 전환되고 있다. 공장의 생산 프로세스에 로봇, 3D 프린팅, 사물인터넷(IoT) 등의 최신 기술이 접목되어 효율화되고 있으며, 다양한 센서에서 수집되는 데이터를 분석해 의사결정에 활용하고, 사전적인 유지보수(Predictive Maintenance)도 가능해진다. 최근에는 일반 기업의 후선 업무(Back Office)를 자동화하기 위해 로보틱 프로세스 자동화(RPA)라는 소프트웨어(SW) 기반의 로봇을 활용하고 있다. 사실 모든 산업이 디지털 기술에 적극적으로 대응하고 있지는 않다. 미디어, 유통, 금융 등의 산업은 디지털 기술이 파괴적인 힘으로 작용하다 보니 디지털을 적극 활용해 대응하는 반면, 에너지, 물류, 산업재 등 프로세스 기반의 산업에서는 디지털화가 아직 미흡한 상태이지만 지속적으로 디지털화를 추진하고 있다. 그러나 아마존 같은 디지털 선도 기업이 다른 기업들에 비해 높은 성과와 시장가치를 보여주기 때문에 기존의 전통적인 기업들은 디지털 기업과 경쟁을 하고 도태되지 않기 위해 지속적인 혁신과 디지털화를 추구해야 한다. 4차 산업혁명의 핵심도 디지털 기술의 융합과 활용으로 자동화를 넘어 지능화를 통해 모든 것을 효율화시키는 것이다. 즉 비즈니스의 모든 영역이 디지털 기술과 결합되어 초 연결 집단지성을 이루고 근본적인 변화를 일으키는 것이다. 그래서 이제는 기업에서 고객의 가치를 생성(비즈니스를 운영)하는 방법이 다양하게 바뀌고 있고 고객에게 가치를 전달하는 방법 역시 바뀌어 가고 있다. 기업에서는 생산 프로세스, 제품, 유통, 구매, 배송, 고객 관계 등 이 새로운 방식으로 수익을 창출하는 다양한 모델이 만들어지고 있다.

정리하면 디지털 트랜스포메이션은 '디지털 관련 모든 것(All things about Digital)'으로 인해 발생하는 다양한 변화를 동인으로 기업의 비즈니스 모델, 전략, 프로세스, 시스템, 조직, 문화 등을 근본적으로 변화시키는 디지털 기반 경영전략 및 경영활동이라고 할 수 있다.

지금은 디지털 대전환기에 있다. 정보기술의 급속한 발전으로 디지털화된 인프라시스템에 사물인터넷(IoT), 클라우드(Cloud), 인공지능(AI)

등 새로운 기술의 적용과 고객의 인터넷 서비스에 대한 접속 환경의 다변화, 인터넷상의 대중 커뮤니케이션 그룹의 다변화(모바일 디바이스, SNS 환경 등)에 따른 비즈니스 혁신이 절대적으로 필요한 시점이다.

기업의 정보시스템 환경 '클라우드 컴퓨팅'으로 혁신적 변환

코로나19 영향으로 국내 및 해외 기업들이 재택근무를 확대하면서 시간과 장소에 구별 없이 데이터에 접근할 수 있는 클라우드 컴퓨팅 서비스(Cloud Computing Service)가 주목 받고 있다.

클라우드 컴퓨팅이란 인터넷상의 서버(Server)를 통하여 데이터에 접근 및 저장, 비즈니스 업무처리, 콘텐츠 사용 등 IT 관련 서비스를 외부 사용자(기업, 개인)에게 인터넷을 통해 접속하여 한 번에 사용할 수 있는 컴퓨팅 환경이다. 클라우드는 영어로 '구름(Cloud)'을 뜻한다. 컴퓨팅 서비스 사업자 서버를 구름 모양으로 표시하는 관행에 따라 '서비스 사업자의 서버'로 통한다.

클라우드 컴퓨팅은 웹(Web) 기반 애플리케이션(Application)을 활용하여 대용량 데이터베이스(Database)를 인터넷 가상 공간에 분산 처리하고, 이 데이터를 데스크톱 · 태블릿 컴퓨터 · 노트북 · 넷북 · 스마트폰 등의 IT 기기 등 다양한 단말기에서 불러오거나 데이터를 가공할 수 있게 하는 컴퓨터 환경을 뜻한다.

인터넷 어딘가에 존재하는 전산자원(하드웨어, 소프트웨어)을 필요한 순간에 필요한 만큼 가변적으로 빌려 쓰고 이에 대한 사용요금을 지급하는 방식의 컴퓨팅 서비스이다.

클라우드 컴퓨팅의 적용 범위는 서버 컴퓨터, 통신회선, 자료저장 공간(스토리지), 소프트웨어 등 거의 모든 전산자원에 대해 서비스가 가능하다. 혁신적인 컴퓨팅 기술인 클라우드 컴퓨팅은 '인터넷을 이용한 IT 자원의 주문형 아웃소싱 서비스'라고 정의되기도 한다.

클라우드 컴퓨팅은 어떠한 요소를 빌리느냐에 따라 소프트웨어 서비스(SaaS, software as a service), 플랫폼 서비스(PaaS, platform as a service), 인프라 서비스(IaaS, infrastructure as a service)로 구분한다.

소프트웨어 서비스(SaaS)는 네트워크를 통해 소프트웨어를 온라인으로 이용하는 방식이다. 이용자가 필요로 하는 기능만을 골라 이용하고 사용한 만큼 요금을 지불한다. 가장 성공적인 소프트웨어 서비스 제공업체로는 세일즈포스닷컴(salesforce.com)이 있다. 이 회사는 기업의 영업활동과 고객관계관리(CRM)에 필요한 다양한 소프트웨어를 제공한다.

플랫폼 서비스(PaaS)란 운영체제를 빌려 쓰는 방식을 말한다. 플랫폼이란 마이크로소프트의 윈도즈(Windows)처럼 컴퓨터 시스템의 기반이 되는 하드웨어 또는 소프트웨어와 응용 프로그램이 실행되는 기반을 말한다. 오라클 Cloud, 구글의 앱엔진(App Engine), 아마존의 EC2, 마이크로소프트의 윈도 어주어(Window Azure) 등이 대표적인 플랫폼 서비스이다.

인프라 서비스(IaaS)는 서버나 스토리지, 데이터베이스, 네트워크를 필요에 따라 이용할 수 있게 서비스를 제공하는 형태다. 아마존웹서비스(AWS)의 S3가 대표적인 서비스다.

클라우드 컴퓨팅을 가능하게 해 주는 핵심기술은 가상화(Virtualization)와 분산처리(Distributed Processing)다. 가상화란 실질적으로는 정보를 처리하는 서버가 한 대지만 여러 개의 작은 서버로 분할해 동시에 여러 작업을 가능하게 만드는 기술이다. 즉, 물리적으로 존재하지 않는 자원을 논리적으로 구성하여 존재하는 것처럼 구성하는 가상화 기술이 사용되며 하나를 여럿이 필요한 만큼 나눠 쓰고, 남는 자원을 수시로 재배치하는 등의 기술이 사용된다. 분산처리는 여러 대의 컴퓨터에 작업을 나누어 처리하고 그 결과를 통신망을 통해 다시 모으는 방식이다. 분산 시스템은 다수의 컴퓨터로 구성되어 있는 시스템을 마치 한 대의 컴퓨터 시스템인 것처럼 작동시켜 규모가 큰 작업도 빠르게 처리할 수 있다.

빅데이터를 처리하기 위해서는 다수의 서버를 통한 분산처리가 필수적이다. 분산처리는 클라우드의 핵심기술이므로 빅데이터와 클라우드는 밀접한 관계를 맺고 있다. 빅데이터 선도 기업인 구글과 아마존이 클라우드 서비스를 주도하고 있는 이유도 여기에 있다.

기업에서 업무를 처리하기 위해 노트북이나 데스크톱에 자료를 보관할 경우 하드디스크 장애 등으로 인하여 자료가 손실될 수도 있지만 클라우드 컴퓨팅 환경에서는 외부 서버에 자료들이 저장되기 때문에 안전하게 자료를 보관할 수 있고, 저장 공간의 제약도 극복할 수 있으며, 언제 어디서든 자신이 작업한 문서 등을 열람·수정할 수 있다.

국내 및 해외의 대부분의 기업은 클라우드 컴퓨팅 서비스를 도입되기 이전에는 필요한 시스템을 구축하기 위해서 정보시스템실을 만들고 값비싼 하드웨어와 애플리케이션을 사서 기업 상황에 맞게 커스터마이징(Customizing)하는 온프레미스(On-premise, 구축형) 시스템을 구축하고 운영했기 때문에 시간도 수개월 이상 걸렸고 비용도 많이 들었다. 또한 기존의 대부분 정보시스템실은 노후화되고 복잡하여 정보시스템의 운영유지가 어렵고, 전산실 직원의 임금원가와 에너지 소비가 크다는 등의 문제를 해결할 방안을 고민하고 있는 것이 현실적인 문제이다. 이러한 많은 문제와 운영 유지보수 비용 절감은 클라우드 컴퓨팅의 등장으로 많은 부분에서 해결이 가능해졌고, 고정비용의 절감도 가능해졌다.

클라우드 컴퓨팅은 현재 설비의 운영효율을 제고하고, 초기 투자와 운영원가(관리, 업데이트 원가)를 절감하며, 사용자의 전체적인 원가를 절감한다. 동시에, 클라우드 컴퓨팅은 IT 자원의 집중과 통합적인 사용에 설비규모를 감소시킬 수 있다.

코로나19가 지속되면서 많은 기업들이 직원들의 재택근무를 확대하고 있고 경쟁환경이 변하고 있다. 따라서 기존의 정보시스템 서비스 환경을 클라우드 컴퓨팅 등 최신 IT 기술을 적용하여 혁신적으로 재구축할 필요성이 있다. 클라우드 컴퓨팅 서비스를 단계별로 이용하게 되면, 시스템을 유지 · 보수 · 관리하기 위하여 들어가는 고정비용과 서버의 구매 및 설치 비용, 업데이트 비용, 소프트웨어 구매 비용 등 전체적인 원가(Total cost of ownership: TCO)를 절감할 수 있다. 또한 직원들이 시간과 장소에 구애받지 않고 데이터에 접근하여 업무를 쉽게 처리할 수 있는 편리성을 제공하며, 시간 · 인력을 줄일 수 있고, 에너지 절감에도 기여할 수 있다. 하지만 인터넷 접속이 곤란하거나 서버에 장애가 생기면 정보 이용이 불가능하다는 단점도 있다.

인공지능과 결합한 업무자동화(RPA), 자동화를 넘어 지능화로

전 세계적으로 인공지능(AI)과 로봇의 첨단 기술을 통해 경제성장의 돌파구가 마련되고 제조업을 중심으로 생산 공정 관리, 업무의 자동화 등을 통해 서비스의 자동화가 이뤄지고 있다. 특히 사물인터넷(IoT)과 인공지능은 우리의 생활 환경과 기업의 비즈니스를 변화시키고 있다. 초연결, 초지능 시대가 눈앞의 현실로 펼쳐지고 있는 것이다.

인터넷과 SNS의 발달로 이제 전 세계 인구를 하나의 플랫폼으로 연결하는 것이 가능하고, 그에 따른 비즈니스의 모델도 변화되고 있다. 최근 사물인터넷과 인공지능기술을 활용한 다양한 비즈니스 모델 개발 및 구축이 국가 및 기업의 경쟁력 강화를 위한 중요한 전략적 도구로 활용되고 있으며 중요성이 더 증대되고 있다.

다양한 산업현장에서 자동화, 스마트화, 지능화가 빠르게 진행되고 있고 이를 더욱 가속화시키고 있는 것이 사물인터넷과 인공지능기술이다.

사물인터넷은 2025년까지 연간 6조 2천억 달러 규모의 새로운 글로벌 경제가치를 창출할 잠재력을 가지고 있고 특히 제조업 부문에서 다양한 시장의 요구를 적시에 반영하고 해석하는 스마트 자동화 시스템 구축과 고객을 이해하는 데이터 수집과 분석은 기업의 경쟁력과 직결된다.

그중에서도 전 공정과 제조 설비에 사물인터넷과 인공지능, 협동로봇으로 대표되는 인간과 로봇의 협업 등 첨단 기술을 복합적으로 활용한 완전 자동 생산 체계를 의미하는 스마트팩토리는 기업의 경쟁력을 세계화시키는 제조 시스템이다.

이러한 시장요인과 그에 상응하는 혁신적인 구현 기술의 융합으로 인해 최근에는 기업의 업무 자동화 시스템인 로보틱 프로세스 오토메이션 (Robotic Process Automation: RPA)이 통신사와 금융권을 중심으로 부상하고 있다.

가. RPA 도입 앞서 자동화 프로세스 정립부터

RPA는 비즈니스 프로세스를 자동화하는 기술을 말한다. 사람이 반복적으로 처리해야 하는 단순 업무를 로봇 소프트웨어를 통해 자동화하는 솔루션을 말한다.

일반 비즈니스 자동화는 인공지능과 기계 학습(Machine Learning) 기술을 적용한 비즈니스 관리 위주의 프로세스로 구축된 반면, RPA는 최종 사용자의 관점에서 규칙 기반 비즈니스 프로세스로 설계되어 사람 대신 단순 반복 작업을 끊임없이 대량으로 수행한다.

기계 학습, 음성 인식, 자연어 처리와 같은 인지 기술을 적용하여 사람의 인지 능력이 필요한 의료 분야의 암 진단, 금융업계에서의 고객 자산 관리, 법률 판례 분석 등에도 활용될 수 있다. 일반적인 기업에서는 고객 발주에 대한 메일이나 팩스 등을 받아서 회사의 관련 시스템에 넣는 단순 반복적인 작업들이 많다. 그러다 보니 그런 업무 내용에 대해서 대응하기 위해 RPA 도입을 검토하고 시스템을 구축하고 있는 곳이 늘어나고 있다.

RPA의 장점은 사람이 하는 단순 반복 업무를 도와주는 인공지능으로 사람의 형태를 모방하는 데서 구축이 시작된다. 기업과 기관에 인적 자원 비용과 사람이 실수할 수 있는 복잡한 과정도 로봇이 실수 없이 해결해 준다.

또한 업무를 처리하는 근로자의 만족도 외에도 대형 인프라를 구축하지 않아도 된다. 서비스 전반을 교체하거나 이관시켜야 하는 다른 시스템 프로젝트와 달리 기존의 서버나 운영PC에 소프트웨어만 구현하고 인터그레이션만 시키면 된다. 구축기간도 1~2개월이면 충분하고 ROI(Return on investment)도 빠르게 산출이 가능하다.

RPA 응용 분야는 이메일 자동 응답 생성과 다수의 봇 배치와 같은 간단한 일부터 각각 특정 작업을 수행하도록 프로그래밍 되어 있고, ERP 시스템의 작업 자동화까지 다양하다. 예를 들어, 보험회사는 RPA를 활용해 보험정책, 약관 관리에 대한 데이터를 클레임 처리 애플리케이션에 적용하고 반영할 수 있다.

증권회사는 인공지능의 자연어 처리기술과 머신러닝 기반의 학습 알고리즘을 활용하여 고객관리, 계좌관리 등 업무와 영업점의 대부분의 업무와 직원들의 업무 문의가 많은 인사, 행정, 리서치 자료 등에 대한 답변이 가능하다. 또한 인공지능을 접목해 각종 문서를 학습한 후 필요한 데이터를 자동 추출하는 프로세스와 챗봇 대화창에서 RPA를 실행하고 결과를 받을 수 있도록 하는 챗봇과 RPA연계도 가능하다.

나. 인공지능과 결합한 RPA '업무 시너지' 배가

RPA만 도입하면 그 순간부터 프로세스가 저절로 자동화되는 것이 아니다. 기업에서 RPA 도입에 앞서 많은 업무 가운데 어떤 업무에 "자동화"라는 엔진을 달지 정해야 한다. 물론 이미 프로세스가 잘 돼 있고, 무엇을 자동화할 지정해져 있다면 RPA도입이 순조롭겠지만, 대부분의 기업은 그렇지 못할 것이다.

어떤 업무를 RPA로 처리할지 전사 차원에서 자동화할 프로세스를 정립하는 것이 선행이 되어야 한다. 해외 기업들은 디지털 트랜스포메이션 전략의 하나로 RPA도입을 추진한다.

싱가포르 통신사 싱텔(Singtel)은 통신망을 관찰하거나 장애 보고, 인터넷 쇼핑, TV 등을 모니터링 하는 핵심 업무에 200개 이상의 로봇이 투입되고 있고, 900여 개 내부 업무 역시 RPA로 처리하며 로봇이 사람과 더불어 조직의 일부로 자리하고 있다고 한다. 그리고 월마트, 도이치뱅크, AT&T, 뱅가드, 월그린, 아메리칸 익스프레스 등이 RPA를 도입하여 업무효율을 극대화시키고 비용을 절감하고 있다.

RPA가 AI와 결합해서 좀 더 지능적으로 처리하면 단순반복작업 업무에 대해서는 업무효율이 상당히 높아질 것이다. 특히, 기업의 재무, 회계, 제조, 구매, 고객관리 등에서 데이터 수집, 입력, 비교 등과 같이 반복되는 단순 업무를 자동화하여 빠르고 정밀하게 수행할 수 있다. 즉, 기업 경영 전반의 업무 시간을 단축하고 비용을 절감할 수 있기 때문에 적극적으로 RPA를 도입하여 활용 가치를 높여야 할 것이다.

기업의 효과적인
디지털 트랜스포메이션을 위한 10가지 전략

기업에서 디지털 트랜스포메이션을 시작하려는 이유가 무엇이든 그리고 현재 어떤 단계에 놓여있든 관계없이 효과적인 디지털 트랜스포메이션을 추진하기 위해 검토하는 것은 매우 중요하다.

글로벌 기업들은 현재 제품 서비스 개선 및 혁신, 운영 효율성 향상, 가치 사슬 전반의 민첩성 향상과 같이 디지털 트랜스포메이션을 통해 가치 있는 유형·무형의 비즈니스의 성과를 달성하면서 발전해 나가고 있다.

디지털 트랜스포메이션은 '디지털 관련 모든 것으로 인해 발생하는 다양한 변화를 동인으로 기업의 비즈니스 모델, 전략, 프로세스, 시스템, 조직, 문화 등을 근본적으로 변화시키는 디지털 기반 경영전략 및 경영활동이라고 할 수 있다. 디지털 트랜스포메이션을 성공적으로 수행한 경험을 가지고 있는 전문가들이 강조하는 내용을 참고하여 기업에서의 효과적인 디지털 트랜스포메이션을 위한 10가지 전략을 단계별 추진 관점에서 정리하면 다음과 같다.

비전수립
기업의 미래에 대한 강력한 비전을 가진 기업의 C레벨의 경영진에게서 시작되어 조직 전체로 전파되어야 디지털 비전이 가시화될 수 있기 때문에 탑다운(Top-Down) 방식으로 추진되어야 한다.

경영진은 디지털 패러다임의 변화에 관한 지속적인 관심을 갖고 디지털 전략 추진을 위한 명확한 디지털 비전과 우선순위를 정해야 한다. 이를 위해서는 다음과 같은 사항을 고려해야 한다.

시장, 기술, 고객 등의 디지털 환경의 변화 요인을 분석하여 장기적인 관점에서 기업 비전 및 전략 방향성을 정립해야 한다. 자사의 내재화된 핵심역량을 파악하여 고객 경험을 강화하고 비즈니스 모델을 재디자인하여 새로운 생태계를 만들 수 있는 디지털 전략을 추진해야 한다. 디지털 환경에 유연하고 속도감 있게 대응하기 위해 기업문화 및 조직체계의 체질 개선이 요구되며 디지털 전략을 주도할 수 있는 조직체계와 스타트업 문화의 전수가 유용해야 한다. 경영관리 효율화와 비즈니스 모델 구축을 위한 필수 디지털 기술을 적극 도입하고 지속적인 R&D혁신이 가능한 환경을 지원해야 한다.

경영진의 변화관리

디지털 트랜스포메이션의 이니셔티브가 성공하는 데는 리더십의 역할이 무엇보다 중요하다. 관련 연구 결과에 따르면 디지털 트랜스포메이션을 잘 하는 조직은 그렇지 않은 조직보다 디지털 트랜스포메이션 뿐만 아니라 C레벨 경영진의 전반적인 리더십 수준도 2.3배 높을 가능성이 높은 것으로 나타났다. 또 디지털 트랜스포메이션에서 가장 큰 가치를 창출하는 기업은 그렇지 않은 기업보다 C레벨 경영진이 디지털 트랜스포메이션 이니셔티브에 적극적으로 관여하여 뛰어난 수준의 관련 지식을 갖추고 있을 가능성이 높았다.

리더는 디지털 트랜스포메이션을 통해 변화될 수 있는 부분을 이해하고 어떻게 효과적으로 디지털 트랜스포메이션 전략을 발전시키고 올바른 투자 결정을 할지에 대한 이해 수준이 높아야 한다. 하지만 내가 생각하는 리더의 가장 중요한 덕목은 직원들이 디지털 트랜스포메이션 활용해 새로운 아이디어를 창출하고 실행할 수 있는 환경을 만들어 주어야 한다. 그것이 실패할지라도 계속해서 변화를 추구하도록 인센티브를 제공해야 한다.

디지털 트랜스포메이션의 목표에 부합하는 전략 수립하기

디지털 트랜스포메이션을 성공적으로 준비하려면 무엇보다 비즈니스 요구사항과 목표를 파악하고 전력을 수립해야 한다. 조직의 전략적 목표를 세울 때는 향후 5~10년 계획부터 시작하는 것이 좋다. 이렇게 해야 기술 부분부터 시작하는 것과는 다르게 훨씬 더 효과적인 위치에서 디지털 트랜스포메이션에 대한 논의를 시작할 수 있다. 디지털 트랜스포메이션을 실행하기 위해서는 설득력 있는 비즈니스 사례와 명확한 비즈니스 가치가 검증되어야 한다. 이렇게 되면 C레벨 경영진에서도 디지털 트랜스포메이션에 대한 관심이 높아지고 이러한 관심과 논의는 성공적인 디지털 트랜스포메이션과 함께 진행되는 문화적 변화의 측면에서도 매우 중요한 부분이다.

디지털 트랜스포메이션은 일회성 프로젝트나 이니셔티브가 아니라, 미래를 위해 추진하는 기업을 전략적으로 포지셔닝 하는 것이다. 비즈니스 우선 순위와 정의된 비즈니스 가치를 바탕으로 디지털 트랜스포메이션을 위한 토대를 마련할 필요가 있다.

비즈니스 모델 개발

디지털 패러다임의 변화에 따른 기회와 위협에 관한 체계적인 분석을 기반으로 디지털 기술 적용, 비즈니스 플랫폼 구축, 사업방식의 변화, 가치사슬 축소 등의 사업전략을 재설정하고 신규 디지털 사업 모델을 개발해야 한다. 비즈니스 모델 개발은 기존 비즈니스 모델의 역량을 진단하여 새롭게 디지털 비즈니스 포트폴리오(Portfolio)를 구축하는 4단계로 진행된다.

1단계: 디지털 기술 및 변화에 따른 기존 비즈니스 모델의 역량을 분석하여 사업전략 방향성을 정의한다.

2단계: 디지털 비즈니스 변화를 촉진하는 변화의 영향력(고객, 기술, 미디어, 커뮤니케이션 등) 및 변화 속도를 고려하여 디지털 비즈니스 변화 우선순위를 설정한다.

3단계: 핵심적인 디지털 비즈니스 변화 우선순위와 비즈니스 모델 구성요소(고객, 채널, 상품, 수익모델 등)를 결합한 신규 디지털 비즈니스 모델을 도출한다.

4단계: 미래기회 선점 및 잠재적 위협 방어를 위한 최적의 디지털 비즈니스 포트폴리오를 구축한다.

문화적 변화에 대비하기

디지털 트랜스포메이션에 대한 C레벨 경영진의 지속적인 관심과 지원은 매우 중요하다. 그러나 최근 IT 의사결정권자를 대상으로 실시한 한 설문조사에 따르면, C레벨 경영진이 주도적으로 디지털 트랜스포메이션 전략을 수립하는 경우는 많지 않은 것으로 조사됐다.

디지털 트랜스포메이션 전문가들은 "디지털 트랜스포메이션의 핵심은 기술이 아니라 사람"이라고 강조한다. 변화에 저항하고 '새로운 것'에 대한 회의적인 태도를 보이는 것은 지극히 자연스러운 일이므로 이러한 반발에 대처할 준비를 해야 한다. C레벨 경영진을 넘어 IT, OT, 세일즈, 마케팅, 설계 등 가치 사슬 전반의 대표자들과 함께 팀 마인드를 구축하는 것은 디지털 트랜스포메이션 전략을 실행하도록 해 주는 강력한 거버넌스의 출발점이 된다. 조직의 디지털 트랜스포메이션 이면에 있는 비전을 이해하는 핵심 '지지자'로 팀을 구성하면 장기적으로 이점을 얻을 수 있다.

변화를 시도하는 모든 과정에서 어려움이 뒤따르는 것은 당연하다. 추진하는 리더는 모든 사람이 실수를 통해 배우고 이를 토대로 성장하고 성공을 달성하는 문화를 조성해 나가야 한다.

디지털 트랜스포메이션 이니셔티브가 시행되면 직원들이 매일 수행하는 작업에 영향이 갈 수밖에 없다. 지위를 막론하고 모든 근로자의 효율성, 효과성 또는 생산성을 진정으로 향상시키는 프로젝트를 식별하는 것이 디지털 트랜스포메이션에서 핵심적인 부분이다.

작지만 전략적으로 시작하기

디지털 트랜스포메이션은 일회성 이벤트가 아닌 긴 여정이므로, 먼저 '개념증명' 프로젝트를 파악하는 것이 중요하다. 이는 향후 이니셔티브의 발판을 마련하고 리더와 팀의 동의를 얻는 데 도움이 된다. 하루아침에 디지털 트랜스포메이션의 모든 부분을 바꾼다는 것은 어려운 일이고 오랜 시간에 걸쳐 이루어진다.

디지털 트랜스포메이션은 단기간에 ROI(투자수익)를 입증할 수 있도록 6개월 정도의 단기 프로젝트를 진행하고 측정 가능한 결과를 도출할 수 있는 '단기간 성공'이 가능한 이니셔티브로 시작하는 것이 최선이다. 단기 프로젝트를 통해 가치를 입증하고 장기적인 관점에서 단계별로 추진하는 것이 성공 가능성이 높다.

기술 구축 계획 세우기

전문가들은 기술 중심의 디지털 트랜스포메이션은 실패할 가능성이 높다고 주장한다. 이유는 회사의 기존 프로세스와 문화를 바꾸지 않고 기존 운영 방식에 새로운 기술을 적용하게 되면 많은 비용을 들여가며 새로운 일을 기존 방식으로 처리하게 되는 것과 같다는 것이다. 기술은 기업이 정의한 비즈니스 목표 달성을 지원하는 툴 또는 지렛대 역할을 수행하게 된다. 성공적인 디지털 트랜스포메이션은 기술에서 출발하는 것이 아니라 비즈니스 전략에서 시작되기 때문이다.

디지털 트랜스포메이션 달성을 위해 꼭 필요한 핵심기술은 모바일, 사물인터넷(IoT), 디지털 트윈, 로봇, 클라우드, 인공지능, 증강현실 등이 있다. 이 기술 중 하나 이상이 필요하고 일부 기술을 이미 사용하고 있더라도 필요한 특정 기술이 누락된 상태라면 실질적인 비즈니스 가치를 실현하기 어렵다. 초기 및 미래 이니셔티브에 대한 명확한 기술 로드맵을 수립하는 것은 성공적인 디지털 트랜스포메이션을 위한 필수 요건이다.

파트너와 전문가 찾기

기술 및 기술 파트너를 선정할 때에는 미래의 비전을 염두에 두는 것이 중요하다. 기술 파트너를 선정할 때 중요하게 고려해야 할 사항을 정리하면 다음과 같다.

- 기술 및 벤더가 확장을 지원하는가?
- 벤더와 팀이 디지털 트랜스포메이션에 관한 유사한 비전을 공유하고 있는가?
- 벤더와 팀이 장기적인 전략을 지원할 수 있는가?
- 기존 기술과는 어떻게 통합되는가?
- 특정 사용 사례 및 산업에 적합한 기술과 전문 지식을 보유하고 있는

가?

– 유사한 사용 사례, 적용 및 유사한 기업에서 어떤 결과를 얻었는가?

　가장 완벽한 기술을 보유하고 있어도 이를 구축할 적절한 파트너를 찾지 못할 수 있다. 파트너가 해당 분야에 대한 경험, 지식 및 배경이 없다면 구축에 큰 어려움이 따를 수 밖에 없다. 반면, 전문 지식을 갖춘 파트너라면 과거 다른 고객과의 경험을 통해 피해야 할 부분을 배웠을 것이며, 이러한 노하우는 디지털 트랜스포메이션 전략을 실행할 때 큰 가치를 발휘 한다. 결론적으로 회사의 강점을 보완하고 비즈니스를 이해하는 파트너를 찾아 핵심역량을 강화하는 것이 중요하다. 빠른 시간 내에 결과를 달성하고 이니셔티브를 추진할 파트너를 찾는 것은 성공적인 디지털 트랜스포메이션을 달성하는 데 매우 중요하다.

피드백을 수집하고 필요 시 세분화하기

　회사의 비전과 이를 지원하는 광범위한 연합, 전략적 사용사례, 기술 로드맵, 디지털 트랜스포메이션 성공을 지원하는 파트너까지 확보되었다면, 본격적으로 진행하기 전에 각 프로젝트에 대한 KPI(핵심성과지표)를 명확하게 정의해야 한다. 모든 당사자들이 프로젝트를 성공으로 이끌기 위해 달성해야 할 사항을 제대로 파악하고 이를 책임감 있게 수행할 수 있도록 해야 한다. 이와 동시에, 관계자들 사이에 강력한 피드백 루프를 구축하여 디지털 트랜스포메이션 전략이 전개될 때 모든 사람이 이러한 경험을 통해 학습할 수 있도록 해야 한다. 또한 프로젝트를 진행하면서 새로운 목표가 생길 수도 있다. 이 때에 기술이 이러한 변화에 대응할 수 있을 만큼 유연하고 민첩해야 한다. 디지털 트랜스포메이션을 통해서라면 틀 안에 갇히는 일은 절대로 있어서는 안 된다.

결론적으로 디지털 트랜스포메이션을 진행 중인 조직에서 관찰되는 특징 중 하나는 민첩성이다. 전략적 로드맵을 수립하는 것은 물론 기본이며, 여기에 결과에 따라 유연하게 조정할 수 있는 능력과 이를 수용하는 자세까지 갖춘다면 성공은 보장된 것이나 다름없다.

확장하고 혁신하기

디지털 트랜스포메이션이 진행됨에 따라 제품, 프로세스, 사람 간의 연결을 개선할 새로운 방법이 등장할 것이다. 유사한 전략을 여러 위치에 적용하여 수평 확장 기회를 마련하고 추가 기술을 연결하여 수직 확장 기회도 만들어야 한다. 이 성공을 통해 추진력을 얻고 다음 단계와 장기적인 전략을 위해 협업을 해나가야 한다. 변혁은 조직마다 다르게 나타난다. 디지털 트랜스포메이션 전략이 이토록 중요한 이유도 바로 이 때문이다. 디지털 트랜스포메이션 전략은 조직에 가장 효과적인 방식으로 변화가 이루어지도록 지원하는 맞춤형 로드맵이다.

디지털 트랜스포메이션이 최종 목적지가 되어서는 안 된다. 산업과 비즈니스가 발전함에 따라 물리적 세상과 디지털 세상을 융합하는 디지털 트랜스포메이션은 경쟁력을 유지하고, 제품과 서비스를 차별화하고, 효율성을 높이기 위한 비즈니스 전략의 중요한 부분이 될 것이다.

디지털 전환 가속화에 따른 중소기업의 경쟁력강화 방안

21세기는 디지털 경제의 시대이다. 전 세계는 20세기의 자본 및 노동 집약적 산업이 생산한 실물 재화의 시대에서 21세기 데이터와 정보의 흐름이 지배하는 시대로 진입한 상태다. 디지털 경제의 시대에서는 기존에 볼 수 없던 지식 집약적 산업이 출현해 성장을 견인하고, 무료 콘텐츠와 서비스를 교환해 새로운 가치를 창출한다. 글로벌화와 디지털화에 대한 장벽이 낮아지면서 전 세계 경제에 신흥 국가들이 적극 동참하게 되었고, 인터넷과 모바일의 발달은 정보에 대한 즉시 접근이 가능한 시대를 열어 주었다. 서구의 경제학자들은 21세기를 단순한 디지털 기술의 확산이라는 관점에서 벗어나 글로벌 경제의 구조가 디지털 경제(Digital Economy)로 전환되고 있다고 진단한다.

디지털화는 코로나19로 인한 비대면 일상이 '뉴노멀(New Normal)'로 사회 전반에 확산되면서 개인 및 기업, 그리고 사회의 일상에 큰 변화를 가져다줄 것으로 예상된다. 우리나라는 정보화 기술로 대변되는 지식정보사회를 거쳐, 인간 중심의 가치를 추구하는 스마트 사회로의 전환을 위한 거대한 디지털 트랜스포메이션(Digital Transformation)의 대전환기에 있고, 정부에서도 코로나19로 인한 전례 없는 경제 위기를 극복하고, 포스트 코로나 시대의 디지털 선도 국가로 도약하기 위한 디지털 뉴딜 청사진을 제시하고 디지털 전환 가속화를 위해 모든 관계부처의 역량을 집중하고 있다.

한국판 뉴딜의 핵심은 일자리 창출, 미래투자, 분야별 혁신을 동시에 추진하는 '데이터 댐'을 구축하는 것이다. 공공과 민간의 네트워크를 통해서 생성되는 데이터들을 모으고, 그것을 표준화한 후 가공·활용하여, 더 똑똑한 인공지능(AI)을 만들어, 기존 산업의 혁신과 혁신적인 서비스 개발을 통해 일자리를 창출하고자 하는 것이다.

'데이터 댐' 구축 등을 통해 데이터, 네트워크, 인공지능을 중심으로 한 신산업의 성장과 기존 전통산업의 융합과 혁신을 가속화시키기 위한 전략을 추진하고 있다. 빅데이터 구축 사업과 인공지능의 활용이 거의 모든 산업에 광범위하게 확산 중에 있고, 제조, 교육, 의료 등 다양한 분야에서 혁신적인 제품과 서비스 창출에 기여하고 있다. 그에 따른 디지털 수요가 급증하면서 ICT 산업 전반에 호재로 작용하고 있고 많은 산업에서 신기술, 새로운 비즈니스 모델 도입으로 디지털 전환이 더욱 가속화될 것으로 전망된다.

디지털 분야 주요 이슈 보고서(NIA)에서도 향후에는 업무의 변화, 공간의 변화, 생활의 변화를 중심으로 사회변화가 촉진될 것으로 전망하였다. 업무의 변화 차원에서는 디지털 기술의 영향과 불확실성에 대한 기업의 대응 문제가 서로 얽히면서 새로운 모습의 업무환경이 만들어질 것으로 전망했다. 이것은 코로나19가 재택근무를 강제적으로 시도하게 했으나, 이후에도 일상으로 받아들여지면서 자연스럽게 재택근무가 증가했다. 이에 따라 화상회의가 증가하고 웨비나(Webinar)의 보편화로 디지털 전환이 이뤄지고 업무공간은 더 이상 사무실에 국한되진 않게 되면서 스마트워크 환경에서 개인은 자유롭고 능률적인 근무환경에서 일을 하게 된다.

뉴노멀 시대에서는 거주하는 집이 중요해지면서 공간의 재정의가 필요하다. 가정생활 중심의 소비가 지속적으로 확대되고 단순 스트리밍 온라인 수업을 뛰어넘은 가상현실(Virtual Reality: VR)과 증강현실(Augmented Reality: AR), 그리고 메타버스와 같은 융합현실(Mixed Reality: MR) 공간에서의 교육 등 새로운 형태의 에듀테크 수요가 증가하게 될 것이기 때문에 그에 따른 홈코노미(Homeconomy) 산업이 다양한 형태로 성장할 것으로 예상된다.

비대면 생활의 장기화는 지속적으로 비대면 서비스를 발전시키고 있다. 개별 식사를 하는 횟수가 증가하고 있고 가정 내 식사 빈도가 증가하면서 외식 및 단체 식사가 감소할 것이기 때문에 식료품의 생산과 가공, 그리고 유통 단계로부터의 푸드테크 혁신이 발생할 것으로 전문가들은 예상하고 있다.

물리적 거리를 유지하는 언택트 일상이 생활화되면서 키오스크, 드론, 드라이브 스루, 배달 등 소비자 니즈에 맞춰 관련 산업도 언택트 서비스를 창출시키고 있다. 또한 비대면 생활의 장기화는 문화 콘텐츠의 인프라보다 플랫폼이 더 중시되면서 디지털 문화 콘텐츠가 인기를 끌고 있다. 온라인 쇼핑 역시 지속적으로 증가하고 있기 때문에 비대면 소비 트렌드에 적극적으로 대응한 기업들이 생존할 가능성이 높고 새로운 비대면 소비 트렌드로 새로운 가치를 창출할 것으로 전망된다. 이와 같이 온라인과 비대면 수요가 급속히 확대되는 가운데 디지털 산업분야의 미래 전망은 아주 밝다. 특히 우리나라는 ICT 강국이고 과거와는 달리 ICT기술의 변화가 미래사회의 변화에 미치는 영향력이 워낙 지대하다 보니, 디지털기술을 활용한 미래 유망기술에 대한 관심도가 높아졌다.

미래유망기술 중에 첫손가락으로 꼽히는 것이 인공지능기술로, 인공지능기술의 중요성과 우리 사회에 미치는 영향력이 가장 크리라는 것은 누구도 이견을 가지고 있지 않다. 인공지능기술이 우리 사회 전반에 큰 영향을 줄 것이 확실시되면서 정부를 중심으로 다양한 연구 기관이나 조직, 기업 등에서도 단순히 인공지능에 관한 기능적인 연구 이외에도 이 기술의 산업화와 사회적인 파장에 적극적으로 대처하기 위한 움직임들이 빠르게 가시화되고 있다.

인공지능이 더이상 연구의 영역에 머물러 있는 것이 아니라 인공지능기술을 활용한 상업화와 사회 전반에 영향을 크게 미치기 시작하면서 더욱 중요해지고 있고 필요성이 증대되고 있다.

여기에서 중요한 시사점은 이러한 변화를 주도하는 사람과 조직들이 단순히 인공지능기술을 구현하기 위해 연구와 개발을 진행하는 사람들이 아니라는 점이다.

과거 인공지능 연구는 인공지능기술이 실제로 가치가 있음을 증명하기 위해 그 성능을 끌어 올리고 과학적 원리를 정립하는 것에 초점을 맞추었기 때문에 컴퓨터공학, 통계학, 수학 전공자들의 역할이 중요했다. 그러나 인공지능기술을 활용한 상업화가 되는 단계에서는 상용화된 이후의 문제점을 알아내고 이를 교정할 수 있는 프로세스, 생산성과 서비스의 효율을 높이고 고객들이 원하는 가치를 이해하고 이를 전달할 수 있어야 하므로, 디자이너나 심리학, 경제학, 경영학을 전공한 기획자 등 그에 적합한 전공자의 역할과 협력이 더욱 중요해졌다.

디지털 트랜스포메이션의 대전환기에 ICT 기술을 포함한 인공지능기술은 먼 미래가 아닌, 당장 닥친 가장 중요한 문제들을 해결하는 데 커다란 역할을 하는 것으로 급부상하고 있다. 이러한 기술들의 도입이 먼 미래에 있는 일이라고 생각하고 안일하게 대처한다면 이들 기술에 의해 새롭게 재편되는 미래사회에 대해 속수무책으로 지속해서 닥치는 문제 해결을 하는 것에도 힘에 부치는 상황이 될 수도 있고, 그로 인해 기업의 경쟁력이 급격히 쇠퇴되어 위기에 처할 수도 있을 것이다. 미래사회의 변화는 매우 빠르고 급격하게 진행될 것으로 예상되기 때문에 좀 더 적극적으로 대응해서 경쟁력을 갖춰나가야 할 것이다.

[참고문헌]

〈1〉 김형택, 이승준, "그들은 어떻게 디지털트랜스포메이션에 성공했나", 윌컴퍼니, 2021.07

〈2〉 박성준, 조광섭, "디지털 트랜스포메이션의 성공적 시작", 삼성 SDS, 2021.06

〈3〉 안종식, "디지털 트랜스포메이션, 기업이 직면한 기회와 위협", Deloitte Korea Review, 2019.09

〈4〉 정종기, "150가지 사례와 함께 쉽게 활용하는 인공지능 비즈니스", 형설이엠제이, 2021.09

〈5〉 최성철, "포스트 코로나 시대에 지속 가능한 기업으로 안내하는 Digital Navigation", 삼성SDS, 2020.09

〈6〉 David Immerman, "Digital Transformation Technology Links Products, Processes and People", PTC, 2019.04.

〈7〉 Nancy White, "효과적인 디지털 트랜스포메이션 전략을 위한 7가 원칙", PTC, 2020.06

Bridge

법조에 불고 있는
변화의 바람

법무법인 윈스 대표변호사 허 왕

법조에 불고 있는
변화의 바람

법대에 들어와 사법시험을 준비하고 합격하여 연수원을 수료하고 지금 법조인의 삶을 10년째 살고 있기는 하지만, 아직은 우리 사회와 법조계 간의 상호작용이나 변화의 흐름에 관하여 감히 평가할 수 있는 정도의 경력은 아니라고 생각해왔습니다. 그러는 와중에 이 글을 쓰게 되는 기회를 얻게 되어 조심스럽게 저의 의견을 개진할 기회를 얻게 되어 가볍지만 조금 진지하게 생각을 해 보게 되었습니다.

본래 법조는 사회현상에 민감하게 반응하는 분야라고는 볼 수 없습니다. 법조의 분야 중에서는 물론 국회에서 법을 만드는 '입법'의 영역도 없지는 않지만 대부분 이미 입법이 완료되어 효력이 발생한 법률을 기초로 하는 해석의 영역이 가장 큰 부분을 차지합니다. 이는 우리가 알고 있는 대부분의 소송에서도 알 수 있듯이 '과거에 대한 재평가'라는 관점에서 바라보게 됩니다. 자문의 영역 역시 향후 발생할 수 있는 소송을 예방하는 차원에서 이루어지는 경우가 많습니다.

그러다 보니 법조는 적어도 법률 관련 업무에 있어서는 법률이라는 기준에 맞추려고 하지 이를 벗어나는 해석을 하는 것은 기피의 대상이 되거나 심한 경우에는 지탄을 받거나, 법조인의 기본을 갖추지 못한 사람으로 낙인이 찍힐 수도 있는 행동이라는 인식이 저변에 깔려 있기도 합니다. 특히 고객들도 그러한 과감한 해석을 하는 경우에는 그만큼 리스크도 커진다는 생각을 하기 때문에 변호사를 신뢰하지 않는 상황도 발생하는 경우가 있습니다. 간혹 편법적인 해석을 통해서 법망을 피해가고자 하는 시도가 있기는 하지만 이는 예외적이라고 볼 수 있었습니다.

하지만 최근 스타트업이라는 이름으로 기존 기업구조나 시장구조에 도전하는 존재들이 급부상하고 또한 블록체인이나 이를 기반으로 한 가상화폐 등 새로운 기술 기타 정보통신망이나 모바일 단말기의 발전을 통해서 가능해진 여러 가지 사업모델들이 시도되는 사회적인 변화가 일어남에 따라 법률사무에도 변혁의 바람이 불기 시작하였습니다.

기술의 발전으로 인한 사회의 변화

블록체인 기술이나 AI, 기타 여러 가지 새로운 사업모델의 시도는 모두 상당한 수의 사람들이 어느 정도의 높은 수준을 보장하는 성능을 가진 모바일 단말기를 소유함으로써 정보통신망을 통한 사이버 생태계에 참여하는 모수(母數)가 증가함에 따른 현상이라고 볼 수 있습니다.

사람이 모바일 단말기를 통하여 정보통신망을 이용한 사이버 생태계에 참여하게 되는 순간, 그 사람의 인생의 밀도는 매우 높아질 가능성이 높습니다. 즉, 단위 시간당 할 수 있는 의사결정과 행위가 많아진다는 뜻인데, 이는 어떠한 의사표시를 하는 데에 들어가는 시간이 줄어들 뿐 아니라 그러한 의사표시를 하는 사람들이 동시다발적으로 발생하기 때문에 그 안에서의 경쟁이 치열해진다는 것을 의미하기도 합니다.

이렇게 되면 이제는 어떤 하나의 인간 개체에 대하여 빠른 판단과 빠른 결정을 요구하게 됩니다. 이는 동시에 어떠한 결정까지 도달하는 데에 같은 시간 내에 더 많은 요소를 고려해야만 적어도 다른 사람들과 동일한 수준의 의사결정을 통하여 최소한 다른 사람들보다 떨어지지 않는 삶을 살 수 있게 된다는 것을 의미하기도 합니다.

이를 간단하게 요약하면 옛날에 사람이 24시간 동안 24가지의 일을 처리하는 것이 기본이었다면 지금은 사람이 24시간 동안 72가지의 일을 처리해야 하는 세상이 되었다는 말로 정리됩니다. 즉, "삶의 밀도가 너무 높아졌다."고 평가할 수 있을 것 같습니다.

이러한 사람들이 사는 인생은 인간과 인간이 서로 오프라인으로 만나는 것으로는 그 속도나 밀도를 따라잡기 불가능하기 때문에 결국에는 정보통신망을 통한 사이버 생태계에서의 의사소통이 매우 활발해지게 됩니다. 이러한 사람들이 증가하는 것이 바로 사이버 생태계에 참여하는 모수(母數)가 증가하는 것이라고 볼 수 있습니다.

모수가 증가하게 되면 결국에는 수요가 생기게 되고 그 수요를 감당하기 위한 공급이 발생하게 되는데, 그 공급의 가장 근본적인 카테고리는 바로 '자동화'입니다. 빠른 판단과 결정까지 가는 데에 단순노동을 통한 시간을 줄여야 하기 때문입니다.

'자동화'는 근본적으로 조건문의 집합체로서 사람의 행동을 필요 없게 만드는 방향으로 진화하여 왔습니다. 조건문은 기본적으로 대전제, 소전제, 결론이라는 연역법적인 체계로 이루어져 있습니다. 그런데 과거에는 어떤 상태를 측정하고 이를 데이터화하는 이른바 '소전제' 데이터를 수집하고 이를 데이터화하는 하드웨어의 집약, 혹은 어떠한 현상이 이론적으로 어떤 의미를 가지는지에 대한 이른바 '대전제'에 해당하는 이론, 그리고 결국에는 어떠한 행위를 하는 '결론'을 구현하는 하드웨어가 발전하지 못했습니다.

하지만 현재에는 하드웨어와 정보통신망 속도의 실시간화가 크게 발전하였기 때문에 사람이 어느 곳에 있든 간에 모든 것들을 통제할 수 있는 시대가 도래하게 되었습니다. 그로 인하여 자동화 기술은 크게 발전하고 누적되어 이제는 그야말로 사람의 눈에 띄지 않는 '인공지능'이라는 이름의 자동화 시대가 되었습니다.

보편적으로 현재 상태를 관리하는 데에 큰 힘을 들이지 않게 되면 사람들은 아직 도래하지 않은 미래에 대하여 고민하게 됩니다. 지금 어떻게 해야 안정적인 미래를 맞이할 수 있는지에 대하여 생각을 하게 되고, 본인의 현재의 상태에서 개선할 점은 무엇인지에 대하여 더 많은 생각을 하게 됩니다.

소송에 있어서 법조계의 변화

법조 역시 이러한 시대적 변화를 타고 있습니다. 이미 말씀드린 대로 소송이라는 것은 과거의 재평가입니다. 과거를 재평가하기 위해서는 일단 '과거'에 무슨 일이 있었는지를 확인해야 합니다. 이를 '사실관계 확정'이라고 하는데, '사실관계의 확정'은 '증거'로 하여야 합니다. '문서'가 있거나, 아니면 '증인'이라도 있어야 합니다. 그런데 최근 소송은 대부분

통화나 대화의 '녹음'이라는 방법으로 과거를 많이 구현하고 있습니다. 녹음 기능을 가진 모바일 기기가 널리 이용되고 있는 사회적인 현상과, '대화자간 비밀녹음'을 처벌대상에서 제외하고 있는 대한민국 통신비밀보호법이라는 법률 때문입니다.

물론 미국 같은 해외에서는 '대화자간'이라도 비밀녹음은 처벌된다는 취지의 이야기를 많이 듣고 있습니다만, 적어도 대한민국 내에서는 이러한 대화자간 비밀녹음이 처벌되지 않기 때문에 과거를 구현하는 데에 '녹음'과 이를 문서화한 '녹취록'은 소송에 있어서 필수적인 증거 아이템이 되었습니다. 물론 최근에는 과도한 녹음을 자제하려는 움직임이 있어 이 역시 사회적인 현상이 법조에 변화를 일으키는 모습이라고 할 수 있겠습니다만, 아직 본격화된 것은 아닌 것 같습니다.

이렇게 전통적인 영역인 소송에서도 과거의 재평가 과정에서 과거의 기억을 되살리는 데에 크게 변화가 있는 상황이 발생하기 쉽지 않게 되자 법조에서도 여러 가지 큼직한 변화들이 일어나고 있습니다.

미래지향적인 사안에 있어서 법조계의 변화

이미 말씀드린 바대로 사람들이 현재 상태를 관리하거나 과거를 구현하는 데에 큰 힘을 들이지 않거나 그 필요성을 느끼지 않게 되면 더 나은 미래를 맞이하기 위하여 현재 상태에서 있는 문제들이 무엇인지 인식을 하고 그에 대한 개선을 위한 생각을 하게 됩니다.

이는 법조에도 긍정적인 변화를 가져오고 있는데, 변호사들이 여러

사업분야로 진출하고 당해 사업분야에 대한 자문에 있어서 조금 더 적극적이고 다각도의 법해석을 하게 됩니다. 앞에서 말씀드린 편법을 찾아주거나 편법 밖에 없으니 안 된다고 하지 않고, 다른 법에 의하여 허용되는 방향으로 사업의 구현 방법을 변화하도록 유도하는 방식을 많이 사용하고 있습니다. 뿐만 아니라 어떠한 사업에 있어서 그에 맞는 법규정을 새롭게 찾아주기도 합니다. 같은 내용이라도 어떠한 시각에서는 법률적으로 불가능한 것인데, 사업 내용을 그대로 두고 그 표현방법을 달리하여 법률적으로 가능하거나, 적용법률이 없던 것의 적용법률을 찾아주는 방법도 사용합니다.

그러한 적극적인 법해석과 규제를 돌파하고자 하는 노력은 '규제 샌드박스'와 같은 좋은 제도들에 대한 시도를 가져오기도 합니다. '규제 샌드박스'라는 제도는 여러 가지 규제가 동시에 적용되는 어떠한 사업 분야에 대하여 성공가능성 등 다면적 요소를 평가한 후 이를 통과하게 되면 그 규제들을 일시적으로 적용하지 않고 사업을 할 수 있도록 장려하는 제도를 말합니다. 물론 위 '규제 샌드박스'라는 제도를 실제로 수행하는 지방자치단체 등 실무단에서 잡음도 있지만 기본적으로 최근 사회의 변화상을 잘 반영하는 새로운 시도라고 할 수 있습니다.

법조에 영향을 끼치려는 여론의 손길과 그로 인하여 증가하는 '명예훼손' 사건

한편으로 대부분의 사람들은 개개인의 현실적 문제점을 파악하고 이를 개선하기 위한 노력을 하면서 살아가고 있습니다만, 최근 SNS 등 개인 콘텐츠의 퍼블리싱과 이를 불특정 다수가 인식하고 상호 교류하는 플랫폼이 진화하고 이에 참여하는 사람들이 증가하면서 개개인의 현실적 문제점이 아닌 사회의 문제점으로 인식되는 부류의 내용들이 전파되고 이에 사람들이 반응하는 현상이 폭발적으로 증가하게 되었습니다. SNS는 사람들의 정치적인 참여도를 증대시키고 잘 모르는 사람들을 빠르게 결속하는 도구가 되었습니다.

그리고 위와 같이 결속된 사람들은 하나의 세력을 형성하게 되고, 이들이 모여 오프라인으로 행동을 하는 데까지 긴 시간이 걸리지 않게 되었습니다. 오프라인으로 행동을 하는 군중이 급작스럽게 탄생한다는 것은 반드시 폭동이나 소요사태를 일으키는 것이 아니더라도 위압감을 주기에 충분합니다.

예전에는 여론을 형성하는 것은 사회적으로 빅마우스이거나 조직 내 권력층에서 이루어진 반면, 현재는 SNS 등이 발달하여 그와 같은 행위를 불특정 다수인 중에 한 명이 촉발할 수도 있는 시대가 되었기 때문입니다. 여기에 더하여 정보통신망의 발달로 표적이 된 사람의 신상이 널리 공개되는 것은 손도 쓸 수 없게 빠르게 이루어집니다.

이로 인하여 예전에는 그다지 많지 않았지만 현재에는 크게 사회적으로 문제가 되고 있는 범죄가 바로 '명예훼손'이 되었습니다. 최근에는 정보통신망법상 '명예훼손'이 문제가 되면 그 명예훼손 행위를 한 사람을 찾는 것부터가 쉽지 않습니다. 하지만 그럴듯한 내용으로 촉발된 명예훼손의 효과는 그 행위를 한 사람을 겨우 찾아낸 때에는 이미 널리 퍼져버려 더 이상 의미가 없는 상황이 되는 경우가 많습니다.

법조계의 과도한 변화로 인한 부작용

이렇게 되면 법조에서도 누가 만들어내는지 알 수도 없는 여론으로 인하여 당할 명예훼손에 대한 두려움이 없을 수가 없게 됩니다. 이는 어떤 변호사는 어떠한 부류의 사건을 맡지 않는 방식으로 회피한다거나, 개개의 법관 입장에서는 사회적으로 문제가 되는 사건에서 여론의 표적이 되는 것을 두려워하여 판결에 영향이 생긴다거나 하는 상황으로 이어집니다. 또 검사나 경찰 입장에서는 사회적으로 문제가 되는 사건의 여론을 등에 업고 실적을 위하여 과도한 수사를 하려는 경향으로 나타나게 됩니다.

최근 이와 관련하여 논란이 되었던 것은 '성인지 감수성' 이론입니다. '성인지 감수성' 이론은 이미 시사상식사전에서도 등재가 되어 있지만, '합의된 정의는 아직 없다'는 전제하에 대체로 성별 간의 차이로 인한 일상생활 속에서의 차별과 유불리함 또는 불균형을 인지하는 감수성을 말하는 것으로 정의되고 있습니다.

위와 같은 성인지 감수성 이론은 1995년 중국 베이징에서 열린 제4차 유엔여성대회에서 사용된 이후 국내에서는 정책의 입안에 있어서 성별 간의 차이를 줄이기 위하여, 특히 여성을 배려하는 방향으로 운용되어 왔습니다.

그런데 이것이 문제되는 것은 법원에서 사실관계를 인정함에 있어 이 성인지 감수성을 사용하였다는 점입니다.

대법원에서는 2018. 4. 학생을 성희롱했다는 이유로 징계를 받은 대학교수가 낸 해임결정 취소소송 상고심에서 원고 승소 판결을 한 원심(항소심)을 깨고 원고 패소 취지로 파기환송하였는데, 이때 '법원이 성희롱 관련 소송 심리를 할 때에는 그 사건이 발생한 맥락에서 성차별 문제를 이해하고 양성평등을 실현할 수 있도록 '성인지 감수성'을 잃지 않아야 한다'고 밝힌 바가 있습니다.

성인지 감수성 이론은 다양한 상황에서 적극적으로 사용되고 있습니다. 예컨대 다음과 같은 상황이 그 사례입니다.

- 피해자인 여성의 증언이 가해자인 피고인이 성희롱이나 성범죄를 저질렀는지 여부에 관한 것일 때
- 여성의 증언이 일관되지 않거나 모순되는 등의 이유로 인하여 가해자인 피고인이 성희롱이나 성범죄를 저질렀는지 여부에 대하여 의심이 들더라도, 피해자가 안 좋은 일을 당했기 때문에 증언 과정에서 당황하는 등 일관되지 않은 진술을 할 수도 있을 때
- 사건의 전후 정황에서 드러나는 피해자의 행동이 설령 가해자인 피고인과의 관계에서 특별히 문제가 없다거나, 성폭행 이후 실의에 빠지지 않고 정상적인 생활을 하였다는 이유만으로 피고인의 성희롱이나 성범죄 사실을 배척해서는 안 될 때

하지만 이렇게 대법원이 '성인지 감수성'이라는 이론을 적극 적용한 것은 크게 문제라고 하지 않을 수 없습니다. 일각에서는 성인지 감수성이라는 이론을 적용함으로써 피해가 입증하기 어렵다 하더라도 피해를 인정할 수 있게 됨으로써 '정의'에 한 발짝 다가섰다고 평가할 수 있습니다. 하지만 실제로 성범죄나 성희롱이 존재하지 않았음에도 불구하고

존재하였다는 판단을 하는 데에도 전혀 걸림돌이 없어진다는 점에 대해 우리는 주목해야 합니다. 성범죄나 성희롱이 아예 없었음에도, 아니면 성적인 관계가 존재했다고 하더라도 그것이 합의 하에 이루어졌음에도 마치 성범죄였다는 식으로 거짓말을 한다면 가해자로 지목된 사람은 언제든지 처벌될 수 있다는 뜻이기도 합니다.

이미 말씀드린 대로 사실의 인정은 '증거'로 이루어져야 합니다. '문서', '목격자인 증인', '녹음 등 매체기록' 등으로 사실관계가 밝혀져야 합니다. 목격자인 증인은 거짓말을 할 수도 있기 때문에 증인으로 선서를 시키고 위증으로 처벌을 하지만, 그렇다고 하더라도 증인은 거짓말을 할 수 있으므로 그에 대한 증명력(증인의 증언으로 이 사실을 인정할 수 있을만 하다 아니다)에 있어서는 법관의 자유심증주의에 맡기면서도 무죄추정의 원칙이라는 헌법상 대원칙을 마련해 놓았습니다.

증인의 진술이 유일한 증거일 때에는 피고인 입장에서는 당연히 증인의 진술의 증명력을 떨어뜨리기 위하여 사건 전후에 있어서 있었던 증인의 행위나 태도를 문제삼으며 탄핵 과정을 거치는데, 이는 정말 피나는 노력이 필요합니다. 대법원은 그러한 피고인의 노력을 가볍게 배척해도 욕을 먹지 않도록 '성인지 감수성'이라는 근거를 마련해준 셈이 되는 것입니다.

과연 대법원에서 '성인지 감수성'이라는 이론을 사용한 목적이 무엇인지는 알 수 없지만, '성인지 감수성' 이론이 '증거재판주의'를 크게 훼손한 것임은 의심의 여지가 없습니다. 순수하게 여성이라는 특성을 가진 단독의 인간개체 입장만을 고려하여 형식적으로는 '여성인권의 신장'이라는 이름표를 붙일 수 있을지언정 가해자로 지목된 남성의 어머니, 배우자, 딸, 여자형제 등 가족의 입장을 고려했을 때 온전히 여성의 인권을 신장시키는 방향이라고 보기도 어렵습니다. 또 오히려 남성과 여성 간의 대결적 구도를 심화시켜 서로를 증오하지 않을 수 없도록 하는 이론입니다.

예전 인권유린의 시절에서는 '아홉 명의 범죄자를 놓치는 한이 있더라도 한 명의 무고한 사람을 처벌해서는 안 된다'는 법언이 있었습니다. 위 성인지 감수성 이론은 3~4명 정도라도 잡아야 하니 일단 10명 다 처벌하라는 뜻이므로 이는 법조에서 통용되어서는 안 되는 이론입니다.

이러한 변화는 사건 처리에 있어서도 더 이상의 융통성을 모두 말살한 상태입니다. 법원 내부에서는 이미 '성인지 감수성'을 명시하지는 않더라도 이미 성범죄로 기소가 되면 '유죄'라는 색안경을 끼고 변호사를 윽박지르기 시작했습니다. 결국에는 경찰이나 검찰에서 합의를 봐야 하지만, 피해자 지원 국선변호사라는 전문가의 지도를 받은 피해 여성은 기소 전에는 합의를 보지도 않는 경우가 있습니다. 1심에서 법정구속을 당하게 만든 후 항소심 끝까지 가서 최소 수천만원의 합의금을 받고 처벌불원서를 작성해주지만, 이미 고소가 있어야 처벌이 가능한 '친고죄'가 사라져버린 성범죄에 있어서 죄없는 사람에게 '빨간줄'이 그일 가능성은 높아졌을 뿐입니다. 이러한 법조계의 사건 처리 경향은 사회적으로도 남성과 여성 사이의 긍정적이고 건전한 접근에 있어서도 이미 일정한 두려움을 가져다주었습니다.

하지만 이와 같은 이해하기 힘든 이론들이 전통적인 법률이론을 뚫고 나와 대법원의 판결에까지 등장하는 이유는 법원이라는 존재가 가지고 있는 의의를 여론에 결합하였기 때문입니다. 즉, 여론으로부터 욕을 먹어 법원의 신뢰가 떨어졌으니 이를 회복하여야 한다는 목적의식이 있었기 때문인 점을 부정하기는 어려울 것입니다. 이처럼 법원의 이른바 '이미지 제고'의 목적의식 역시 여론이 강해진 사회 분위기를 반영해 법조계에 불어닥친 변화 중 하나라고 볼 수 있을 것입니다.

결 론

이와 같이 최근의 급격한 사회적 변화는 법조계에도 큰 변화의 바람을 불러일으키고 있습니다. 비록 가끔은 법률의 원칙을 무시하는 과도한 변화가 사회에 좋지 않은 영향을 끼칩니다. 하지만 이와 같은 변화에 대하여 비판을 할 수 있을 뿐, 이를 다시 되돌릴 수는 없습니다. 다만 법조계의 시각이 사회에 어느 정도의 강력한 파장을 일으키는지에 대하여 모두가 한 번 생각해봤으면 한다는 생각에서 이 글을 쓰게 되었습니다.

Bridge

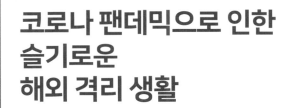

코로나 팬데믹으로 인한 슬기로운 해외 격리 생활

이정훈

- 한국 핀테크 기업 핑거비나(FingerVina) 대표, 베트남
  컴퍼니빌더 '쿠빌더(Coo-Builder)' 한국지사장
- 《핀테크》, 《Now 베트남 성장하는 곳에 기회가 있다》

슬기로운
격리생활

- -

2020년 11월 5일에서 20일까지 15일간 베트남 특별입국에 따른 베트남 정부의 지정 호텔 중 한 곳에서 15일간 격리 생활을 하게 되었습니다.

누구나 별거 아닌 일에도 스스로 경험하지 못했던 새로운 것을 하게 되면 준비 과정이 제일 불안합니다. 앞으로 일어날 일들 중에서 잘못될 일을 먼저 생각하고 준비를 하기 때문인 듯합니다. 특히 전세기를 타고 들어가는 해외인 경우 자칫 잘못된 경우(서류 미비, 건강 악화 등)가 생기면 비용 손해뿐만 아니라 개인 일정과 속해있는 기업에도 손해를 미칠 수 있을 거라는 두려움이 있습니다. 필자 역시 같은 마음이기에 전세기 타고 들어온 선배들에게 조언을 요청했었습니다.

막상 닥치면 별거 아니었는데 괜히 가슴 졸였다고 하시는 분들이 주변에 많습니다. 필자 역시 같은 말을 전해드리고 싶습니다. 크게 걱정하지 않으셔도 됩니다.

경험자 입장에서 해외 격리 생활을 준비해야 하는 분들에게 조심스럽게 필자의 경험을 공유해 볼까 합니다. 필자는 해외 입국해서 호텔 격리 생활까지 3단계로 구분한 '해외 출국 전 준비 – 해외 공항 입국 과정 – 15일간 호텔 격리 생활' 경험담을 정리해 볼까 합니다(2021년 이후 격리가 10일 이내로 기간은 줄었지만, 주요 내용은 유사합니다).

해외 출국 전 준비

전세기 편으로 들어가기에 사전 신청과 관련 서류 그리고 코로나 음성 확인서(2021년 들어 백신 여권이라 하여 백신 주사를 맞고 들어온 입국자에 한해 나라별 차등 격리 기간을 제시, 베트남은 2021년 7월 이후 백신 여권 소유자 대상 7일간 지정 장소 격리 확정) 등 제출해야 할 서류와 준비해야 할 무언가가 괜스레 많다고 생각하게 됩니다.

함께 출국하는 분들과 카카오톡 단톡방을 만들고 서로 정보를 주고받으면서 15일간 슬기로운 격리 생활을 위한 짤팁을 주고받으면서 주의 사항에 대해 공유합니다.

필자는 직원의 도움으로 조금은 여유롭게 준비한 편이지만 홀로 출국해야 하는 주부와 개인 사업자분들은 심적 부담이 될 수밖에 없을 겁니다. 무엇보다 서류 미비와 뜻하지 않은 건강 악화 등으로 출국할 수 없는 경우도 있다고 하니 더욱 부담이 될 겁니다.

이런 부담스런 출국을 해야 하는 데는 분명한 이유가 있습니다. 다소 위험과 불편함 그리고 비용 부담까지 있지만 갈 수밖에 없기에 출국하시는 분들에게 필자의 출국 과정 경험을 정리해 봅니다.

출국 전 준비서류

(1) 코로나 음성 확인서

코로나 음성 확인 검사는 출국 3일 전(72시간 전)에 받으셔야 합니다. (※다만 월요일 출국자들은 전주 목요일에 코로나 검사를 받아도 무방

하다고 합니다. 필자는 11월 5일자 출국이어서 최소 11월 2일 또는 3일
에 검사를 받았습니다. 검사 후 6시간 지나면 문자로 통보를 받습니다.)

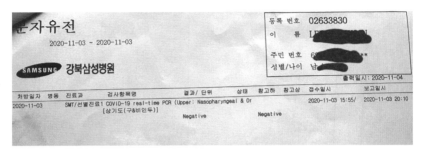

필자의 코로나 음성 확인서

코로나 검사 시 꼭 필수로 기입해야 되는 것은 영문이름, 여권번호,
음성 여부(PCR검사 – Negative) 결과, 영문증명서로 발급해달라고 해
야 됩니다(특정 병원은 베트남 격리 호텔 주소지도 묻지만, 대부분은 격
리 호텔 주소를 입력하지 않아도 된다고 합니다.)

(2) 출국 전 비행기, 호텔 비용 정산과 보험 가입

출국 전 특별입국 대상자분들은 편도 비행기 가격과 지정 호텔의 비
용을 선정산 해야 합니다. 필자는 베트남 호찌민시 홀리데이인 1인실을
예약했기에 호텔 비용이 다소 비싼 편입니다.

보험은 꼭 1달 이상 보장, 2천만 원 이상의 보험을 들면 됩니다. 보험
가입시기는 언제든지 해도 좋으나 출국 앞두고 천천히 하겠다 생각하면
조금 급박할 수 있습니다(필자의 경우 3개월 보험을 가입했으며 비용은
61,423원 들었습니다).

베트남은 비자(VISA) 발급 비용이 있습니다. 보통은 관광비자는 15일

이라 특별입국 3개월 비자(25 USD) 발급받아 들어가는 편입니다. 필자는 거주증이 5년이라 별도의 비자는 발급 받지 않았습니다.

2. 비용(예상)_2020.08월 출국시 비용 적용						
항목	단가/인	인원	SNST(KRW)	SFV(VND)	비고	
코로나검사비	176,000원	1 명	176,000			
출장비(1인실)	VND 61,177,000	1 명		61,177,000	미정_항공료 + 호텔비(14박) + 식비 + 교통비(공항→격리호텔)	
도착VISA 발급비	USD 25	1 명	31,250		미정_USD 25/인	
여행자보험가입비	160,000	1 명	160,000			
	합계		367,250원	VND 61,177,000	3,426,100원	

필자의 출국 전 선정산 내역들

베트남 코로나 앱은 반드시 설치해야 합니다

(3) 인천공항에서 할 것들

먼저 인천공항에 들어가시면 썰렁함을 느끼실 수 있습니다. 코로나 팬데믹 이후 관광을 위한 비행기가 거의 뜨지 않았고 현재도 같은 상태입니다. 특별 출국 대상자들을 위해 여행사 가이드분들이 인천공항에 특별히 마련된 부스에서 서약서 작성을 하게 합니다. 본인은 성(김, 박, 정 등) 초성에 맞는 부스에 가서 안내서가 든 파우치를 받고 마스크 5개를 받습니다(항공권 e-티켓, 네임태그 2개, 볼펜 1자루, 물수건 1개)

비행기 e-이티켓 예약서를 가지고 항공사 카운터로 가면 좌석이 지정됩니다(카운터로 가기 전 KIOSK에서 먼저 좌석 배정을 직접 하고 항공권 출력하면 시간을 줄일 수 있음). 티켓 발권이 마무리됐으면 신고할 내용이 있으신 분들만 신고 장소로 가서 신고하시면 됩니다.

다음으로 베트남 건강 앱(아주 중요합니다)에 본인의 개인정보를 입력하여 QR코드를 받으시면 됩니다(주소는 격리 후 주소를 입력해주셔야 합니다. 그리고 출발은 인천으로 하시면 됩니다. 참고로 QR코드를 사진으로 찍어 두시면 잘못해서 앱을 삭제할 때 도움이 됩니다). 건강 앱에 개인정보를 다 입력(중간중간 모르는 게 있다면 옆에 있는 직원분에게 질문 가능하고 친절하게 잘 가르쳐 주십니다) 하셨다면 입국심사를 받고 면세점에서 쇼핑을 하시면 됩니다.

베트남 입국

대한항공 KE000 전세기 편으로 11월 5일 베트남 호찌민시로 출국하는 날 새벽 비행기라 대중교통이 없으니 가족, 지인, 친구 등에 부탁해서 인천공항에 오시면 됩니다. 부탁할 분이 없을 경우 택시로 오셔야 하는데 비용이 조금 많이 듭니다.

필자 역시 특별입국기로 들어가기에 일반적인 입국보다 더 긴장했었습니다. 준비한 서류(코로나 영문 음성 확인서, 여행자보험, 건강 앱 QR 등)가 빠질세라 확인하고 재확인을 하게 됩니다.

2020년 8월 특별입국자들은 비행기 내에서도 방역복을 입었다고(?) 하던데, 다행히도 11월 특별입국자부터는 마스크만 착용한 채 베트남 호찌민시까지 올 수 있었습니다(비행시간 5시 30분).

한차례 기내식이 나오고 일회용 이어폰과 생수 한 병이 나옵니다.

5시간 30분을 비행한 후 호찌민시 도착 안내 방송이 나오고 승객들 모두 "드디어~~" 하는 탄성과 함께 호찌민 탄솟낫 공항에 도착했습니다.

필자가 함께 탄 대한항공 특별출국기

  호찌민 탄솟낫 공항 내에서는 한국에서 사전에 준비된 서류(코로나 영문 음성확인서, 건강앱에서 받은 QR)를 먼저 검사한 후 아래의 그림과 같은 의료 검역확인서를 발급해 줍니다. 이때 먼저 나오는 분들 중심으로 아주 천천히 검사를 하기에 시간이 제법 많이 소요됩니다. 뒤에 나오시는 분들은 결국 호텔까지도 늦게 도착하게 되니 급한 용모(?)가 있는 분들은 앞 좌석이 도움이 될 겁니다.

베트남 공항에서 발급받는 검역확인서

  의료 검역 확인을 마친 분들 중에서 도착 비자가 없는 분들은 도착 비자를 발급받기 위해 25불의 수수료와 여권사진을 가지고 비자 발급 후 입국수속을 받게 됩니다. 기존 비자가 있거나 필자처럼 거주증이 있는 분들은 바로 입국수속을 하게 됩니다.

입국수속을 마치면 짐을 찾고 지정된 대기 장소(호텔별로 따로 모입니다)에 가서 입국 시 받았던 방역복으로 갈아입습니다. 이때 다시 의료 검역확인서를 보여주고 체온을 재고 방역복으로 갈아입고 호텔별로 모여서 다른 분들이 오기를 기다립니다.

더운 나라여서 덥고 습하여 완전 사우나에 있다고 생각하시면 될 겁니다.

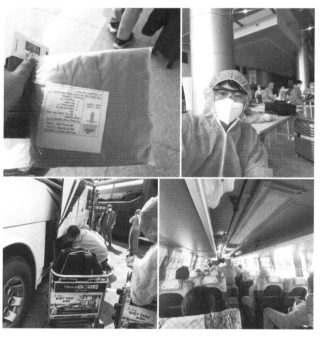

호찌민시 탄숏낫 공항 나온 후 방역복 입고 지정 호텔로 이동

드디어 지정 호텔에 도착합니다. 서울 집에서 새벽 4시에 나와서 베트남 시간 오후 2시(한국시간 4시) 도착!!

거의 12시간 중 5시간 30분 비행기 탄 거 빼면 6시간 이상 줄 서고 기다리고 또 줄 서고 기다리는 시간이었습니다.

지정 호텔 로비 – 방마다
놓여 있는 책상은 식사와
세탁물을 올려놓기 위함

호텔 방에 들어와서는 바로 땀으로 끈적거리는 몸을 차가운 물로 샤워하고 짐을 풀고 커피 한 잔을 내린 후 노트북 세팅하고 인터넷 연결, 그리고 가족과 지인에게 무사 도착 메시지 보내고 쉽니다.

호텔 방 내부 모습과 한인회에서 보내온 과일바구니

슬기로운 격리 생활

11월 5일 베트남 호찌민시 공항에 도착해서 바로 베트남 정부에서 지정한 격리 호텔 중 하나인 홀리데이인 호텔에 체크인하고 바로 격리 생활이 시작했습니다.

호찌민시 한인회에서 격리자들을 위해 과일바구니를 위로와 격려 차원에서 선물로 주신 거 외 베트남 정부에서 격리자를 위한 특별한 배려는 없었습니다.

첫날은 비행 일정과 검역 등으로 피곤한 데다가 격리 생활을 처음 하게 되는 불안함도 있고 해서 가볍게 샤워 후 호텔에서 제공한 도시락을 받아서 맛있게 먹은 후 침대로 곧바로 뻗었습니다.

필자는 호텔 체크인 이후 격리 호텔 생활에 있어 딱히 불편한 점은 없었습니다. 다만 방문 밖으로 나갈 수 없고, 호텔 내 이동이 안 되다 보니 답답했지만, 이 모든 게 '격리 생활이다'라고 마음잡다 보니 불편하거나 답답하거나 필요하거나 하는 등등을 다 참을 수 있게 되었습니다(그래도 어린아이와 동반한 어머님은 호텔 측에서 하루 중 일정 시간을 지정하여 가이드 동반하에 산책 등 밖에서 활동할 수 있게끔 유연성이 있었으면 하는 바람은 있었습니다).

그래도 격리 중 가장 생각나는 게 뭐냐고 누군가 묻는다면?

첫 번째는 도시락입니다.

도시락 도착 시각에 호텔방 벨소리가 울립니다. 그럼 방문을 열고 도시락 봉투를 챙겨와서 먹고는 다 먹은 도시락을 봉투에 다시 밀봉해서 호텔 방문 앞 의자에 올려놓습니다. 매일 아침 7시, 점심 12시, 저녁 6시 기준으로 벨소리가 들리고 도시락이 들어오다 보니 자연스럽게 격리 생활의 기준이 도시락 오는 시간에 마쳐져서 일정을 잡게 됩니다.

특별한 활동(또는 이벤트)은 없었기에 필자의 하루 일정도 도시락 오는 시각에 맞춰 시간 관리를 했었습니다.

격리 기간 중 먹었던 도시락

필자는 한국에서도 늘 그랬듯이 새벽에 일어나 아침 도시락이 오기 전 씻고 가볍게 스트레칭을 한 후 커피 한 잔을 마시면서 책을 읽거나 인터넷 검색을 했었습니다. 아침 도시락 벨소리에 식사를 간단히 한 후 오전에는 비대면으로 회사 업무 중심으로 온라인 미팅을 했었습니다. 점심 식사 후 커피 한잔과 역시 비대면 업무를 본 후 저녁 도시락 오기 전 오후 4시부터 6시까지 2시간 동안 플랭크, 스쿼트, 팔굽혀펴기, 만보 걷기 등으로 운동을 심하게(?) 한 후 샤워를 하면 저녁 식사 벨소리가 들립니다.

두 번째는 커피입니다

필자는 하루에 3번 이상 블랙커피를 마시는 편이고 믹스커피는 즐기지 않는데, 격리 호텔인 홀리데이인 호텔에서는 LEGEND라는 믹스커피만 제공하고 있어 음식배달 앱인 그랩(Grab) 딜리버리(Grab Delivery)를 통해 외부에서 배달시켜 마셨습니다(2021년 6월 이후는 총리령 16호 지침에 따라 배달도 안 됨). 최소 3잔 이상의 커피를 마셨으니 대략 격리 생활까지 50잔 이상의 커피를 마신 셈입니다.

특히 새벽에 일어나서 하루를 시작하는 첫 커피는 격리 생활 동안 한 번도 거른 적이 없었습니다. 새벽 공기는 느낄 수 없었지만, 커피 한 잔을 마시며 어두운 창가가 점차 밝아지는 걸 바라보는 시간은 호텔에서 유일하게 느낄 수 있었던 즐거움이었습니다.

세 번째는 운동입니다

한국에서 매일 저녁 술을 마신 탓인지 코로나19 확산으로 운동 등 외부 활동을 못해서 그랬는지 몸무게가 반 년 사이 거의 6kg 이상 불어서 불편하고 답답했었습니다.

격리 생활 중 최소 보름은 술을 마시지 않고 꾸준히 운동을 한다면 추정하건대 2kg 이상은 줄일 수 있을 거라 생각했습니다.

매일 플랭크(1분), 스쿼트(20개 1세트), 팔굽혀펴기(10개 1세트)를 세트로 5회 이상을 했으며, 첫 주를 제외하고 체크 아웃 할 때까지 지속적으로 했습니다.

좁은 호텔방에서 운동하는 게 편하지 않았지만(참고로 침대 주변은

매일 2시간 운동하기 – 플랭크, 스쿼트, 팔굽혀펴기, 만보 걷기

걸어서 13보나 걸립니다) 나름 있는 공간을 최대한 활용해서 운동을 했습니다.

격리 후 2kg 이상 체중 감소가 있었지만…. ㅜㅜ

격리 해제되자마자 술로 금세 복구되었습니다.

네 번째는 영화와 드라마입니다.

격리 생활을 하는 선배들에게 얻은 조언은 무조건 볼만한 거 많이 가져오라는 것이었습니다. 영화와 음악을 사랑하는 친구 덕분에 500GB 정도의 영화와 드라마를 다운받아서 외장 하드에 담아 온 것은 정말 신의 한 수였습니다. 호텔 방에도 무선 WIFI가 잡히고 짧은 영상은 스트리밍 또는 다운받아서 보면 되지만, 장편의 드라마와 영화는 화질 때문에 무선 와이파이를 통해 다운받는 데 너무 오랜 걸리기에 한국에서 고화질 영상은 다운받아서 오는 것이 좋습니다.

대략 격리 기간 중 영화 10편, 드라마 60편 정도 봤습니다.

다섯 번째는 책과 인터넷 검색입니다.

책은 한국에서 500페이지 가까운 두꺼운 책을 준비했었는데 생각보다 일찍 끝내서 두 번 이상 반복해서 읽게 되었습니다. 책이 무게가 좀 나가는 편이라 많이 가져오기 어려웠고, 이북(e-Book)으로 읽어도 무방했지만 조금은 어색하고 불편한 감이 있었습니다. 하지만 다음 격리 생활을 할 때는 이북으로 책을 볼 수 있도록 준비해 볼까 합니다. 이북 대신 유튜브와 페이스북을 매일 보게 되며, 기사 원고와 매주 뉴스클리핑 등을 위해 인터넷 뉴스 검색을 더 자주 했었습니다.

그리고 격리 생활 중 의도적으로 하려 했던 게 있었습니다.

매일 새벽 시간에 책을 읽었다. 커피와 함께

이는 언젠간 이 격리 생활을 기억할 때 '아~, 그때 이런 것도 했었구나' 싶은 추억을 만들고 싶었기 때문입니다.

그래서 격리 생활 중 가장 먼저 한 것이 **수염 기르기**입니다.

개인적인 차이가 있겠지만, 필자의 경우 머리는 대학 시절에 호기심으로 좀 길게 길었던 적은 있었기에 지금까지 살면서 단 한 번도 길러 본 적이 없는 수염을 보름 동안만이라도 길러 보고 싶어 첫날부터 샤워 후에도 수염은 절대 깎지 않았습니다.

두 번째 역시 안 해봤던 **시(詩)**를 써 보는 겁니다.

원래는 좀 긴 에세이나 소설 같은 장르를 해보고 싶었지만, 아직은 그럴만한 내공이 없어 시를 써보는 연습을 해봤습니다. 생각이 많았을 뿐 결국 다음 기회로 도전을 미뤘습니다. 하지만 격리기간 동안 다수 시인들의 시를 제법 많이 읽었고 나름 함축과 은유의 미학에 감탄하게 되었습니다.

그래도 지인들에게 현재의 마음을 짧은 글로 전해보기도 했고 나름의 메모를 남겨 보기도 했는데, 한국에 와서 읽어보곤 웃기만 했습니다.

세 번째는 **매일 가족에게 전화하기**입니다.

한국에 있을 땐 가족이 옆에 있어서 소중함의 가치를 덜 느꼈다면, 홀로 격리된 공간에 있을 땐 가족의 소중함이 새삼 너무 감사했습니다(특히 어머니에게 매일 통화해 본 적이 직장 생활 후 거의 없었기에 격리 생활 동안 매일 어머님과의 통화했던 시간은 지나고 보니 정말 소중하게 기억되었습니다. 이후로도 매일 어머니와 하루에 한 번은 통화하고 있습니다).

매일 저녁 식사 후 짧은 통화를 통해 안부를 묻고 위로를 받을 수 있었습니다.

격리 생활을 한마디로 표현하면 "군대가 더 좋다"

격리 생활은 한마디로 표현하라면 "군대가 더 좋다"입니다.

보름 동안의 격리 생활 중에 호텔 방문 밖으로 나간 날은 코로나19 음성 검사를 위해 두 번의 엘리베이터 탄 게 전부입니다. 문밖으로 5초 이상 나가지도 못한 채 호텔방 안에서 먹고, 자고, 씻고, 운동하고 업무를 온라인으로 했습니다.

창은 밀폐되어 닫혀있고, 나갈 수 있는 오픈 공간은 호텔 방문이지만 방문 밖으로 나갈 수 없었습니다. 나가게 되면 호텔 복도를 가득 채우는 싸이렌이 고막이 나갈 정도로 심하게 울리고 안내 방송이 나옵니다. 이를 거절할 경우 완전 감옥과 유사한 시설로 보내진다고 하니, 다들 눈치 보면서 지킬 수밖에 없었습니다. 비 오거나 흐린 날은 괜히 감성이 올라와 올드보이 영화처럼 사육당하는 기분이 들기도 했습니다.

갇힌 생활 속에서도 감정은 매일매일 달랐습니다. 컨디션이 좋은 날은 견딜 만했고 안 좋은 날(필자에게는 비 오는 날 또는 잔뜩 흐린 날)에는 시간 보내는 게 너무 힘들었습니다. 특히 필자는 어둡고 비 오는 오후에는 과거 교통사고 후유증이 일부 남아 있어 온몸이 쑤시고 아팠기에 창밖으로만 보이는 하늘을 커튼으로 닫은 채 있었던 적도 있었습니다.

다행히도 함께 출국했던 카카오톡 단톡방에 있는 분들이 다소 위안이 돼주었습니다. 특히 아기와 함께한 엄마들, 담배와 술이 있어야 하는 분들, 밀폐 공간을 불안해하는 분들이 쏟아내는 불만에 찬 단어가 가끔 위안이 되곤 했습니다.

5일로 입국한 분들이 지정된 격리 호텔은 4곳으로 분산되었습니다. 필자가 있는 홀리데이인 호텔은 나름 5성급으로 좋다는 평이 있지만, 시간이 지남에 따라 호텔의 좋고 나쁨은 격리자를 얼마나 편하게 해주느냐에 따라 달라지게 됩니다.

어떤 호텔은 도시락 대신 호텔식이 가능하고, 어떤 호텔은 배달을 통해 먹고 마시고 싶은 걸 해결할 수 있고, 어떤 호텔은 흡연인을 위한 룸(흡연 가능한 호텔방)을 제공하는 등, 보름간의 격리 중에 가장 위안이 되는 것은 아무래도 맛있는 식사이지 않을까 싶었습니다.

도시락을 계속 먹게 되면 식상하게 됩니다. 특히 필자와 같이 과거 군대 생활을 전경으로 했던 분들이라면 시위 출동 시 도시락을 먹었던 기억이 그리 좋지 않았기 때문에 도시락을 매일 먹다 보니 조금은 질리기도 하고, 맛도 처음과 같지 않게 됩니다(도시락 제공 식당에서 맛있는 음식을 만들어 주고 있는 건 확실하지만 격리하면서 입맛이 변하게 되고. 유사한 반찬과 밥에 질리게 됩니다).

호텔 격리 생활에서 가장 필요한 것이 있다면 무엇일까 생각해봤습니다. 먹는 거 외 호텔에서 제공받을 수 있는 게 없기도 하지만 개인적으로 필요한 게 진짜 없었습니다. 만약 먹는 거나 마시는 게 필요하면 배달시켜 먹거나 마시면 되었습니다. 필자는 커피를 그렇게 배달시켜 마셨습니다.

호텔에서 제공하는 세탁 서비스 덕분에 운동한 후 운동복은 세탁을 맡기면 이틀 후에 깨끗이 건조시켜서 가져다주고, 수건과 치약, 칫솔은 그때그때 룸서비스 요청해서 제공받을 수 있었습니다.

외부 활동이 완전 차단되다 보니 필요한 게 있다면 하루에 최소 30분 정도 호텔 내부만이라도 산책할 수 있게 하기, 또는 수영장에서 30분 정도 수영하기, 헬스장에서 30분 정도라도 운동 기구 사용할 수 있게 하기, 호텔 라운지 Bar에서 시원한 맥주 또는 아이스 아메리카노 한 잔 마실 수 있는 시간 주기, 호텔 라운지에서 30분 정도 책 읽을 수 있는 시간 주기 등등 의외로 단순하고 일상적인 내용일 겁니다.

호텔 내부에서 활동하는 게 제약적이긴 하지만 그래도 하루에 한 번 30분 시간이라도 호텔 방 밖으로 이동할 수 있었으면 좋겠고, 이것이 아마도 누구나 바랐던 것이 아니었을까 싶습니다. 아니면 베트남 지인 방문을 정해진 시간 동안 접견할 수 있게 해주기인데, 이건 외부 접촉이라 현실적으로 불가능할 것 같습니다.

그래도 다행인 점은 와이파이가 끊어지지 않고 잘 터진다는 점과 물이 부족하지 않았다는 점입니다. 이거 지원 안 됐으면 정말 힘들었을 것 같습니다.

격리 중에 코로나 음성 검사를 2차례 진행합니다.

처음에는 호텔에 들어온 다음 날 코로나 검사를 하고 두 번째는 보통 격리 14일째 되는 날 합니다(필자가 있는 홀리데이인 호텔은 13일째 2차 검사 시행). 모두 음성일 경우 호텔 체크아웃을 한 후 원래 목적지로 가면 됩니다.

특이한 것도 불안한 것도 별거 없습니다. 그냥 호텔에 보름 동안 감금되어 있다고 생각하면 편합니다. 보름 동안 개인적으로 무엇을 할 것인가를 생각하고 그에 따른 필요한 것을 준비하면 됩니다.

호텔 격리 중에 개인별로 점검하거나 의무적으로 하는 건 매일 아침과 저녁으로 디지털 체온계로 셀프 체크를 하고 기록을 하는 일입니다(한국 격리 생활 동안은 앱을 통해 체크하고 등록하는 것과 달리 직접 호텔에서 제공받은 기록지에 직접 적는다는 점입니다).

진짜 할 게 없습니다.

디지털 체온계 사용방법도 단순합니다. 체온계 버튼을 누른 후 겨드랑이에 끼고 있으면 1~2분 내 "삐~삐" 소

호텔 체크인 하고 그 다음날
코로나 음성 검사를 한다

리가 납니다. 소리 후 조금 있다 체온계를 뺀 후 적힌 숫자를 표기하면 끝납니다. 물론 열, 감기, 목 아픔도 셀프 체크하면 됩니다. 대부분 없다고 체크합니다.

호텔 격리 생활은 나름 스스로의 시간 할애 방법을 찾는 게 가장 필요

합니다. 함께한 격리 생활자들과의 카카오톡 단톡방이 있음에 감사하고, 절대 나가지 말고 그 속에서 정보와 위로를 받기 바랍니다.

자가 점검과 시간 관리 방법을 통해 건강한 자아 만들기

끝으로,

슬기로운 격리 생활을 통해 스스로를 점검할 수 있는 시간을 가져 보기 바랍니다. 해외 나라별 격리 기간이 다를 수 있습니다.

최근 2021년 6월 후 베트남은 코로나 팬데믹 4차 확산으로 격리 기간을 4주로 연장(지정 호텔 3주, 자가 1주)했다가 12월에 7일 지정 격리와 7일간의 자기 격리로 변경되었습니다. 2022년 방역패스를 받은 관광객 대상 3일 격리 얘기도 있지만 시기상조일 듯합니다. 특히 오미크론 등 변이 바이러스가 확산됨에 따라 나라별 지정 격리 일자를 7일 이내로 줄이지 못하고 있는 실정입니다. 해외 출국 시 지정된 호텔 등 공간에서의 개인행동에 대한 제한은 모든 나라가 거의 유사할 겁니다. 그 속에서 스스로의 자가 점검과 시간 관리 방법을 통해 건강한 자아를 만들기를 바래봅니다.

격리 후 베트남 쌀국수와 맥주 한잔하고 시원하게 면도했습니다

Bridge

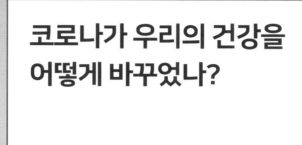

코로나가 우리의 건강을
어떻게 바꾸었나?

송주혜

- 25년여 헬스커뮤니케이션 전문가로 일했으며, 지금도
  건강하게 꾸준히 일을 하고 있습니다.
- 건강습관 만들기 유튜브 채널 '건강한 요일의
  앨리스'를 운영하고 있으며, 건강한 라이프 스타일 코칭
  전문가입니다.
- 메디컬 라이프 코칭 구독서비스 [앨리스] 런칭 2022

코로나가 우리의 건강을
어떻게 바꾸었나?

　저는 건강습관을 만들기 위해 노력하고 있습니다. 25년 이상 회사에서 건강 관련 마케팅 업무를 해왔고, 제약회사와 건강캠페인 등도 다수 진행했습니다. 그러면서 약을 먹기 전에, 아파서 병원에 가서 치료를 받기 전에, 우리가 미리 건강을 관리하는 게 얼마나 중요한지를 알게 되었습니다. 그래서 2020년부터 유튜브 채널을 통해 일반인들과 환자와 가족을 위한 건강습관 만들기 채널을 시작했습니다.

우리의 건강은 코로나를 겪으며 어떻게 바뀌었나?

　최근 코로나를 겪으면서 우리의 건강관리가 어떻게 바뀌었는지, 건강에 디지털이 얼마나 깊숙이 들어왔는지, 그래서 어떻게 건강관리가 바뀌어야 하는지를 고민합니다.

　팬데믹 상황으로 많은 위기와 동시에 기회들이 있다고 합니다. 우리의 일상과 생활습관이 많이 바뀌다 보니 건강에도 영향을 끼치게 되는 것이죠. 들어보신 것처럼 팬데믹으로 바뀐 우리의 생활습관이 몇 가지 있는 것 같습니다. 사회적 거리두기는 밤늦도록 술먹지 않아서 좋고, 만나기 싫은 사람을 안 만나도 좋고, 그리고 무엇보다 가족과 가까워지게, 그리고 나를 더 잘 들여다보게 만들었습니다. 코로나19로 바뀐 우리 일상의 모습 중 하나일 것입니다. 그동안 일에 치여, 사람에 치여 무시해왔던 내 건강도 들여다볼 시간이 생겼으니, 위기에서 기회가 생긴 거라고 생각합니다.

우리는 4차산업혁명 시대를 살고 있습니다

이런 시기에 몸과 정신 모두를 건강하게 하기 위해 우리는 무엇을 해야 할까요? 우리가 AI, 빅데이터, 딥 러닝이라는 용어를 배우고 이해한 지가 겨우 얼마 전인데, 이제는 급기야 메타버스 이야기가 나오고 배워야 할, 알아야 할 새로운 이야기가 많습니다. 무섭게 빠른 속도로 변화하고 있죠. 또한, 이 시대의 변화를 따라잡기 위해 새로운 기술을 배우고 적응할 수 있게 도와주는 프로그램과 회사들도 아주 많아졌습니다. 이런 변화무쌍한 시대에 살면 우리는 기술로 인해 편안함을 느껴야 한다고 생각합니다. 기술은 우리를 더 쉽게 해주고, 인생을 더 풍요롭게 해주기 위해 발전하는 것이라고 생각하니까요.

이런 새로운 기술이 내 몸을 더 튼튼하게 해줄 수 있을까?

하지만 이런 급변하는 디지털 시대에 여전히 우리는 3분 진료에 투덜대고, 검사를 받으려면 병원 여기저기를 찾아 헤매며, 의료진을 만나면 정작 무슨 말을 하는지 알아들을 수가 없습니다. 급기야 바빠 보이는 의료진에게 감히 물어볼 말은 꺼내지도 못하고 병원을 나와야 합니다. 혹여 내가 만성질환자가 되거나, 암환자가 되어도 주치의에게 혹은 병원에서 상세한 설명을 듣기도 어렵습니다. 이런 상황에서 팬데믹을 겪고 있는 우리는 건강을 위해 무엇을 준비하는 게 현명한 일일까요? 새로운 기술이 얼마나 우리의 의료현실을 편리하고 쉽게 바꿔 줄 수 있을까요? 과연 기술에 의존하면 내 건강이 이전보다 관리하기 편하고, 성공률이 높아질까요?

우리는 아프기 전에 내 생활습관을 건강하게 만들어야 합니다.

제가 질환 관리를 위한 캠페인 등을 진행하다 보니 아프기 전에 우리는 병에 걸리지 않도록 노력하는 게 많이 중요합니다만, 사실 몸이 아프기 전에는 건강관리의 중요성을 간과하게 됩니다. 우리가 나이가 들면서 만나는 다양한 병은 나쁜 생활습관에서 비롯된 경우가 많기 때문에 아프기 전에 자신의 생활습관을 들여다봐야 합니다. 그리고 그 생활습관이 건강한지, 건강하고는 거리가 먼지를 보고 건강한 생활습관을 만들려고 건강할 때 노력해야 하는 거죠. 그런데 건강습관을 만드는 일이 왜 이렇게 어려운 일인지, 쉽게 포기하게 됩니다.

디지털이 건강습관을 만들 수는 없습니다

그리고 디지털 기술로 의료기술은 발전할 수 있어도 그걸 이용하는 우리들의 생활습관이 바뀌지 않으면 우리의 건강관리가 이전보다 더 좋아지리라고는 기대하기 어려울 것 같습니다. 그리고 의료기술이 좋아진다고 과연 의료 서비스의 질도 좋아질까요? 아니, 이런 거창한 질문이 아니라도, '나는 디지털기술을 통해 더 건강해질까요? 나는 더 행복감을 느낄까요? 나에게 건강하게 오래 산다는 건 어떤 의미일까?' 하는 질문들에 대해 고민을 해보게 됩니다.

코로나19, 뜻밖의 불청객이 깨워준 건강에 대한 변화

우리는 이렇게 길게 팬데믹을 겪을 거라고 처음부터 생각하지 못했습니다. 처음엔 감염병에 대해 생소하면서 무서워 집 밖을 나가지 못하고 그냥 빨리 지나가기만을 바라며, 숨죽이고 지켜만 봤다면, 이제는 위드 코로나라고 함께 코로나와 지낼 방법들을 생각하고 있습니다. 코로나가 우리에게 준 여러 가지 변화가 있겠지만, 여러 산업 분야 중 건강이라는 산업에 가장 큰 변화가 찾아온 게 아닐까 합니다.

1) 2020년 건강습관 만들기 유튜브
'건강한 요일의 앨리스'를 시작했습니다

사실 아프면 병원에 가고, 아픈 후에는 병원이나, 한의원, 약국 등을 다니면서 치료와 관리를 그나마 받거나 도움을 받을 수 있습니다. 하지만 아프기 전에는 내가 건강관리를 잘하고 있는지 신경 쓰기 어렵습니다. 하지만 건강할 때의 생활습관이 이후 병원에 갈지 말지를 결정할 수도 있는 아주 중요한 시기인데 말이죠. 여러분들은 건강한 지금 어떻게 건강관리를 하시나요? 저희 유튜브 채널에 영상들을 보시고, 많은 분들이 댓글에 제가 지금 병원에 가야 하나요? 이게 병인가요? 혹은 이 약을 계속 먹어도 되나요? 내가 잘 하고 있는 건가요? 등등 생각보다 일상생활에서의 관리에 대한 질문들이 많습니다. 그리고 한편으로는 미리 알았다면, 미리 준비할 수 있었을 그리고 더 건강해졌을 사람들을 보며 안타까웠습니다.

만성질환부터, 소아정신과, 소아성장, 노인 우울증과 치매, 뼈 건강, 수면장애, 호흡기 질환, 암 질환 등 다양한 질환 예방과 건강습관 만들기 위한 방송을 시작하면서 코로나가 우리의 건강을 어떻게 바꾸었는지를 보게 되었습니다. 그러면서 병원이라는 역할에 대해 생각해 보게 되었고, 질병을 대하는 태도, 그리고 누구도 우리의 병에 대해, 우리의 건강 습관에 대해 책임져 주지 않는다는 무서운 현실을 마주하게 되었습니다.

2) 팬데믹 시기 어떻게 건강관리를 했을까요?

이번 팬데믹으로 인해 감기 환자나 호흡기 환자, 그리고 소아과는 문 닫을 정도로 환자가 줄었다고 합니다. 그 이유는 병원이 무서워 오지 않는 경우도 있지만, 생활수칙을 잘 지키다 보니, 질병이 예방되었다는 긍정적인 결과라고도 합니다. 또한 대유행이 시작된 후 만성질환자인 당뇨나 고지혈증 환자는 늘었는데, 그 이유는 코로나가 만성질환자에게 예후가 좋지 않다는 전문가들의 의견에 따라 증상을 방치하지 않고 적극적인 치료를 받은 결과로 추청된다고 합니다.[2]

코로나 팬데믹 전에는 초기 당뇨 환자나 가벼운 고지혈증과 초기 고혈압 증상을 보이는 환자는 병원을 찾기보다는 식단관리나 운동 등 생활습관 개선을 통해 질환을 관리하는 사례가 많았다면 코로나 이후에는 경미한 증상이라도 병원을 적극적으로 찾아 선제적인 치료를 받았다고 합니다.

반면에, 코로나와 함께 한 지난 기간 한국인의 건강 변화를 보면 만성질환자는 연령이 높을수록 건강상태가 악화되었다고 나타났고, 체중 변화 또한 국민 10명 중 4명이 3kg 이상 증가했다고 나타났습니다. 또한 코로나를 겪은 시기 이후 영상 시청시간은 하루 3~6시간을 시청하는

---

2 《매일경제》, 〈코로나시대 '당뇨, 고지혈증' 환자 선제적 치료 늘어〉(https://www.mk.co. kr/news/it/view/2020/11/1195865/)

비율이 가장 크게 증가했다고 합니다.[3]

이는 다 아시겠지만, 재택이나 사회적 거리두기로 인해 사회활동이 줄어들면서 신체활동도 줄고 운동량이 감소했기 때문이죠. 집에 있는 시간이 길어지면서 여러분은 어떤 일을 하셨나요? 이 시기를 자기에게 긍정적으로 만들어 책을 보고 자기계발을 잘해 온 분들도 있습니다. 하지만 반대로 자기관리가 무너져 살이 찌거나 혹은 TV 시청이나 영상을 보는 시간이 늘어나 건강이 안 좋아진 사람도 많습니다. 특히 마음 건강이 안 좋아지는 일도 많아졌지요.

나는 어떻게 이 시기를 보냈을까? 그리고 바로 이 시점에서 나는 앞으로 나의 행복한 일상을 위해 무엇을 해야 하고, 어떻게 나를 관리해야 할까? 우리는 우리 미래를 위한 불안과 고민을 끝없이 합니다. 그러면서 조금이라도 잘 살고, 행복하게 살기 위한 고민을 많이 하죠. 지금 위드 코로나시대. 돈 버는 법, 부자 되는 법, 잘 사는 법 등 경제 관리에 대해 이야기하는 채널들과 정보들이 넘쳐납니다. 하지만 앞으로 100세 시대, 건강한 50~60대, 이후 100세까지, 아니 그 이상의 나이까지 건강하게 살지 못한다면, 다른 그 모든 게 나에게 얼마나 가치가 있을까요?

우리는 지금 돈 버는 법도, 성공하는 법도 중요하지만, 그 성공과 자아실현을 위해 건강 관리법을 빨리 배우고, 내 생활습관을 건강하게 만드는 것이 중요합니다. 그 어떤 습관보다 나의 생활습관을 건강하게 만드는 것이 가장 우선순위가 되어야 할 것입니다.

---

3 〈코로나19시대 국민 체중 관리 현황 및 비만인식조사〉, 대한비만학회

내가 그리는 건강한 삶은 어떤 삶일까?

저는 30세부터 주변 친구의 권유로 시작한 마라톤으로 시작으로 자연스럽게 건강관리를 하게 되었습니다. 처음에는 친구들과 어울리려는 구실이 아니었나 싶습니다만, 매주 만나고 연습을 하다 보니 욕심이 생기고 재미가 생겼습니다. 더불어 회사생활을 하면서 스트레스를 이기기 위해 매주 마라톤 연습과 등산 등 주말 운동이 제게는 참 많은 위안이 되었습니다. 돌이켜보면, 육체적인 건강은 제가 지금까지 20여 년 이상을 꾸준히 일할 수 있게 해 준 정신적인 강인함의 원천이자 요즘 말하는 자기회복탄력성을 만들어 준 고마운 일이었습니다.

작지만 지속적으로 이루어져야 합니다

지금까지도 저는 아침에 일어나면 요가를 하고, 주말에는 조깅을 합니다. 부정적인 생각이 들면 나가서 뛰는 게 제게는 너무나 자연스러운 루틴이 되었습니다. 제가 크게 건강함을 자랑하는 것도 제 운동 실력을 자랑하는 것도 아닙니다. 그저 그때 자연스럽게 10년을 꾸준히 했던 습관이 인생의 생활습관으로 자리 잡았고 앞으로 10년 아니 20년 이상을 저를 건강하게 만들어줄 아주 소중한 습관이 자리 잡힌 거라는 말이죠. 지금 20대가 아니 30대라도 자기만의 건강한 습관을 만들어나간다면 앞으로 남은 인생은 남들보다 더 많은 것을 누릴 수 있지 않을까요?

제가 그리는 건강한 삶은, 그리고 우리가 가져야 하는 건강은 거창한 게 아닙니다. 아침에 일어나면 좋은 생각을 하고, 잠시 명상을 통해 내 몸을 한번 점검해 보며, 나 자신을 사랑한다고 말해주는 정도도 좋습니다. 건강에 좋은 음식이나 건강기능식품들에 현혹되거나 찾아다니지 말고, 좋아하는 제철 음식을 좋아하는 가족이나 친구들과 즐기는 것 이것이 정말 건강한 생활 아닐까요? 어떠세요? 여러분들도 이 정도는 쉬워 보이시죠?

여러분도 먼저 자신에게 건강목표를 세워보세요. 다른 사람이 세워놓은 목표가 아니라 나의 운동상태나, 내가 좋아하는 음식과 식이습관을 생각해 보며, 내가 그리는 건강한 삶은 어떤 것인지 구체적으로 적어보세요. 그러면 여러분도 어떤 습관을 만드는 게 좋을지 보일 겁니다.

우리의 건강관리 어떻게 바뀌고 있나?

오래전 우리는 삶을 치열하게 살았습니다. 나를 위한 건강관리는 사치에 가까울 정도였죠. 몸을 가혹하게 혹사하면서 일하고 아이를 키우며 빠른 변화에 맞춰 살아왔기에, 여유 있게 내 건강을 관리할 시간이 없었습니다. 그러다 나이가 들어 당뇨나 만성질환, 암 등의 진단을 받고 나면 삶이 완전히 달라지는 그런 이야기를 많았습니다.

하지만 이제는 젊었을 때부터 자기관리를 하는 것이 리더의 덕목이 되기도 하고, 하나의 유행처럼 보급되어서 희망적이기는 합니다. 남들과 똑같은 생활을 하는 것을 싫어하고, 치열하게 일을 하기보다는 일하면서 내 시간을 갖는 문화가 이제는 자연스럽죠. 한동안 워라밸이라는 말이 신조어가 될 만큼 많은 사람들이 공감하고 워라밸을 외치는 젊은 사람들이 많았습니다. 자기관리를 중요하게 생각하는 사회적인 분위기 때문이었던 것 같습니다. 거기에 코로나 팬데믹을 겪게 되면서 라이프스타일의 변화에 더 가속이 붙은 것 같습니다. 코로나 팬데믹 이후 우리의 일상은 많이 달라졌고 앞으로도 크게 달라질 것입니다. 퇴근 후 운동을 하거나 자신의 취미를 즐기는 사람들로 변화하고, 또 개인화되면서 자신만의 라이프스타일을 만들어 가는 현상이 더 다양해지고, 그게 일상이 되는 것이죠. 그리고 이 팬데믹 상황은 디지털이라는 기술로 건강관리에 더 많은 변화를 일으키고, 일으키게 될 것입니다. 많은 사람들이 팬데믹 상황에서 랜선 마라톤에 참여하고, 앱으로 내 수면 상태를 파악하며, 스마트 워치를 통해 나의 혈압, 심박수, (이제 곧 등장할) 혈당관리 등을 체크하며 내 몸의 신호에 관심을 갖기 시작했습니다.

1) 팬데믹 상황에서 여러분은 어떻게 건강관리를 하고 계신가요?

디지털을 활용할 줄 아는 사람들은 똑똑하게 건강관리를 하는 걸 자신들의 새로운 라이프스타일이고 삶의 가치 중 하나로 생각하는 것 같습니다. 이런 시대적인 흐름에 맞춰 생활습관관리에 대해 많은 사람들이 관심을 가지게 되었다는 건 아주 좋은 사회적 현상이고, 건강한 문화라고 생각합니다.

여러분들은 지금 어떤 디지털 기술을 이용해서 건강관리를 하고 계신가요? 저는 꼭 디지털로 꼭 해야 할 필요는 없다고 생각합니다. 자신이 편하게 사용하는 도구로 노트에 건강일기를 쓰셔도 좋고, 내가 실천하고 있는 모습과 건강상태를 적으셔도 좋습니다. 꾸준히 내 건강상태를 체크해 나가는 게 중요하겠죠. 그래야 나에게 어떤 관리가 필요하고, 뭘 해야하는지가 보일 테니까요.

2) 라이프스타일 메디슨

최근 생활습관만 잘 관리해도 많은 질병을 예방할 수 있다는《습관 처방》의 저자 서울대 건강 검진센터의 김선신 교수는 '식이, 운동, 수면, 스트레스, 술, 담배' 이 6가지를 관리하는 것의 중요성을 언급하고 있습니다. 그리고 생활습관 관리를 통해 질병을 치료할 수 있다고 말하는 라이프스타일 메디슨을 알리고 있습니다. 심지어 우리는 생활습관 관리로 질병을 치료한다는 디지털 치료제의 이야기도 들어보았을 것입니다.

3) 생활습관을 바꾸면 많은 것이 달라진다고 합니다

요즘 습관이라는 말 많이 들어보셨을 겁니다. 하지만 습관이라는 것은 만들어나가기 쉽지 않고 많은 노력이 필요하다는 이야기를 들으면 저도 피곤하다는 생각이 듭니다. 이 습관이라는 말은 다른 많은 분야에서 함께 쓰고 있죠. 성공하는 습관, 부자 되는 습관, 독서 습관 등 습관이 바뀌면 성공도 부자도 된다는 것입니다. 하지만, 또한 그 습관을 만들기 어렵기 때문에 많은 사람들이 계속 이야기하는 것이기도 할 겁니다. 습관을 익히기 위해서는 시간이 필요하고, 노력이 필요하기 때문이죠. 하지만 습관은 어렵다고 생각하고 거창하게 시작하면 실패하게 되어 있습니다. 누구에게나 주어진 24시간에 내가 하는 작은 행동 하나, 말 한마디가 나를, 나의 건강을 결정하게 되는 것입니다.

> "위대한 행동이라는 것은 없다.
> 위대한 사랑으로 행한 작은 행동들이 있을 뿐이다."
>
> -테레사 수녀-

우리가 습관을 실천하기 어려운 점은 너무 큰 기대를 하고 너무 빨리 이루려고 하고, 너무 많은 성과를 내려고 하기 때문입니다. 좋은 습관을 만들기 위해서는 내가 하는지도 모르게 아주 작은 행동을 오랫동안 할 수 있어야 합니다. 그게 가장 좋은 방법이라고 합니다. 소위 루틴을 만드는 거죠.

너무 작아서 쉽게 생각했던 사소한 습관, 그럼 그걸 어떻게 만들 수 있을까요? 반드시 사소한 것이어야 합니다. 너무 쉬워 보이는 이것을 하루, 이틀, 1주일, 한 달…. 이렇게 할 때, 그 위대하고 강력한 힘을 느낄 수 있을 것입니다.

저는 수년 전에는 평일에 일하고 주말에 운동을 몰아서 하는 패턴이었습니다. 아이를 낳고 회사 일을 하면서 주말을 전적으로 운동에 몰입하기 어려워 아침 운동으로 바꾸었습니다. 아침 20분 요가와 10분 명상을 시작했을 때 '20분 운동, 과연 효과가 있을까?'라고 생각했지만, 일주일, 한 달, 두 달, 일 년이 지나면서 느꼈습니다. 주말에 몰아서 했던 운동 못지않게, 아니 그 이상으로 나를 정신적으로 신체적으로 건강하게 만들어준, 사소하지만 아주 강력한 습관이 되었다고….

4) 사소한 것을 어떻게 습관으로 만드나?

《아주 작은 반복의 힘》이라는 책에서는 UCLA 의과대학에서 수행한 22년 연구 중 "목표달성을 위해 내가 달성할 수 있는 아주 작은 일은 무엇인가?"에 대해 질문하고 여기서부터 습관이 시작된다고 합니다. 여러분도 아시죠? 내가 큰맘 먹고 산 러닝머신이 빨래 건조대로 사용되고, 뭔가 욕심을 냈던 다이어트가 실패했던 그 경험들. 너무나 작아서 소홀할 수 있는, 그래서 쉬운 일들을 찾아서 시작하는 게 중요한 이유입니다.

저희 채널에서 골다공증을 강의하신 연세의료원 이유미 교수님은 뼈 건강을 위해 꾸준한 운동이 중요하다고 강조하고 있습니다만, 규칙적으로 운동하기 어렵다면 환자들에게 TV를 볼 때 생수병을 들고 서서 시청하라고 했습니다. 이 정도는 누구나 할 수 있고, 쉽다는 생각이 들 때 그 다음 스텝인 생수병을 아령처럼 이용해 팔 운동을 해보라고 권합니다.

이 정도도 너무 쉽다는 생각 드시죠? 그럼 또 다음 단계에 생수병을 들고 제자리 걷기를 하라고 권합니다. 이쯤에서 여러분도 느끼실 겁니다.

작은 성공을 여러 개 만들기 지금부터 만들어 보세요

우리가 건강을 위해 너무나 거창한 일을 생각했다는 것을요. 오늘부터 헬스클럽에 등록하고, 열심히 살을 빼야지 하는 것보다는 먼저 저녁 후 30분 정도 산책을 해보고, 아침에 일어나면 간단한 스트레칭부터 내 루틴으로 만들어야지 하는 것을 먼저 해야 합니다. 그 이유는 거창한 목표를 정해서 매번 실패한 경험을 하고 나면, 그다음은 다시 도전하기 쉽지 않기 때문입니다. 사소한 행동을 여러 번 성공한 경험은 우리에게 자신감을 주고 기쁨을 줍니다. "아 나는 오늘도 해냈구나, 다음 단계는 뭐지?"라고요. 여러분은 이 기쁨과 행복감을 느껴야 오래 건강관리를 할 수 있습니다.

건강습관을 만들기 위해 이것부터 해보세요

코로나19가 몰고 온 혁명의 하나 중 4차산업혁명을 가속화시킨 일을 빼놓을 수 없겠죠?

우리는 이제 디지털에 익숙해져 있습니다. 불과 몇 년 전까지만 해도 저희가 운영하는 환자 관리 콜센터에서 60대 이상 고령의 환자분들은 핸드폰 사용을 어려워하시기 때문에 전화로 상담이나 교육을 진행했었습니다만, 최근에는 핸드폰의 보급률과 사용수준이 젊은 사람 못지않고 오히려 영상 시청시간은 60~70대가 더 높다고 합니다. 이처럼 이제 시니어세대들도 영상이나 문자, 카카오 등 디지털 툴에 익숙해지고 있는 것이죠.

저희 건강한 요일의 앨리스 유튜브 채널의 시청자를 보면 55~65세 여성이 50%를 차지하고 있습니다.

건강습관 경험하기

사실 우리가 어렵다고 한 건강습관을 만들기 위해 건강관리 방식이 디지털이냐 아날로그 방식이냐는 크게 중요하지 않습니다. 문제는 나에게 맞는 건강관리의 경험을 갖고 있느냐입니다. 내가 TV를 시청하면서 5분 혹은 10분 생수통을 들고 있는 것에서 시작해 아령을 들고 팔 운동을 하다 러닝머신으로 매일 30분 이상 뛰고 있는 내 모습을 보고 감동하기도 합니다. 달라지는 신체를 보며 자신감도 느끼고, 정신적으로도 행복감을 느끼며, 그런 경험들이 쌓여야만 내게 건강습관이 자리 잡을 수 있습니다.

나만의 건강 라이프스타일을 찾기

직장인들 중 입사 후 초반에 정신없이 바쁘게 일하다 번아웃 증후군을 느낀다는 사람이 많습니다. 안타까운 일이죠. 20년 이상 오랫동안 일을 쉬지 않고 해온 저도 초기에는 번아웃 증후군을 느낄 정로도 일 중독 이었지만, 속도를 줄이고 내 일상과 밸런스를 맞추기 위해 작은 습관들을 가진 후에는 달라졌습니다. 마라톤을 하면서 깨달았죠. 마라톤은 처음 3km 지점까지는 숨도 차고 몸이 무겁고 무척 힘들지만, 그 시기만 지나면 뛰는 건지 걷는 건지 알 수 없이 편안한 상태가 오죠. 그렇게 편안하다가도 가파른 언덕을 만나면 올라야 한다는 강박과 스트레스로 제 페이스를 잃고 힘들어하다 주저앉거나 포기할 수 있습니다. 그러다 깨달았죠. 마라톤의 완주는 가파른 언덕은 조금 더 천천히, 평지에서는 조금 더 빨리, 각 구간에 맞게 나만의 페이스를 만들어 달리는 것이죠.

　일 중독으로 열심히 주말까지도 일해서 많은 성과를 올릴 수는 있지만, 몇 년 지나고 포기하거나 쓰러지는 것은 마라톤에서 초반에 열심히 달리다 중도에서 포기하는 것처럼 어리석은 일입니다.

　마라톤 대회를 앞두고 연습할 때마다 내 페이스, 나의 컨디션을 보면서 나만의 스타일을 만들어 가는 것이죠. 저는 이것이 나에게 맞는 건강 라이프스타일을 찾아가는 길이라고 생각합니다.

　심지어 마라톤도 이런 연습을 하고, 공부도 시험을 대비해서 모의고사를 치르고 대비하는데, 나의 건강을 위한 습관은 어느 한순간에 갑자기 딱 만들어질까요?

비만관리, 체중이 문제가 아니라 내 생활습관이 문제입니다

　최근 비만에 대한 영상을 만들면서 인제 백병원 비만클리닉 허양임 교수님, 가톨릭대학교 여의도 성모병원 정신과 임현국 교수님과 함께 비만 영상을 담아봤습니다. 정신과 의사 임현국 교수님은 "치매를 예방하려면 하루 30분을 꼭 걷거나 운동을 하셔야 합니다."라고 말했지만, 정작 본인은 운동이 처음이라고 했습니다. 매번 다이어트를 할 때 식이 조절만 했었지, 운동은 처음이라고 했던 교수님이 두 달 사이 10kg 감량을 하셨다고 했고, 매일 여의도를 1시간 이상 걷기 시작하면서 체중도 감량하게 되었고, 무엇보다도 정신이 긍정적으로 변화했다고 합니다.

　비만관리는 체중을 줄이는 것이 중요할 것 같지만, 사실 생활습관을 어떻게 바로 잡느냐에 따라 달라지고, 내 정신이 얼마나 건강하냐에 따라 내 몸의 상태도 달라집니다. 잘못된 생활습관이 쌓여서 내 건강이 안 좋아질 수 있다면, 우리는 반대로 내 생활습관을 조금씩 좋은 경험으로 쌓아서 건강을 회복할 수 있겠죠.

우리는 생활 중에 많은 것을 경험합니다. 그리고 그 경험에서 배우기도 하고 실패하기도 하며, 그 경험을 그냥 넘기기도 합니다. 여기서 우리는 이 경험에서 배우고 내 생활을 바꾸는 게 중요한 것이죠.

내가 비만하게 된 생활습관의 원인을 찾아 그 습관을 고치고, 바꾸면 됩니다. 어렵다고요?

2) 건강 경험을 기록하기

한번 경험하게 되면 우리의 몸과 정신은 잊지 않고 그 좋은 기억을 지속하고 싶어합니다. 그 기억을 잊지 않도록 우리는 매달 운동하는 목표를 정하고 다이어리에 기록해 루틴으로 만들어 규칙적으로 만들어야 합니다.

요즈음은 매일의 건강상태를 기록할 수 있게 해주는 나에게 맞는 운동이나 식이를 제안해주는 디지털 기기나 앱이 있어 편리하게 관리를 할 수 있습니다. 그리고 이런 앱을 사용하면서 운동 경험을 편하게 기록하니 동기부여가 될 수 있습니다.

하지만 건강습관을 꾸준히 하게 만들어주는 건 앱이나 디지털 기술이 아닌 내가 만난 경험이었습니다. 그 소소한 경험을 얼마나 자주 느끼고, 자신감을 지니며 얼마나 지속하느냐는 사실 이런 디지털 기술보다는 경험에 달려 있지 않을까 싶습니다. 디지털 기술은 그것을 도와줄 수 있는 도구일 뿐인거죠.

기록을 통해 먼저 자신의 상태를 봐야합니다

얼마 전 수면클리닉 방송을 진행하면서 삼성서울병원 수면클리닉 주은연 교수님과 만나 방송 촬영도 하고, 수면일기까지 만들게 되었습니다. 기록을 통해 자신의 수면상태를 파악하고 성찰해야 뭘 할 수 있는지, 뭘 해야 하는지를 보게 된다는 것입니다. 이는 수면에서만이 아니라 성장 호르몬에 대해 강의하신 상계 백병원의 성장 클리닉의 박미정 교수님, 그리고 비만 방송을 함께 하신 허양임 교수님도 각각 성장일기, 비만일기 등의 기록에 대한 필요성을 강조하셨습니다.

이런 기록은 디지털을 활용해도 좋고, 아날로그처럼 일기형태로 수첩에 적어도 좋겠지만, 의사들은 기록을 하고 성찰한다는 의미에서는 디지털 기기보다는 수첩이나 노트 형태에 적는 게 더 성공률이 높다고 합니다. 기록을 하는 의미, 데이터가 축적된다는 건 그 데이터를 보고 얼마나 성찰할 수 있느냐의 문제이지, 단순히 기록이 되었다고 의미있는 것이 아니라는 말이죠.

3) 기록을 통해 성찰하기

우리는 이 데이터를 보고 우리의 건강을 어떻게 관리하고, 내 생활습관 데이터를 통해 무엇을 개선해야 할지를 성찰하는 것이 필요합니다. 건강습관에서 나의 건강상태를 기록하는 것 이상으로 그 기록을 성찰하는 게 중요합니다.

요즈음 건강 분야에서 주목을 받는 분야가 역시 디지털 헬스케어죠. 특히, 빅데이터, AI는 많은 기업과 병원들이 환자 데이터를 어떻게 기록, 저장, 관리할 것인가로 많은 고민들을 하고 있습니다. 또한 생활 속 건강 데이터를 어떻게 수집하고 활용할 것인가를 연구하는 디지털 기술

기업들이 많습니다.

디지털 기술이 우리를 더 건강하게 해줄 수 있을까?

운동을 좋아하는 분들은 러닝앱을 활용해 내가 뛴 거리, 시간, 기록 등을 동기부여로 또다시 달리고, 그 데이터를 활용해 스스로 목표를 재설정하며 자기관리를 하게 됩니다. 이렇듯 디지털 툴을 사용하는 사람들을 보면, 이미 건강관리를 하고 있거나, 자신의 건강관리가 필요해 어떻게든 좀 더 편리하게 관리를 하고자 하는 사람들인 것입니다.

그런데 여러분이 만약 평상시에 운동도 규칙적으로 하지 않고, 생활습관 관리가 안 되는 분이 디지털을 사용한다고 그 기술이 과연 우리의 생활습관병을 고쳐주거나 잘 관리해 줄 수 있을까요?

언택트가 가져온 변화-소중한 나의 건강관리

감염병으로 인해 어쩔 수 없이 가속화된 이 언택트 시대에서 가장 큰 변화는 디지털 기술과 그 기술의 속도도 있지만, 그동안 군중 속에 묻어갔던, 그리고 대중 속 한 명으로 살았을 내 생활에서 이제는 나를 바라보는 방법에 익숙해지고, 나에 대해 집중하게 되며, 나를 돌아보는 시간을 갖게 된 나의 라이프스타일을 존중하고 관심을 갖는다는 데 있다고 봅니다.

나에 대해 돌아보니, 내가 좋아하는 게 무엇인지 생각하게 되고, 내가 싫어하는 것을 굳이 하지 않을 수 있는 용기가 생기며, 그러다 보니 내가 소중해지게 된 거죠. 내가 소중해지니 내 건강을 관리하고 싶고, 건강을 위해 걷기를 시작하면서 체중도 감량됩니다. 또 수면장애를 개선하기 위해 카페인을 끊어 보고, 술을 줄이려고 노력했더니 불면증이 사라지고 하는 이런 변화라고 생각합니다.

이것이 디지털 시대를 살고 있는 우리가 마주한 건강에 대한 가장 큰 변화라고 생각합니다.

건강관리의 본질은 바로 우리의 생활습관이 변해야 한다는 것입니다

팬데믹 상황을 겪으면서 우리는 생활습관을 관리할 여유가 생겼고, 그러면서 건강습관을 만들려는 생각을 할 시간이 조금은 주어졌습니다. 동기부여를 스스로 하고 건강해지기 위한 소소한 습관을 하나씩 만들면서 경험을 해보고, 그 경험을 기록하며, 기록한 나의 데이터를 성찰해보고 또 변화해보면서 나의 건강을 관리하기 위한 나만의 방법을 찾아나가야 합니다. 여러분들은 그 길을 알고 있습니다. 그 길을 위해 한 발짝 딛으시면 됩니다.

언택트 시대에 맞는 나의 건강습관 만들기를 위해 오늘 내가 할 수 있는 소소한 일을 하나씩 만들어보세요. 거창하지 않고 너무 쉬워서 피식 웃음이 나올 만한 것으로 시작하셔야 합니다. 그래야 우리는 좋은 습관과 함께 오래도록 건강할 수 있을 테니까요. 여러분이 그동안 실패했던 건강관리에 대한 경험들은 그동안 무심코 다른 사람이 정해 놓은, 그리고 나에게 맞지 않는 방법일 수 있습니다.

오늘부터는 나에게 맞는 건강습관이
무엇인지를 한번 생각해보고 해보세요

그리고 지금 시작하세요. 걷기도 좋고, 식단을 한 끼만 바꿔보는 것도 좋습니다. 또 커피를 하루에 한 잔만 줄여보는 것도 좋고, 10분 명상에 도전하는 것도 좋습니다. 단 일주일, 한 달, 일 년을 할 수 있을 만큼 쉬워야 합니다.

Bridge

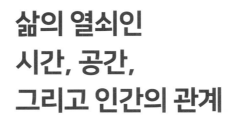

삶의 열쇠인
시간, 공간,
그리고 인간의 관계

김영기(Daniel Kim)

- 아이디어 알키미스트, 고스톱 컨설턴트
- 《지식재산 가치평가, 활용 및 손해배상》,《트리즈, 혁신을 위한 기술》,《아이디어사업화 100문100답》
- ㈜지상 대표, 대한풍수사협회장, 한국기술거래사회 부회장
- 기술거래사, 국제가치평가사, 국제트리즈전문가, 동양학자

시간, 공간 그리고
인간의 관계

공학박사라는 허울 좋은 가면을 뒤집어쓰고 취업을 준비하기에는 욕심이 안 채워졌나 보다. 졸업 이후 젊은 시절 잠시 고시에 청춘을 불태웠으나 근소한 차이로 낙방하여 본격적인 직장 생활이 시작되었다. 직장에서 열심히 살면 모든 것이 잘 될 줄 알았으나 그것이 전부가 아님을 깨닫는 데는 그리 오래 걸리지 않았다.

실력보다는 대인관계가 훨씬 중요하고, IMF라는 거센 파도는 개인의 역량을 무력하게 만들었으며, 고통의 시간들은 한꺼번에 몰려온다는 것을 점차 알아가게 되었다. IMF로 인하여 새롭게 직장을 옮기게 되었다. 살아남기 위해 해외로 뛰어다니는 일은 어려움이 더해갔고, 투자한 세계 최고 수준의 기술을 가진 사업은 보기 좋게 망가져 갔다.

그렇게 하여 감정의 밑바닥에서 겨우 일어나, 10여 년 전에 창업을 하게 되었다. 창업을 하면서 가장 먼저 한 것이 광범위한 인맥을 쌓는 일이었다. 이를 바탕으로 사업이 자리를 잡아갈 즈음에 인생의 결정타가 나를 기다리고 있었음을 누가 알았으랴! 사업의 확장을 위해 열정을 불태우고 있을 때, 실명 위기가 왔다. 4개월여에 걸쳐 두 눈을 수술하였다. 이로 인하여 회사 상황과 건강은 매우 악화되었다. 온몸에 근육이 대부분 사라졌다.

그리하여 건강 회복을 위해 매주 산을 다니기 시작했고, 삶에 대한 고찰이 본격화되면서 풍수지리를 비롯한 동양학자의 길이 시작되었다. 나의 동양학에 대한 뿌리는 서당이었던 우리 집의 배경과 어릴 적 할아버지께 어깨너머로 배운 풍수사상에 있다. 또한 젊은 시절부터 인연이 된 많은 스승님들의 가르침에 기인한다. 유학, 서예, 천문학, 기학, 명리학, 풍수학, 한의학 등 참 많은 스승님들이 나에게 가르침을 주었다는 것을 생각하니 새삼 감사드린다. 그분들은 일반인, 농민, 교수, 스님, 도사, 한의사, 천주교인 등 신분도 다양했다. 이제는 시간과 공간과 인간의 실타래에서 원인을 알고, 해결책을 제시할 수 있게 되었다.

요즘은 인연을 만나 전수받은 나의 역량을 다른 사람들의 삶을 행복하게 하는 데 사용하기 위해 평일에는 현업에 일하고 주말에는 내가 명명한 **Go-Stop 컨설팅의 영역**을 넓혀가고 있다. 아래의 글은 이에 대한 대략을 설명한 것이다.

1. 천지인 삼재(天地人 三才)

우리의 삶에 영향을 미치는 환경은 시간, 공간, 인간의 세 가지 요소로 구성된다. 동양에서는 하늘, 땅, 사람 세 가지를 천지인 삼재(天地人 三才)라고 한다. 천지인 삼재는 원형, 사각형, 삼각형으로 상징된다. 우

리네 삶의 실타래를 풀어가는 일은 어쩌면 천지인 삼재를 대하는 우리의 마음 자세에 달려있는지도 모른다. 천지인과 관계를 맺는 방법은 요약하면 에너지의 교류를 통해서 이루어진다.

삼재 사상은 인간이 천지에서 나와 천지와 조화를 이루며 살아가야 한다는 사상이 핵심 사상이다. 『주역』에서는 이런 정신을 8괘와 64괘의 괘효로 표상하여 인간이 천지의 이치에 따라 함께 조화를 이루며 살아갈 가장 알맞은 길을 제시하였다. 삼재사상은 조선조 훈민정음 창제 원리에도 적용되었다. 삼재 사상은 우리 민족 상고시대의 얼이 담겨있는 『천부경(天符經)』에도 그대로 녹아 있다. 참고로 천부경은 단군시대 때부터 전해오는 경전으로 한 동안 녹도(鹿圖) 문자로 전승되던 것을 신라 말 최치원 선생이 81자의 한자로 정리해 두었다고 전해지며, 천부경이 실제로 발견된 시점은 불과 100여년 전의 일이다.

먼저 시간은 사물의 변화를 의미하며 하늘(天)으로 대표된다. 시간에는 인간이 선택할 수 있는 시간과 주어진 시간으로 구분된다. 선택할 수 있는 시간은 언제 움직이고 언제 멈출 것인가 하는 행동의 결정 문제이고, 주어진 시간은 태어난 일시나 시대 상황 등을 이해하고 적절히 대응하는 문제로 귀착된다. 이러한 문제를 다루는 것이 소위 사주명리학이다. 이에 대해서는 '시간' 편에서 상세히 설명하기로 한다.

우주의 운행을 대변하는 시간은 결국 우리가 살고 있는 공간의 변화를 통해서 인식할 수밖에 없다. 하루의 시간은 밤낮 밝기의 변화를 통하여 인식할 수 있고, 1년의 시간은 사시사철 온도의 변화를 통하여 인식할 수 있다. 또 10년의 변화는 강산의 변화로 인식할 수 있고, 100년의 시간은 생물의 생로병사를 통하여 인식할 수 있으며, 이보다 훨씬 긴 시간은 지질 등 공간의 변화를 통하여 인식할 수 있다.

　다음으로 공간은 자연환경을 의미하며 땅(地)으로 대표된다. 공간에는 인간이 선택할 수 있는 공간과 주어진 공간으로 구분된다. 선택할 수 있는 공간은 어디에 자리 잡을 것인가 하는 미시 공간의 문제이고, 주어진 공간은 개인적인 힘으로 물리적으로 이동할 수 없는 거시 공간의 문제로 귀착된다. 이러한 문제를 다루는 것이 소위 풍수지리학이다. 이에 대해서는 공간 편에서 상세히 설명하기로 한다.

　공간은 결국 우리가 살아가는 시간과 인간에 따라서 적합성을 인식할 수밖에 없다. 낮에 적합한 공간이 있고 밤에 적합한 공간이 있으며, 겨울에 적합한 공간이 있고 여름에 적합한 공간이 있다. 어릴 때 적합한 공간이 있고 중ㆍ장년에 적합한 공간이 있으며, 노년에 적합한 공간이 있다. 개인에게 적합한 공간이 있고 단체에게 적합한 공간이 있으며, 하는 일마다 적합한 공간이 있다.

　마지막으로 인간은 대인관계를 의미하며 인(人)로 대표된다. 인간에는 본인이 선택할 수 있는 인간과 주어진 인간으로 구분된다. 선택할 수 있는 인간은 누구를 만나고 함께할 것인가 행동의 결정 문제이고, 주어진 인간은 친인척이나 상하관계처럼 주어진 인간을 이해하고 적절히 대응하는 문제로 귀착된다. 이러한 문제를 다루는 것이 소위 관상학과 종교철학이다. 이에 대해서는 인간 편에서 상세히 설명하기로 한다.

　인간관계는 결국 주어진 시간과 공간 안에서 결정된다. 그리고 그 내용은 인연을 통한 만남으로부터 시작된다. 따라서 시행착오를 줄이기 위해 사람을 보는 능력과 마음을 수양하는 훈련이 필요하다.

2. 시간이 인간에 미치는 영향

시간을 다루는 동양학은 천문학과 사주명리학(四柱命理學)이다. 우리는 흔히 철을 모른다고 한다. 철을 안다는 것은 작게는 사시사철의 변화를 알고 미리 대비하는 것에서 시작한다. 인생에서는 자신의 사계절을 미리 알고 대비하는 것이 가능하며, 크게는 세상의 큰 변화를 예측하여 대비하기도 한다. 자신의 삶을 10년 단위로 나누어 되돌아보면 뭔가 모르게 반복된다는 것을 어렴풋이 짐작할 수 있다. 이러한 주기를 이론적으로 체계화하고 세상을 어떻게 살아가야 하는지를 가이드하는 학문이 사주명리학이다.

자신이 현재 10년 중 어느 위치에 있는지, 인생 전체 사이클은 어떤 주기를 타고 가는지, 직업이나 성향이나 추구하는 바는 어떤 것이 바람직한지 등을 음과 양, 오행의 상생상극을 이용하여 설명함으로써 인생의 가성비를 높이는 것이다.

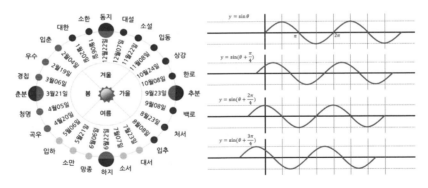

우리가 잉태하고 태어난 시간에 지구 환경은 어떤 상태에 있었는지를 연구하고, 그 환경이 사람의 삶에 미치는 영향을 연구하는 것이다. 연월

일시를 4개의 기둥으로 4주라고 하고, 60갑자 중 8글자로 표현되므로 8자라고 한다. 소동파 이론에 따르면, 지구 환경이란 크게는 원회운세라는 개념을 따르며 1원은 129,600년, 1회는 10,800년, 1운은 360년, 1세는 30년을 주기로 세상이 변화한다고 한다.

이를 개인의 운명에 적용해보면, 600년 주기, 작게는 120년 주기, 10년 주기, 1년 계절 주기, 하루 24시간 주기 중에서 차가운 상태가 강한지 따뜻한 상태가 강한지에 따라 사람의 성정과 삶이 달라진다는 것이다. 그래서 나의 인생 시계는 어떤 시간에 출발하여 어떤 계절에 와 있는지 아는 것이 무엇보다도 중요하다. 여름인가 겨울인가, 밤인가 낮인가?

예컨대 모든 주기가 차가운 환경으로 겹치는 시기(한겨울 한밤중)에 추운 지방에서 태어난 사람과, 반대로 모든 주기가 뜨거운 환경으로 겹치는 시기(한여름 한낮)에 적도 지방에서 태어난 사람의 성격과 삶에서 선택의 경향은 달라진다는 것이다. 뜨거운 환경에 태어난 사람은 차가운 것을 좋아하고 동적이며, 차가운 환경에 태어난 사람은 뜨거운 것을 좋아하고 정적이며, 온화한 계절에 태어난 사람은 그 중간에 해당한다는 것이다.

이것을 좀 더 세분하면 5가지로 나누어지며 목화토금수(木火土金水)라고 한다. 목은 전진하는 에너지, 화는 확산하는 에너지, 토는 중재하는 에너지, 금은 후퇴하는 에너지, 수는 수축하는 에너지이다. 사람마다 5가지 에너지 중에 우세한 경향이 다르다고 한다. 또한 목화금수는 봄, 여름, 가을, 겨울의 4계절을 상징하며 항상 4계절은 거꾸로 가지 않고 앞으로만 간다. 이처럼 목은 화를 돕고, 화는 토를 돕고, 토는 금을 돕고, 금은 수를 돕고, 다시 수는 목을 도우면서 계속 순환한다. 또한 반대되는 성질을 가진 것(수화, 금목)끼리 부딪히며, 중간자인 토가 조절자 역할을 한다.

사람과의 관계도 마찬가지이다. 상생의 고리는 상생으로 돌아오고 상극의 고리는 상극으로 돌아온다. 그리고 사람은 완벽하지 않고 편향된 목화토금수 중의 한 가지 성향을 가지므로 절대 강자란 없다. 따라서 각자의 개성이 잘 살아나도록, 서로 조화롭게 살아가도록 노력해야 하고, 중재자의 역할도 중요하다.

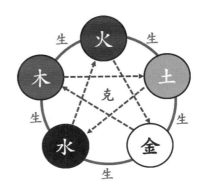

상생의 측면에서 보면, 본인이 베푼 선행은 바로 자기에게 돌아오지 않고 한 바퀴를 멀리 돌아서 더 증폭되어 자기에게 돌아온다. 마찬가지로 상극의 측면에서 보면, 본인이 베푼 악행은 바로 자기에게 돌아오지 않고 한 바퀴를 멀리 돌아서 더 증폭되어 자기에게 돌아온다. 그러므로 선행은 숨 쉬듯 해야 하고, 악행은 뱀에 물린 듯 피해야 한다.

3. 공간이 인간에 미치는 영향

공간을 다루는 동양학은 풍수학이다. 공간은 공간 그 자체보다는 그곳에 존재하는 에너지가 인간에게 큰 영향을 미친다. 에너지의 종류는 형상(形氣), 성질(質氣), 수량(量氣)의 세 가지로 구분할 수 있다. 형상은 물질의 외적인 모양이 가지는 에너지를 말하고, 성질은 물질의 내외부에서 물질의 상태에 영향을 미치는 에너지를 말하며, 수량은 에너지의 정량적인 다소대소를 말한다.

공간은 에너지를 통하여 인간에게 유익하거나, 유해하거나, 무해무득한 형태로 영향을 미치게 된다. 그 영향의 정도는 형상, 성질, 수량의 세 가지가 부족하거나 지나치게 많거나 적절한 정도에 따라 판단된다. 아무리 좋은 것도 지나치게 많으면 해롭게 작용하고, 아무리 나쁜 것도 수량이 매우 적으면 해롭지 않게 인식되며, 서로 고루 섞여 있으면 무해무득하게 될 수도 있다.

| 木形 | 火形 | 土形 | 金形 | 水形 |

먼저 물질과 에너지의 외적 형상이 미치는 영향을 살펴보자. 동양학에서는 사물의 형상을 연구하는 학문을 상학(相學)이라고 한다. 인체의 형상을 보는 관상학, 수상학, 골상학, 동물상학, 풍수형기학 등이 이에 속한다. 사람은 생긴 대로 살아가고, 모습은 살아가는 대로 변해간다. 그리고 생긴 모양은 크게 5가지로 분류되는데, 안정된 모양(목형, 삼각형), 울퉁불퉁 뾰족한 모양(화형, 불꽃형), 모나고 강한 모양(토형, 사각형), 둥글둥글한 모양(금형, 원형), 부드러운 모양(수형, 물결형)이 그것이다. 모나면 모나게 살고 둥글면 둥글게 살고 강하면 강하게 살고 부드러우면 부드럽게 산다는 의미이다. 반대로 사물의 모양도 사람과 마찬가지로 심리적인 영향을 미친다. 뾰족하면 위협적이고, 둥글면 편안

하게 느껴진다. 그러므로 공간의 구성이나 주변 건물 등의 향상이 무의식적으로 사람에게 좋거나 나쁜 영향을 주게 되므로, 이러한 원리를 잘 활용하여 피할 것은 피하고 취할 것은 취하는 것이 좋다.

다음으로 물질과 에너지의 내적 성질이 미치는 영향을 살펴보자. 물질의 성질은 온도, 강도, 유동성, 질량 등의 물리적 성질을 의미한다. 에너지의 성질은 수맥과 실기 등 해로운 에너지와 생기와 전자기장 등 유익한 에너지 등이 있다. 물리학에서 배웠듯이 모든 물건에는 에너지가 흐른다. 따라서 해로운 에너지는 피하고, 유익한 에너지를 취하는 것이 에너지 활용의 요체이다.

마지막으로 물질과 에너지의 수량이 미치는 영향을 살펴보자. 아무리 질이 좋은 물건과 에너지라도 양이 적으면 소용이 없고, 양이 지나치게 많으면 오히려 해가 된다. 반대로 아무리 질이 해로운 물건과 에너지라도 양이 적으면 피해가 적다. 따라서 적당한 양과 질이 중요하다.

결론적으로 풍수학은 물질과 에너지를 이해하고 최적의 터 잡기와 공간배치, 그리고 자신에게 맞는 자리 잡기에 있다고 할 것이다.

4. 인간이 인간에 미치는 영향

인간을 다루는 동양학은 한의학과 종교철학이다. 논어에서 익자삼우 손자삼우(益者三友 損者三友)라 했다. 우리가 만나는 사람은 매우 종류가 많으니 가려서 만나야 한다는 것이다.

유익한 세 친구란 정직한 사람, 신의가 있는 사람, 견문이 많은 사람을 말한다. 반면 해로운 세 친구는 겉치레에 빠져 올곧지 못한 사람, 아첨으로 남을 기쁘게 잘하는 사람, 말만 잘하는 사람을 말한다. 또한 《주역》〈문언전〉에 "적선지가 필유여경 적불선지가 필유여앙(積善之家 必有餘慶, 積不善之家 必有餘殃)"이라 했다. 남에게 도움 되는 일을 많이 하면 결국에는 복을 받고, 남에게 해로운 일을 많이 하면 결국 화를 입는다는 의미다.

결국 익자도 손자도 나로 귀착된다. 내가 좋은 사람이면 좋은 사람이 모이고 내가 별로이면 별로인 사람이 모인다. 세상에서 가장 어려운 일 중의 하나는 남을 내가 원하는 사람으로 바꾸는 일이다. 먼저 내가 좋은 사람이 되도록 끊임없이 노력하고 적선을 해나가는 것이 가장 효율적이고 실질적인 방법이다. 자신의 하루를 돌이켜보자. 오늘은 남을 원망하고 화내는 일이 많았는지 격려하고 감사한 일이 많았는지. 그렇게 하루하루가 쌓여 내 묘비명에 쓰여질 것이다. 적선했는지 적악했는지 행복했는지 불행했는지. 그렇다면 적선하는 구체적인 방법은 무엇일까? 가장 쉬운 방법은 상대방에게 재물로 도와주는 것이며, 가장 어렵지만 돈이 들지 않는 방법은 사랑하는 마음으로 도와주는 것이다. 구체적으로는 흔히 말하는 무재칠시(無財七施)로 표정, 말, 마음, 눈, 몸, 공간, 뜻으로 도와주는 것을 들 수 있겠다.

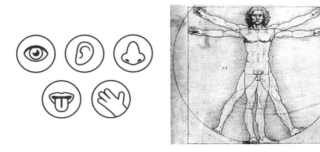

첫째는 화안시(和顔施)라고 하여 얼굴에 화색을 띠고 부드럽고 정다운 얼굴로 남을 대하는 것이다. 둘째 언시(言施)라고 하여 말로써 남에게 얼마든지 베풀 수 있으니 사랑의 말, 칭찬의 말, 위로의 말, 격려의 말, 양보의 말 등으로 상대방의 기분을 좋게 해주는 것이다. 셋째는 심시(心施)라고 하여 마음의 문을 열고 따뜻한 마음을 주는 것이다. 넷째는 안시(眼施)라고 하여 사랑을 담은 눈빛으로 베푸는 것이다. 다섯째는 신시(身施)라 하여 힘들어하는 상대방을 위해 몸으로 도와주는 것이다. 여섯째는 좌시(坐施)로 자기의 공간을 내주어 양보하는 것이다. 일곱째는 찰시(察施)로 굳이 묻지 않고 상대의 속을 헤아려 알아서 도와주는 것이다.

반대로 적악하는 방법은 무엇일까? 인체에 입, 장기 등 1개씩 달려 있는 기관은 아껴 쓰고 조심해야 한다는 뜻이 담겨 있다. 따라서 입이나 장기를 함부로 다르면 반드시 탈이 난다. 반면에 눈, 코, 귀, 손발 등 2개씩 달려 있는 기관은 상대적으로 많이 사용하라는 의미를 담고 있다고 수 있다. 따라서 눈, 코, 귀, 손발 등을 게을리 사용하면 반드시 탈이 나게 된다. 요약하자면 마음은 멈추고, 말은 적게 하고, 몸은 부지런히 움직여야 한다.

따라서 이와 반대로 하면 적악하게 된다. 음식이나 공기 등 입을 통하여 들어가는 것은 사람에게 이롭지만, 말이나 음식 등 입으로부터 나오는 것은 해로운 것이 많다고 했다. 『전당서(全唐書)』 설시편(舌詩篇)에 보면 구시화문(口是禍門)이라고 하여 입은 화가 들어오는 문이라고 하였다.

5. 어떻게 살 것인가?

우리의 삶은 결국 매순간 시간, 공간, 인간 관계의 크기와 방향을 선택하는 벡터에 의해 결정된다고 할 수 있다. 즉 천지인 삼재를 대하는 마음 자세에 달려있다고 해도 과언이 아니다. 일체유심조(一切唯心造)라고 하여 모든 것은 마음먹기에 달렸다고 한다. 팔정도(八正道)를 수행할 수도 있고 사랑을 실천할 수도 있다. 일상생활에서 삼재를 통하여 우리가 실천할 수 있는 일은 5가지로 요약할 수 있겠다.

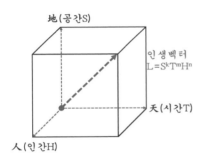

첫째, 시간 관계를 잘 활용하는 것이다. 주어진 시간은 특성을 파악하여 잘 활용하고, 불리한 시간을 피하며, 유익한 시간을 택하고, 쉬어야 할 시간에는 쉬면서 연구하고 씨 뿌리는 일이다. 시간은 흘러가는 것이므로 바꿀 수 없지만 4계절처럼 예측하고 대비할 수는 있다. 사업 실패 원인의 대부분은 때를 모르기 때문이다.

둘째, 공간 관계를 잘 활용하는 것이다. 주어진 공간은 특성을 파악하여 잘 활용하고, 해로운 공간을 피하며, 이로운 공간을 택하고, 부족한 공간을 보완하는 일이다. 공간은 노력과 의지로 선택이 가능한 매우 유익한 수단이다. 반대로 주어진 공간에 그저 순응하는 것은 매우 위험한 일이다.

셋째, 인간관계를 잘 활용하는 것이다. 주어진 인간은 특성을 파악하여 잘 대응하고, 해로운 인간관계는 피하며, 이로운 인간관계를 택하고, 부족한 인간관계를 보완하는 일이다.

넷째, 자신을 잘 다루는 것이다. 물려받은 자신의 육체와 성향, 특성을 파악하여 잘 활용하고, 단점을 줄이며, 장점을 강화하고, 부족한 인간성을 보완하는 일이다. 이것은 이론이 아니라 **욕심을 줄이고 마음을 고요히 하는 것**에서부터 시작된다.

다섯째, 세상을 살다 보면 본인의 의지로 불가피한 모순이나 갈등 상황을 만날 수밖에 없는 경우가 있다. 이럴 때는 공간 분리, 시간 분리, 조건 분리의 지혜를 활용하여 모두 만족하는 이상적인 해결안에 도달하도록 노력해야 한다.

하루아침에 모든 일이 성사되지는 않겠지만, 0.1%씩이라도 실천해 나간다면 희망이 보일 것이다. 씨 뿌리지 않고 행동하지 않는 농부에게는 가을에 추수할 곡식이 없다.

이상에서 인간에게 영향을 미치는 3가지와 선택 방향을 간략히 정리해보았다. 누구나 잘 나가는 시기가 있고 어려운 시기가 있다. 잘 나갈 때는 더욱 성과를 높이는 것이 필요하고, 어려울 때는 난관을 줄이는 것이 필요하다. 이에 대한 구체적이고 실질적인 컨설팅이 필요한 분은 문을 두드리기 바란다. 유비무환이다. 대부분의 사람들은 잘나갈 때 상담을 받지 않고, 어려워져 회복이 불가능할 때 찾아오는 경우가 허다하니, 안타까울 뿐이다.

시간의 가치를 높이는 시간 관리

한정훈

- 마일스톤365/플랜커스 대표
- 한국능률협회컨설팅 엑스퍼트
- 와이브랜즈 CSO
- 큰손부라더 CSO
- 범표원두 CSO
- 800도씨 경영고문
- 잠숲공 경영고문

시간의 가치를 높이는
시간 관리법

과거의 시간이 만들어준 현재의 나

현재 필자는 스타트업기업 'milestone365' 대표, 플래너 브랜드 '플랜커스'대표, 팔방디자인 COO, 캠핑 브랜드 경영 고문, 원두로스팅기업 스마트워크 시스템 경영 고문 등 10개 기업 고문, 스타트업 투자자, 한국능률협회컨설팅 생산성분야 강사, 서울 디자인재단 창업센터 멘토 등 많은 일을 하고 있다.

작년 한해 동안 두 딸을 키우며 진행한 컨설팅/멘토링 회수만 170회가 넘고, 강의 100회, 미팅만 200회 이상 진행을 하였다. 10개가 넘는 곳의 회사에서 경영을 직간접적으로 맡고 있으며, 매해 몸값은 2배로 오르고 있다. 현재 코로나에도 불구하고 필자는 매년 성장을 경험하고 있다. 신기하지 않은가?

내 성장에 대한 핵심 비결은 목표설정과 시간관리에 있다. 매년 장기 목표를 점검하고 단기 목표를 수립해 플래너에 기록해서 점검하고 피드백하고 있다. 이러한 습관이 지금의 나를 만들어주었다. 미래에 대한 불확실성이 커지고 있다. 코로나 시대!시간을 어떻게 관리하고 실행하면 성장할 수 있을까?

시대별 시간의 개념 변화

시간에 대한 개념은 시대에 따라 변화해왔다. 그렇기 때문에 시대마다 요구되는 시간 관리의 수준도 달라졌다. 소유한 영토 없이 끼니를 구하고, 보금자리를 바꾸던 유목민에게 정착이라는 개념은 혁명이었다. 이 정착이 농경시대를 열었다. 그 시대에는 농사가 주요 생계 수단이었다. 농사의 특징은 시기가 있다는 것이다. 겨울에는 모내기를 할 수 없고, 여름에는 익은 벼를 수확할 수 없다. 그러므로 농경시대에는 계절별 변화에 맞는 일을 하는 것이 매우 중요하다. 예를 들면, 겨울이 왔음을 알리는 입동에는 남성들은 장작을 구하러 산으로 나섰고, 여성들은 겨우내 먹을 김장 김치를 담갔다.

이러한 특성 때문에 한 해를 계절별 특성에 따라 2주씩 나누어 24절기를 기준으로 활동했다. 여기에 절기별 해야 하는 농사일을 정해 시기에 맞게 일을 할 수 있도록 했다. 따라서 농경사회에서는 시기에 맞춰 일하는 것이 중요했다.

농경시대를 거쳐 영국에서 시작된 산업혁명으로 산업시대가 시작되었다. 농경시대에서는 계절 변화에 따라 일과 시간이 구분되었지만, 산업시대에는 일 단위 관점으로 시간을 구분했다. 농경시대는 해가 뜨기 전, 해가 진 후 논에서 계속 일을 한다고 해서 농작물의 수확량을 늘리거나 수확 시기를 당길 수 없었다. 하지만 이 시대는 그렇지 않았다. 공장에서 기계와 설비를 돌리는 만큼 생산량이 늘어났고, 그것이 전부 돈으로 돌아왔다. 해가 뜨기도 전에, 해가 진 이후에도 계속 일한다면 그만큼 생산량이 늘었다. 24시간을 돌리기 위해 12시간 2교대 근무, 8시간 3교대 근무 등의 형태로 기계를 쉬지 않고 돌려댔다. 그로 인해 환경 문제,

노동권의 문제가 야기되었다.

이 시대에는 일 단위의 관점에서 시간을 바라보았으며, 공장에서 더 오래 일하는 것이 더 중요했고, 더 능력이 있는 사람이었다.

컴퓨터의 발달과 인터넷의 등장으로 정보화시대가 찾아왔다. 많은 사람들이 컴퓨터 앞에서 일하면서 많은 정보를 생산하고 또 소비했다. 넘쳐나는 정보를 목적에 맞게 어떻게 활용하고 가공하는지에 따라 성과가 결정되게 되었다. 지금은 일하는 시간에 비해서 결과가 나오지 않는다. 자신에게 부족한 지식을 파악해 습득해야 한다.

농경시대에는 계절적 변화가 해야할 일을 알려주었고, 산업시대에서는 오래 일하며 같은 결과물을 많이 내면 그것이 성과로 이어졌다. 하지만 지금 이 시대는 주어진 일만 잘 수행하면 되는 과거와 다르다. 자신에게 주어진 시간을 어떻게 계획하고 소비하는지에 따라 성과와 미래가 결정된다.

코로나로 달라진 일상

2년 이상 지속되는 코로나로 인해 우리 일상에는 많은 변화가 찾아왔다. 마스크 쓰기는 일상이 되었고, 사회적 거리두기로 만나는 것 또한 자유롭지 못해 사적인 모임, 직장에서의 회식 또한 사라졌다. 해외 이동 시 의무 격리기간 때문에 국가간 이동도 불편해졌고, 해외여행, 관광 등에 대한 비즈니스가 큰 타격을 받았다.

코로나 이전의 일정표에서 많은 부분을 차지했던 미팅, 모임과 야외활동 등이 감소함에 했다. 또, 많은 기업들이 재택근무, 원격근무가 늘어나 집에서 보내는 시간이 상대적으로 많이 늘었다. 이로 인해 디지털 전환에 속도가 붙어 zoom과 같은 화상 회의 프로그램과 협업이 가능한 클라우드 서비스 산업이 급성장했으며, 홈트와 같은 제품의 니즈가 크게 증가했다.

필자도 일정 관리, 프로젝트 관리, OA교육의 분야에서 강사로 활동을 하고 있다. 코로나 이전에는 오프라인으로 강의를 진행했으나(한 번도 온라인으로 진행한 적이 없음), 코로나 이후에는 오프라인 강의가 취소되거나 대부분 온라인으로 전환이 되었다. 덕분에 비즈니스 환경이 원격, 디지털로 전환된 것을 피부로 느낄 수 있었다.

코로나를 계기로 시공간 제약을 초월한 기술이 대거 채택되고 아날로그에서 디지털로 전환의 가속도가 붙었다. 직접 만나지 않고도 회의하고, 각자 역할에 맞춰 프로젝트를 진행할 수 있게 되었다.

코로나 상황이 종료되면 이전처럼 돌아갈 수 있을까?

국가 간 이동, 사회적 거리두기 등으로 위축된 수요는 코로나 이전 수준으로 회복될 것이 분명하다. 코로나 특수 상황이기 때문이다. 하지만 코로나로 빠르게 도입한 프로그램은 계속 사용될 확률이 높다. 실용적이고 유용한 것을 인지한 사람들이 굳이 안 쓸 이유가 없기 때문이다. 그렇기 때문에 코로나 상황이 끝난다고 하더라도 zoom과 같은 프로그램은 여전히 사용하게 될 것이 분명하다.

더 중요해진 시간 관리

광통신, 디지털 디바이스, 모바일 앱 등의 발달로 우리는 손바닥에서 원하는 정보를 어디서나 쉽게 얻을 수 있게 되었다. 간편 송금 서비스앱의 등장으로 과거처럼 은행에 가지 않아도 더 빠르고 편하게 송금할 수 있다. 카톡 덕분에 우리는 소통하기 위해서 이동 시간을 소비할 필요 없이 원할 때 즉시 메시지를 주고받을 수 있게 되었다.

또, 공유 오피스, 구독 경제 비즈니스의 발달로 소유에 대한 개념 또한 변했다. 과거에는 창업을 하기 위해 사무실을 얻어야 했지만, 현재는 부동산 없이 적은 비용으로 사무실을 임대할 수 있고, 집에서도 근무가 가능하다.

이러한 기술의 발달이 의미하는 것은 무엇인가?

과거에는 같은 시간에 1가지의 일만 할 수 있었다면 지금은 카톡 등을 통해 20가지의 일도 수행할 수 있다. 정보 기술의 발달로 많은 것을 빠르게 할 수 있게 만들었지만, 그것으로 인해 우리가 더욱 바빠졌다는 의미도 된다.

시간이 지날수록 기술이 발달하고 공간 제약이 줄어들수록 더욱더 중요해지는 자원이 하나 있다. 바로 '시간'이다. 시간은 누구에게나 공평하게 주어진 자산이다. 지구상 그 누구도 시간을 더 많이 사용할 수는 없다. 시대가 발전할수록 시간 관리가 더욱 중요한 이유가 이것이다. 기술이 발달할수록 시간의 질은 높아질 수밖에 없다.

농경시대에서 1시간을 낭비하는 것과 지금 낭비한 1시간의 가치는 완전 다르다. 그때와 지금 할 수 있는 일의 양에 차이가 어마어마하기 때문이다.

코로나로 인해 많은 사람들이 모임과 회식 등 사회활동으로 가려져 있던 퇴근 이후의 시간을 자각하기 시작했다. 어떤 이들은 그 시간을 취미, 여가 활동으로 쓰기도 하고, 또 어떤 사람은 자신의 역량을 개발하는 데 시간을 소비하기도 한다. 개인적으로 시간이 늘어난 만큼 시간을 계획적으로 소비하는 사람과 그렇지 않은 사람은 가까운 미래에 많은 격차가 벌어질 수밖에 없는 이유다.

과거 산업시대처럼 단순한 물리적인 노동의 투입으로 재화를 생산하고 돈을 벌던 시기에는 일하면 할수록 생산량이 늘고, 소득도 늘어났다.

그러나 현대에는 단순한 물리적인 노동 시간을 늘리는 것만으로 소득을 늘릴 수 없다. 열심히 오랫동안 일만 한다고 성과가 나는 것도 아니라는 이야기다. 바쁘게 오랫동안 일만 해서 성과를 내는 시대는 지났다. 자신의 시간 자원을 계획해서 일은 일대로, 건강은 건강대로, 자기계발은 자기계발대로 해야 하는 시간 관리가 필수인 시대다.

시간 관리는 성장을 위한 첫 단계

연말이 되면 한 해를 돌아보고, 다가올 한 해를 잘 보내기 위해 계획을 세운다. 빠르게 흐르는 시간 속에 정신없이 바쁘게 보내다 보니 정작 중요한 것은 관리하지 못 했다고 반성한다. 업무력 향상과 새로운 프로그램을 배우기 위해 학원을 등록하기도 하고, 건강을 위해 다이어트를 결심한다. 그런데 대부분의 사람들은 연말에 세웠던 목표를 달성하는 데 실패한다. 또 매년 반복된다. 왜 매년 세우는 목표를 달성하지 못할까? 그 이유 중 하나는 목표를 달성하기 위해 충분한 시간을 확보하지 못하기 때문이다.

어떤 능력을 습득하기 위해서는 매일매일 실행해야 한다. 실행을 하

시간 관리 단계	시간 관리	체력 관리
		목표 관리
		테스크 관리
	자기 관리	일정 관리
		몸매 관리
		성과 관리
	조직 관리	프로젝트 관리
		팀관리

시간 관리의 단계

기 위해서는 에너지와 시간이 필요하다. 시간이라는 자원 없이는 능력을 제대로 쌓을 수 없다. 내가 어떤 능력을 갖기로 목표를 세운다면 우선 시간 확보를 목표로 해야 한다. 일하는 시간과 나의 생활패턴을 점검해 보고 개선점을 찾은 다음 바꾸어야 한다. 시간을 확보하지 못한다면 연말에 넘치는 의욕만으로 설정한 목표는 더 급한 일이 치고 들어와 포기하게 될 확률이 높아진다.

그렇기 때문에 무엇을 바꾸고자 한다면 시간 관리를 통해 먼저 시간을 확보해야 한다. 그래야 시작할 수 있다. 충분한 시간만 주어지면 해내지 못할 일이 없다. 책을 읽지 못하는 이유는 책 읽을 시간이 없기 때문이다.

피터 드러커는 "시간을 관리할 수 있기 전에는 어떤 것도 관리할 수 없다."는 이야기를 했다. 시간을 관리하지 못하면 체력, 일정, 할 일 등을 관리할 수 없다는 의미다. 자기관리가 안 되는데 조직과 성과를 잘 관리 할 수 있을까?

시간 관리는 모든 관리의 출발점이다. 일에 대한 성과가 나지 않는다

면 일주일간 했던 일을 기록하고, 어디에 시간을 많이 소비했고 부족한
지 점검해서 원인을 찾아야 한다. 시간을 잘 관리하는 것은 목표달성의
필수 요소다.

일정과 할 일의 차이

시간을 잘 관리한다는 것은 기본적으로 2가지를 잘 관리하고 있다는
의미다. 바로 '일정 관리'와 '할 일 관리'다.

필자는 수많은 시간 관리에 대한 강의를 진행하면서 알게된 사실이있
다. 그것은 바로 많은 사람들이 '일정'과 '할 일'에 대해 구분 없이 사용
한다는 것이다. 일정과 할 일이 구분이 안 되니 시간 관리가 더 힘들었
던 것이다. 일정과 할 일의 개념 차이를 이해하는 것이 시간관리의 시작
이다.

• 일정 : 시간이 지나면 의미 없는 정보
• 할 일 : 액션을 취하면 의미 없는 정보

일정은 시간이 지나면 의미가 없는 정보다. 오늘 저녁 7시에 어떤 행사
에 대한 정보가 있는데, 7시 행사에 참석하지 못한다면 더 이상 의미가
없다. 일정표에 언제, 어디서, 어떻게, 주제 등이 정해진 정보가 바로 일
정이다.

일정은 또 내가 일정을 '미룰 수 있나? 없나?'에 따라서 이벤트와 약속
으로 나뉜다. 이벤트는 내가 뒤로 미룰 수 없는 일정이다. 예를 들면, 강
의, 세미나, 가족 행사와 같은 것이다. 약속은 미루거나 취소가 가능한
일정이다. 친구와 식사, 연인과 영화보기와 같은 것이 여기에 속한다.

할 일 정보는 액션을 취하면 의미 없는 정보다. 서류 작성하기라는 일은

작성을 하면 더 이상 중요한 정보가 아니다. 공과금 납부, 이메일 발송, 선물 구매 등이 할 일에 포함된다. 할 일은 마감 시한 안에 무엇을, 어떻게 해야 할지가 중요하다.

이것을 정리하면 다음과 같다.

	이벤트	약속	할 일
장소	정해져 있음	정해져 있음	정해져있지 않음
날짜, 시간	정해져 있음	정해져 있음	마감시한만 있음
일정 변경 여부	변경 힘듦	변경 가능	마감시한 안에 조절 가능

표 이벤트, 약속, 할 일 정리

이벤트와 약속, 할 일의 개념이 구분되면 어떻게 일정을 계획해야할지 명확해진다.

EAT 스케줄링

EAT 스케줄링은 **이벤트**(Event)의 E, **약속**(Appointment)의 A, **할 일**(Task)의 T의 앞글자에서 따왔다. EAT 스케줄링의 시작은 일주일간의 일정을 잡을 때 그 주의 이벤트부터 파악해서 적는 것이다. 앞에서 이야기한 이벤트는 뒤로 미룰 수 없는 일정이므로, 가장 먼저 파악하고 적어야 한다. 일정을 파악하지 않고 의욕적으로 일의 양을 정하다 보면 일정의 늪에 빠져 계획한 할 일을 제대로 수행할 수 없다.

캘린더나 플래너에 이벤트를 적은 후에는 이벤트의 장소를 중심으로 약속을 잡는다. 이동 시간을 아끼는 만큼 시간 낭비가 줄어들기 때문이다.(만약 그 주에 처리해야 하는 일이 많다면 약속을 줄이고 일에 집중할 수도 있다.)

이벤트와 약속으로 채워진 일정표에 일정을 다 채웠다면, 마감 시한에 따라 일주일간 할 일을 배치하는 것으로 기본적인 계획이 마무리된다.

우선순위 설정을 위한 아이젠하워 매트릭스와 4D법칙

'아이젠하워 법칙'은 제2차 세계대전 연합군 총사령관이자 미국 제34대 대통령이었던 드와이트 아이젠하워가 실행했던 방법론이다. 복잡하고 많은 업무와 서류 더미로 쌓여있는 책상을 간단하게 정리, 정돈하는 방법으로 유명하다. 실제로 이 방법은 널리 사용되고 있으며 시간 관리 방법에서 특히 유용하다.

우리는 끊임없이 쏟아져 들어오는 일을 기준 없이 하다 보면 급한 것 위주로 처리하게 되고, 일이 꼬이게 된다. 그래서 일정 기간 기준으로 할 일을 우선순위에 따라 분류하고 처리하는 것은 시간 관리 기술의 핵심이라 할 수 있다.

아이젠하워 법칙은 중요도와 시급도에 따라서 우선순위를 나누는 방법이다.

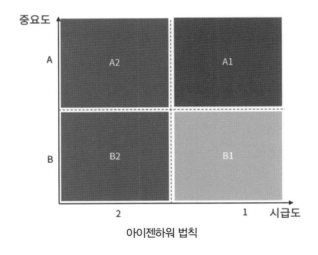

아이젠하워 법칙

우선 중요도에 따라 중요한 일은 A, 덜 중요한 일은 B로 나눈다. 그리고 시급도에 따라 급한 일은 1, 덜 급한 일은 2로 나눈다. 그러면 A1,

B1, A2, B2 4가지 성격의 일로 분류할 수 있다.

각각의 특징은 다음과 같다.

- A1: 중요하고도 가장 급한 일이다. 지금 당장 해야 하는 일이다. 마감에 임박한 일이 여기에 속한다.
- A2: 마감 시한이 남아 있는있는, 중요한 일이지만, 급하진 않은 일이다. 급하지 않다고 미루다 보면 어느 순간 A1로 변해 있다.
- B1: 지금 하면 간단하지만 미루면 골치 아픈 일이다. A1만큼 중요하진 않지만 웬만하면 처리하는 것이 좋다.
- B2: 중요하지도 급하지도 않은 일이다. 내가 꼭 해야 할 필요가 없다면 위임하거나 삭제하면 된다.

현재 쌓여있는 투두(to do)리스트를 이 분류에 맞게 배치하면 된다. 그리고 이벤트와 약속 사이사이에 배치하여 실행하면 된다. 실행을 할 때에는 아래의 4D 법칙에 따르면 좋다.

4D 법칙
• Delegate - 위임하라
• Delete - 삭제하라
• Delay - 연기하라
• Do - 하라

나에게 주어진 할 일은 우선순위를 정해 4D 법칙에 따라 하든지, 미루든지, 위임하든지, 삭제하라.

좋은 습관을 위해 가장 중요한 영역

A1, A2, B1, B2 중 어떤 일이 가장 하기 힘들까? 바로 A2다. A1은 급하고 중요한 일이기 때문에 나도 알고 일을 시킨 상대방도 그 중요성을 안다. 일정표에 적지 않더라도 할 것이다. A2는 마감이 남아 있는 중요한 일이라는 의미도 있다. 동시에 지금 당장은 하지 않아도 문제가 없는 것 같지만, 하지 않으면 안 되는 일이라는 의미도 있다. 이런 종류의 일은 꾸준히 해야 하는 공부, 건강, 외국어 공부 같은 것들이다. 지금 당장 하지 않아도 별문제가 없는 것 같지만 하지 않으면 문제가 생기는 영역이다. 연말에 목표 설정한 일의 대부분이 A2 영역이다.

A2는 급하지 않기 때문에, 또 바쁘다는 이유로 미루다 보면 하지 않게 된다. 그래서 목표 달성도 자연스럽게 실패하게 되는 것이다.

목표를 달성하고 성장을 위해서는 A2를 게을리해서는 안된다. 그러기 위해서는 평소 시간관리를 통해 A1, B1의 일을 잘 수행하고, 방해받지 않는 시간을 만들어 A2를 집중할 수 있게 만드는 것이 중요하다.

나는 A2를 해내기 위해 아침 일찍 일어나면 우선 A2의 일부터 처리하는 습관을 가지고 있다. 아침 9시 전까지는 미래를 위한 시간이므로 일보다 더 우선순위에 두고 가장 빨리 마무리한다. 그러면 A1, B1 성격의 일을 처리하는 것과는 별개로 미래를 준비할 수 있다.

A2에 시간을 꾸준히 추가한다면 그것으로 쌓인 습관과 실력은 A1, B1의 처리 속도를 빠르고 효과적으로 해주기 때문에 성과가 나타나기 시작한다. 그러면 투입시간당 산출물이 좋아지기 때문에 시간적인 여유가 생긴다. 이것을 바탕으로 자신의 가치관에 따라 현재의 상황을 분석하고 미래를 위해 시간을 투자할 수도 있다. 이것을 필자는 A2의 선순환 효과라고 부른다. 습관화된 A2는 선순환 효과를 만들어 자신의 위치를 보다 높은 곳으로 데려다 준다.

미래를 예측할 수 없지만 계획할 수는 있다

우리는 신이 아니므로 미래의 상황을 예측할 수 없다. 그래서인지 1년 전을 생각하면 지금이 참 신기하다. 1년 전에는 지금의 모습을 상상할 수 없었기 때문이다. 지금 만나는 사람, 일, 그리고 활동까지…. 코로나라는 특수 상황이 많은 것을 바꾸었지만 그것만이 이유는 아닌 것 같다.

과거를 돌이켜보면 인생의 방향 설정과 1년의 목표설정이 내 미래를 만들었다. 선택의 순간이 오면 목표설정을 기반으로 판단을 하게 되니 그 방향대로 조금씩 나아갈 수 있었다. 목표설정의 가치를 모르는 이들은 "미래가 어떻게 될지 모르는데, 계획하는 것이 무슨 의미가 있느냐?"라고 말한다. 또 어떤 이는 "목표가 앞에 보이지 않아 어떻게 하면 좋을지 모르겠다."라고도 한다.

단순하게 예를 들어보자.

부산에서 서울까지 운전해서 가는 것이 목표다. 부산에서 출발할 때 서울이라는 목표가 보일까? 보이지 않는다. 바로 앞의 50미터가 보일 뿐이다. 서울까지 가는 길은 눈 앞의 50미터를 지나 또 50미터를 지나는 패턴이 반복될 것이다. 이 목표를 달성하는 데 중요한 것은 50미터 앞의 상황에 집중해서 묵묵히 50미터씩 전진하는 것이다. 도로, 교통상황, 차의 남은 기름, 드라이버(나)의 생리적인 상태에 따라 판단하면서 가다 보면 어느새 목표에 도달해있다.

서울로 출발할 때 내가 가려는 도로에서 사고가 나서 막힌다거나 어디에서 공사 중인지 정확하게 예측할 수 없다. 조금 늦을 수 있어도 목표를 달성하는 데 문제가 되지 않는다. 목표를 달성하기 위해 미래를 예측할 필요가 전혀 없는 것이다.

미래의 상황을 예측할 순 없지만 계획으로 만들 수는 있다. 만약 내가 문서를 기획하는 능력이 부족하다는 것을 인식했다고 생각해 보자. 기획력을 키우기 위해 책을 구입해서 일주일간 공부하고, 3일 후에 열리는 기획을 위한 특강을 수강하기로 계획하고 실행한다면, 일주일 후의 나는 어떻게 변해 있을까? 아마도 일주일 전보다는 기획을 더 잘하는 '나'로 성장해 있을 것이다. 이처럼 일주일 간의 미래는 계획을 통해 만들 수 있다. 기획을 잘하는 선배와 약속을 잡아 도움을 구할 수도 있고, 기획에 도움이 되는 사내 자료를 찾아보기로 계획 할 수도 있다. 신기한 것은 계획한 일정을 플래너에 쓰면 그대로 미래가 만들어진다는 것이다.

목표한 방향과 일주일간의 세부적인 계획과 실행은 내가 원하는 미래를 만들어 줄 것이다.

무엇을 목표로 할 것인가?

5년 전 30살이 되었을 때, "앞으로의 10년을 어떻게 살아갈 것인가?"에 대한 고민을 치열하게 했다. 대기업에서 직장 생활을 계속해서 안정적으로 살 것인지, 새로운 도전을 선택할지에 대한 고민이었다.

새로운 도전에도 많은 선택지가 있었다. 회사 내에서 다른 부서로 전근을 갈 수도 있었고, 인재개발원 같은 곳에서 교육과 같은 새로운 업무를 할 수도 있었다. 회사 내에서 다른 곳으로 간다는 것은 완전 새로운 도전이 아니라고 판단했다.

생각이 깊어질수록 나의 10년 후를 바라보게 되었다. 10년 후에는 내가 선택하지 못한다는 것으로 후회하지 말자고 다짐했다. 그래서 퇴사를 하고 새로운 도전을 하기로 마음먹었다.

평소 강의를 하는 강사와 창업을 해서 회사를 경영하는 삶을 동경해

왔다. 그것이 바로 '창업'과 '강의'였다. 그 후로 벌써 5년이 지났다. 나는 5년 정도가 지나면 자리를 잡아 안정적으로 회사를 운영할 수 있을 거라 생각했지만, 여전히 현실의 늪에서 더 나은 환경을 만들기 위해 한 발 한발 앞으로 나아가고 있다. 과거부터 목표설정, 시간 관리를 하면서 깨달은 것이 하나 있다. 성공과 실패 유무를 떠나서 성장한 나 자신은 남는다는 것이다.

목표를 달성하는 데 성공을 초점에 두면 힘들고 지친다. 어느새 목표에만 집착한 자신이 남게 될 것이다. 목표설정의 초점을 성장에 두어라. 그러면 성공과 실패에 상관없이 성장한 자신이 남게 될 것이다.

정진:
"몸과 마음을 닦는 수행"

장동인
– AIBB LAB 대표

정진:
"몸과 마음을 닦는 수행"

코로나가 장기화되고 있다. '언제 끝날까' 하는 기대는 사라지고, '어떻게 코로나와도 같이 잘 지낼까?' 하는 위드 코로나 시대로 가고 있다. 그러는 동안, 사람들의 마음은 지치고, 우울해지고, 외로워지고 있다. 이런 현상은 특히 20~30대에 심하다라고 한다. 정신적인 방역이 필요하다고 전문가들은 말하지만 구체적인 방안이 별로 없다. 언제부터인가 코로나 때문에 갖게 되는 정신적인 스트레스와 불안을 '코로나 블루'라고 부르기 시작했다. 이제는 나에게 다가온 코로나 블루를 떨쳐버릴 구체적인 방법이 필요하다.

가만히 생각해보자. 코로나 블루를 극복하려면, 우리의 마음을 살펴야 한다. 우리는 끊임없이 떠오르는 마음의 일렁임 속에 있다. 즐거운 생각이든 외롭고 쓸쓸한 생각이든 끊임없이 나의 마음 속을 들어왔다 나간다. 코로나 블루도 코로나 시대에 생긴 마음의 일렁임이다. 어떻게 하면 이런 일렁임을 조용하게 할 수 있을까? 무엇이 생각의 일렁임을 오게 할까? 그런 생각이 오고 가는 나는 누구일까?

이것은 너무나 거창하다고 생각할 필요가 없다. 지금 코로나 시대, 조금은 우리에게 시간적인 여유가 생겼을 때, 인생의 근본적인 문제와 싸워볼 필요가 있다. 그간 정신없이 살아왔던 나를 돌아보고 근원적인 문제와 부딪쳐서 깨달음을 얻기 좋은 때인 것이다.

무엇을 하든 하나의 테마를 끊임없이 추구하는 것을 정진이라고 한다. 인생의 도를 깨닫기 위해서. 그것은 마음으로 깨닫기도 해야 하지만 몸으로도 깨닫는 것을 말한다. 사람이 어떤 것을 이루기 위해서 정진하는 것이긴 하지만 무엇을 이룬다는 목적보다는 인생의 진리를 조금 더 알아가는 것이 정진이 아닐까 한다. 그러니 정진은 몸과 마음을 닦는 수행을 해 나가는 것이다.

정진: 마음수련

마음 수행을 하는 정진. 매우 불교적인 말이다. 역사적으로 봐도 그렇다. 다음 그림을 보자

〈십우도〉 http://www.ibulgyo.com/news/articleView.html?idxno=141477

이 그림은 불가에서 전해져 내려오는 〈십우도〉라는 그림이다. 도를

찾아 해탈에 이르는 각 과정을 쉽게 이해하도록 소년이 소를 찾아가는 이야기로 풀어가는 그림이다. 왼쪽에서부터 보면 이런 뜻이다. 괄호의 내용은 필자의 생각으로 정리한 것이다.

- 1단계: 소를 찾아 나선다 (마음을 찾아 나선다)
- 2단계: 소의 발자국을 발견한다 (마음의 흔적을 발견한다)
- 3단계: 소를 발견한다 (마음의 보았다)
- 4단계: 소의 고삐를 붙잡는다 (마음 수련을 시작한다)
- 5단계: 소를 기른다 (마음 수련을 한다)
- 6단계: 소를 타고 집으로 온다 (마음 수련에서 뭔가 깨달았다)
- 7단계: 소는 잊고 사람만 있다 (마음 수련이라는 것은 없고, 그것을 하는 나만 있다)
- 8단계: 사람도 소도 다 잊는다 (마음 수련이라는 것도, 나도 없다)
- 9단계: 본래의 모습으로 되돌아간다 (그냥 평범한 나로 돌아온다)
- 10단계: 세상으로 나간다 (이제 깨달은 자로서 자기와 같던 이웃을 도와주러 나아간다)

찬찬히 보면 무릎을 치는 그림이다. 나를 발견하는 것이 그렇게 어려운 일이 아니다.

1단계, 나를 발견하는 첫걸음은 세상에서 나를 보는 눈길을 없애고 과감하게 나서는 것이다. 세상이 나를 뭐라고 생각하든, 세상이 나를 알아주든 알아주지 않든 중요한 것이 아니다. 내가 찾으려 했고, 결국 찾은 것은 오직 나의 '현재 있음' 이다.

그 답은 **"나는 나다!"**였다.

나의 존재를 내가 강하게 인정할 때부터, 세상의 모든 것이 의미 있어진다. 내가 찾은 것은 〈십우도〉의 어디쯤일까? 이 또한 중요한 것이 아니다. 내가 어디쯤 와있는지는 중요한 것이 아니다. 나는 내가 되는 것이 중요한 것이다.

코로나 블루를 이기는 첫걸음. "나는 나다!"라고 외치는 것이다. 내가 불우한 시대에 태어났든 아니든, 어차피 대한민국에서 태어난 것은 나의 의지가 아니다. 그러나 거부할 수 없는 것은 현재 '나는 여기 존재'한다는 사실이다. 이것으로부터 시작하는 것이다. 세상의 어떤 것도 나를 대신해 줄 수 없다.

여기까지 강하게 맞다고 느껴진다면, 이제 〈십우도〉의 1단계를 끝낸 것이다.

정진: 몸수련

이제 좀 건너뛰어서, 〈십우도〉의 4단계를 시작할 때이다. 이제 마음의 수련을 시작해야 할 때다. 마음의 수련을 어떻게 할까? 마음의 수련을 위해 인류는 역사적으로 대단히 많은 방법을 시행해 왔다. 가만히 앉아서 숨을 쉬는 나를 보는 참선, 한 걸음 걷고 한 번 절하는 고통을 감내하는 일보일배 고행, 말은 아예 안 하는 묵언수행, 자신에게 주어진 어려운 문제 하나만 평생 생각하는 간화선, 특정한 방식으로 이미지를 떠올리거나 소리를 내는 마인드컨트롤, 자기 몸을 학대하는 수행 등 무수히 많다.

과거에 나도 이런 수행을 한 적이 있었다. 그런데 나에게는 이런 수행

방법이 나에게 맞지 않았다. 그래서 시작한 것이 있다. 그것은 마음 수련에 있어서 가장 중요한 것이 정신이 아니라 육체라는 점의 발견이었다.

한 마디로 **정신이 깃든 몸이 핵심**이라는 것이다. 우리 뇌는 우리 몸에서 가장 많은 에너지를 소비하는 장기다. 몸무게의 2%에 불과하지만, 하루 에너지의 20%를 쓴다. 이러한 뇌에 에너지를 공급하려면 몸 자체가 튼튼해야 한다. 몸이 튼튼하지 않으면 뇌는 에너지를 사용할 수 없고, 사고는 점점 정체된다. 나이가 들면 사람의 사고가 보수적으로 되고 변화를 싫어하는 이유가 바로 새로운 사고를 하려면 에너지가 매우 필요한데 몸이 받쳐주지 못하기 때문이다. 그러니 당연히 운동해야 한다.

어떻게 하면 운동하면서 마음 수련을 할 수 있을까?

마음 수련을 이야기하기 전에 우리는 기본적으로 운동에 대한 생각을 바꾸어야 한다. 사실 운동이라는 것은 몸을 단련하는 것 이외의 대단한 의미가 있다.

그것은 몸의 한계를 극복하는 데 있다. 운동을 하게 되면 반드시 사점(dead point)에 도달하게 된다. 사점은 숨이 멎을 것 같은 극한의 고통을 느끼는 상태가 되는 지점이다. 죽음과 같은 고통을 느끼게 되기 때문에 사점이라고 한다. 사실 몸이 건강해지는 과정은 이 사점을 넘어가서 몸이 회복하려는 과정에서 생긴다. 다시 말해서 사점을 넘지 않으면 회복하는 과정이 없기 때문에 운동 효과가 없다. 그런데 운동을 하면서 이 사점-죽을 것 같은 시간에 이르는 것을 누구도 좋아하는 사람이 없다. 대개 적당히 하고 적당히 끝낸다. 그리고 운동했다고 생각한다. 그런데 진정한 운동은 운동할 때마다 이 사점에 다가가고 이를 뛰어넘는데 있다.

사람들은 이야기한다. 아니, 그러다 죽으면 어떻게 하냐고. 사람은 그리 쉽게 죽지 않는다. 정말이다. 사람들은 이야기한다. 나이 먹어 운동을 그렇게 무리하게 하면 다친다고. 맞다. 무리하면 당연히 다친다. 그런데 갑자기 운동하니 다치는 것이다. 자기의 체력보다 훨씬 많은 것을 하려다가 다친다. 사람들은 이야기한다. 그럼 어떻게 안 다치고 안전하게 운동하면서 사점에 이르는 고통을 넘어갈 수 있냐고. 그야, 꾸준히 운동해 가면서 조금씩 자신의 몸이 느끼는 극한을 맛보고 그것을 조금씩 극복해 가면 된다. 여기부터는 실제로 운동을 해봐야 이해할 수 있게 된다.

또 사람들은 이야기한다. 아니 그렇게 운동하면 무릎이 성하냐고? 무릎은 한번 닳아버리면 회복이 안 된다고 하는데, 그렇게 심하게 운동을 해서 무릎이 닳아버리면 어떻게 하냐고?

우리가 가지고 있는 의학지식은 오류가 많다. 의사들은 항상 책임 안 져도 될 말을 한다. 의학 자체가 통계에서 탄생한 학문이다. 그러나 사람의 몸은 다 다르다. 의사들은 일반론을 이야기한다. 통계적으로 유의미한 것만 이야기한다. 그러나 나는 통계에서 얼마든지 다른 위치에 있을 수 있다.

유발 하라리가 쓴 《사피엔스》의 결론은 인류가 현재까지 살아남은 이유는 사피엔스는 다른 인류나 동물에 비해서 변화에 '적응'을 잘했기 때문이라고 했다.

호모 사피엔스가 오랜기간 동안, 최소 수십만 년 동안 적응을 잘해서 살아남았다면, 한 세대에도 적응을 잘했을 것 아닌가? 다시 말해서 한 세대 안에서, 즉 내가 살아가면서도 '적응'을 잘할 수 있는 것이 아닌가? 운동선수들을 보라. 100미터 달리기 선수와 마라톤 선수는 몸의 체형부터 다르다. 100미터 달리기 선수들의 몸은 폭발적인 힘을 낼 수 있는 근육질이다. 그러나 42.195km를 달리는 마라톤 선수들의 몸은 멀리 뛰기 위해서 가볍고 가늘고 강한 근육으로 되어 있다. 그러면 이 선수들이 원래 그렇게 태어난 것인가, 아니면 그런 운동을 하다 보니 몸이 운동에 맞게 변화한 것인가? 당연히, 사람의 몸은 운동의 종류에 따라서 변화한다. 이것이 우리 세포 속에 있는 사피엔스의 유전자이다. 사람이 한 방향으로 계속 움직이면 그 방향으로 몸이 변하게 된다.

마음 수련을 하는 운동 중에서 왜 달리기인가?

사람의 몸은 달리기를 위해서 진화되었다. 3백만 년 전에 출현한 인류가 다른 동물과 달랐던 것은 '직립보행'과 몸에 털이 없다는 것이었다.

인류는 털이 없어서 겨울에는 체온을 보호하기 힘들었지만, 여름에는 어떤 동물보다 더 멀리 장시간 동안 뛸 수 있었다. 털이 없으므로 뛰면서 생긴 열을 땀으로 식힐 수 있었다. 많은 동물은 인간보다 훨씬 빨리 뛸 수 있지만 계속해서는 몇 km밖에 뛰지 못한다. 털 때문에 올라가는 체온을 쉬면서 식혀야 하기 때문이다. 덕분에 인간은 다른 동물보다는 빨리 뛸 수 없었지만, 며칠이고 사냥감을 추격할 수 있었다. 결국 그 사냥감은 지쳐서 쓰러질 수밖에 없고, 인간은 지친 사냥감을 쉽게 잡을 수 있었다. **인간은 뛰기 위해서 태어난 동물이다.** 인간은 장거리를 뛸 수 있어서 살아남게 되었다. 인간이 장거리를 뛰게 되면서 만들어진 몸을 가진 지는 100만 년이 넘는다. 하지만 이제는 도시화가 되면서 굳이 뛰지 않아도 되는 그런 시대에 살고 있다. 인간이 먹고살기 위해서 뛸 필요가 없게 된 것은 불과 100년도 안 된다. 따라서 현대인의 몸에는, 나의 몸에는 하루에 수십 킬로씩 매일 뛰어다니는 인류의 DNA가 남아 있다.

자, 이제 마음 수련을 하면서 달리는 방법을 이야기해야겠다. 달릴 때, 제일 중요한 것은 **숨 쉬는 것**이다. 참선을 하든 마인드컨트롤을 하든 명상을 하든 공통점이 있다. 그것은 숨을 쉬는 것을 배우는 것이다. 숨 쉬는 것을 배운다? 그렇다. 모든 마음 수련의 핵심은 숨 쉬는 데 있고, 달리기의 핵심도 숨 쉬는 데 있다. 그래서 이 두 가지가 숨쉬기라는 것으로 통하기 때문에 운동을 하면서 마음 수련을 할 수 있다는 것이다. 그리고 그것이 가장 효과적이다. 가만히 앉아 있으면 마음 수련이 잘 될 것 같아도 끊임없이 떠오르는 마음의 일렁임 때문에 대단히 어렵다. 그러나 운동을 하면 몸이 힘들기 때문에 자질구레한 생각을 할 틈이 없다. 운동하면서 숨쉬기를 발견하는 것이 마음 수련의 핵심이다.

달리는 데에 숨 쉬는 것이 핵심이라면, 숨을 어떻게 쉬어야 하는가? 그것은 내가 숨 쉬는 소리를 듣고 숨 쉬는 소리에 집중하는 것이다. 사람들은 달리다가도 딴생각을 한다. 어쩔 수 없다. 그렇다고 달리면서 생각을 하지 말라는 것이 아니라 다른 생각을 하다가도 숨소리에 집중하고 숨소리를 들으라는 것이다. 이것이 가장 중요하다. 숨에 집중하라.

그리고 그 숨과 달리는 내 몸을 일치시키는 것이다. 그 방법은 내가 내쉬는 숨과 내 두 발 중 하나에 맞추는 일이다. 만일 왼쪽 발에 맞춘다고 하면, 왼발을 내딛을 때, '훅'하고 숨을 내쉬는 것이다. 왼발 두 번에 한 번 맞추거나, 세 번에 한 번, 네 번에 한 번을 맞추는 것이다. 이것이 간단한 듯하지만 숨을 맞추어 뛰는 것은 쉽지 않다. 뛰다 보면 내가 숨 쉬는 것을 듣는 것이 아니라 또 다른 생각을 하고 있다. 그럴 때면 다시 돌아와 숨에 집중한다.

이처럼 달리는 마음 수련은 딱 두 가지만 하면 된다. 숨에 집중하는 것, 내쉬는 숨을 왼발 또는 오른발 하나에만 고정시키는 것.

이렇게 숨을 맞추어 뛰다 보면 몸에 자연스럽게 템포라는 것이 생김

을 느낄 수 있다. 숨쉬기만 잘
해도 달리기를 하는 데 지루하
다는 생각이 안 든다. 오히려
숨 맞추어 뛰느라고 바쁘다. 신
기하게도 나의 몸이 가지고 있
는 템포를 발견하게 된다. 운동
할 때마다 템포를 유지하면 멀
리, 오래 뛸 수 있다. 건강은 기
본으로 찾아오게 되고 정신의
강인함이 생기게 된다. 그래서
왠만한 일에도 흔들리지 않게
된다. 물론 한두 번 뛴다고 해
서 이런 경지에 올라가는 것은
아니다. 무수한 연습을 해야 한
다. 달리기에 정진해야 한다.

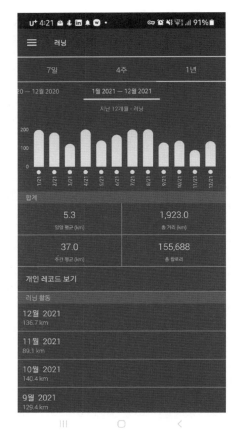

결국 달리기는 사람과 딱 맞
는 운동이다. 사람은 달리기에
적합한 체형과 체질로 진화되었고 그 유전적 형질이 전해내려왔기 때문
이다. 따라서 사람이 달리면 당연히 몸이 좋아진다. 몸에서 일어나는 모
든 문제들의 대부분은 달리면 해결되거나 없어진다. 더구나 사람은 달
리면서 나의 몸, 나의 건강, 나의 생각, 나의 현재를 그대로 직시할 수
있는 귀한 시간을 갖게 된다. 달리는 것은 매우 영적인 운동이다. 나를
돌아보는 운동이다. 달리면 나를 알게 된다. 그리고 나를 깨닫게 된다.

이것은 나의 2021년 전체 기록이다. 1년동안 1,923km를 달렸다. 위에서 이야기한 그대로를 실천했다. 달린만큼 마음이 커지고 달린만큼 마음의 평안과 몸의 건강을 얻을 수 있었다.

정진: 코로나 블루 시대에 포용하는 마음의 그릇을 갖기 위해서

이러한 달리기 수련은 평생 해야 한다. 〈십우도〉에서 보면 10단계가 있지만, 그것은 단계를 이야기할 뿐 순서를 이야기한 것은 아니다. 따라서 5단계 수련은 평생 해야 한다. 이것만 해도 코로나 블루는 너끈하게 해결된다.

자. 이제 나머지 단계는 생략하고 마지막으로 세상으로 돌아오는 단계에 대해서 이야기하고 싶다.

한국은 이제 새로운 시대 – 선진국으로 들어가는 시대 초입에 와있다. 우리가 인정하든 안 하든 한국은 선진국이 되어가고 있다. 한국은 세계적으로 미래 산업의 핵심이 되는 분야를 다 쥐고 있다. 반도체, 전기차, 엔터테인먼트, 2차 배터리, 바이오, 소형원전, 탄소산업, 철강, 조선, 건설, 엔지니어링, 우주, 방위산업 등이다.

군사적으로도 세계 6~7위이며 실질적으로는 누구도 넘볼 수 없는 국가이다. 난 10년 후의 한국은 경제적으로 자랑스럽고 빛나는 국가가 되어 있을 것이라고 자신 있게 말할 수 있다.

그러나 한국이 진정한 선진국이 되기 위해서는 꼭 갖추어야 하는 것이 있다. 그것은 세계인으로서 우리보다 못한 국가나 민족에 대해서 애정을 가지고 품어 줄 수 있는 포용력이 있는 마음의 그릇이다.

지금 중국을 보라. 저 넓은 땅덩어리를 가지고 있지만, 중국은 그 땅덩어리를 더 넓히기 위해서 주변 국가를 괴롭히고 있다. 그들만의 꿈인 중국몽을 위해서 주변국을 희생시키고 있다. 남의 나라가 가지고 있는 지적재산권을 국가의 비호 아래 마음대로 훔치고 베껴서 이룬 경제적 성공이 이제는 그들의 앞을 가로막고 있다. 오직 미국을 이기기 위해서 작은 나라들을 돈으로 유혹하고 인프라 사업을 벌인 후 그 나라를 통째로 지배하려는 것이 그들이 이야기하는 일대일로의 핵심이다. 이런 중국은 절대로 선진국이 될 자격이 없다.

한국이 국제사회에서 존경받는 선진국이 되려면 이를 반면교사로 삼아 국제적인 자존감을 지녀야 한다. 나보다 낮든 못하든 똑같이 대하는 자존감이 꼭 필요하다. 이것은 개인이나 국가나 똑같다.

이런 자존감은 어디에서 오는가?
나의 몸과 마음을 수련하는 혹독한 훈련 속에서 나 자신에 대한 자존감이 길러진다. 왜 소중한 나와 남을 비교하는가? 나는 오직 과거의 나만 비교의 대상이 되고, 오늘의 나는 과거보다 나으려고 노력하는 것이다. 이런 평생에 걸친 정진 속에서 나를 찾고, 나의 몸을 단련시키고, 마음 수련하는 것이 나를, 이 사회를, 이 세계를 평화로운 세상으로 만드는 시작이다.

정진: 나를 바꾸고 세상을 바꾼다

우리 시대의 코로나 블루를 해결하는 것은 내가 근원적으로 바뀌고 또한 세상이 바꾸는 것이다. 우리는 초네트워크 시대에 살고 있다. 누구나 어떤 생각을 쉽게 세상과 실시간으로 커뮤니케이션 하고 산다. 따라서 새로운 생각과 정신으로 살게 되며, 그것이 나를 바꾸고 너를 바꾸게 된다. 그래서 쉽게 세상이 바꿔지게 된다.

코로나 블루를 이기는 마음수련. 〈십우도〉에서 보는 것처럼 어렵지 않고 간단하다.
• 남을 생각하지 않고 나에게 집중하는 것
• 내가 좋아하는 일을 재미있게 하는 것
• 정해진 시간 달리는 것. 달리면서 내 호흡에 열중하는 것. 내 날숨과 다리를 맞추는 것.
• 다시 세상으로 나아가 세계인과 호흡하면서 그들과 함께 포용하고 감싸고 같이 나가는 것.

매일 매일 정진하는 여러분들에게 건투를 빈다.

Bridge

망비보

- 망하면 비로소 보이는 것들

황성진

- 쏘셜공작소 대표

망하면 비로소
보이는 것들

처음 멈추던 날

"안녕하세요? 지속가능한 세상을 공작하는 남자, SJ입니다. 구독, 좋아요, 알림설정은 지속가능한 세상을 만드는 힘입니다. 쏘공쏘공"

유튜브채널 쏘공쏘공을 운영하며 인트로에서 외치는 저의 외침입니다. 저는 '지속가능한 세상을 공작한다'는 슬로건을 내세우고 쏘셜공작소라는 스타트업을 운영하고 있는 황성진입니다. 제가 들려드릴 이야기는 찬란한 성공담이 아닙니다. 오히려 처절한 실패를 통해 배웠던 깨달음을 여러분과 공유하고자 합니다. 이 이야기가 실패를 경험하고 힘들어 하는 분들에게 회복, 극복을 위한 작은 도움이 되기를 바랍니다. 특히 지금 이 시간에도 자신의 아이디어로 세상에서 치열하게 싸워가고 있는 스타트업 대표와 그 구성원들에게 한 줄기 빛이 되기를 간절히 기원합니다.

먼저 망한 이야기를 해보겠습니다. 그동안 마케팅 전문가로서 세상에 정말 가치 있는 서비스를 만들어 보고 싶었습니다. 세상을 좀 더 따뜻한 공간으로 변화시킬 수 있는 가치를 담지만, 기업으로서도 성공할 수 있는 모델을 구상했습니다.

2015년에 저는 '쉐어앤케어'라는 서비스를 세상에 내놓았습니다. 쉐어앤케어는 도움이 필요한 곳과 도움을 줄 수 있는 곳을 연결하는 소셜기부플랫폼을 표방했습니다. 이런 식이었습니다.

NGO, NPO, 복지단체, 개인 등 도움이 필요한 곳들의 이야기를 콘텐츠로 만들었습니다. 그리고 그 시절 대세 플랫폼이었던 페이스북에 이야기를 공유하면 기업, 재단 등 도움을 줄 수 있는 곳들에서 1천 원을 기부해줬습니다. 그리고 공유한 페이스북 담벼락게시물에서 '좋아요'가 하나씩 늘어날 때마다 200원을 추가로 기부해줬습니다. 이 과정을 통해 도움이 필요한 곳의 이야기는 널리 퍼져나가고 또 다른 후원이 연결되어 갔습니다. 도움을 주는 기업이나 재단에서도 사회공헌을 위한 탐색비용을 절감하며 자연스런 기업홍보와 연결되면서 반응이 좋았습니다. 결정적으로 이 콘텐츠를 페이스북에 부지런히 퍼 나르던 사용자들은 내 돈 들이지 않고 기부에 동참함으로써 자신의 영향력이 선한 가치를 실현함에 기쁨을 느끼는 것 같았습니다. 쉐어앤케어는 단순히 여기서 멈추지 않고 투명한 기부문화를 위해 노력하였습니다. 도움을 받은 곳에서는 사용 내역을 투명하게 공개하였고 쉐어앤케어는 그 과정을 모두 콘텐츠로 구성하여 도움을 준 곳과 사용자들에게 공개하였습니다.

진정성 있는 이야기를 발굴하고 연관성이 있는 기업, 재단 등을 연결해주고 사용자들이 내 돈 들이지 않고도 기부에 참여하는 문화를 만들어낸 쉐어앤케어는 어느새 론칭 3년 만에 사용자 52만 명이 참여하는 꽤나 큰 커뮤니티로 성장하였고, 300여 캠페인을 통해 30억 원 가까운 기부를 이끌어내는 성과를 거두었습니다. 숱한 상들을 수상했고 언론들은 너나 할 것 없이 우리의 이야기를 퍼 날랐습니다. 나름 성공의 길을 간다고 자부했습니다.

하지만 결국 이 서비스는 3년 후 망했습니다. 도움이 필요한 곳, 도움을 줄 수 있는 곳, 사용자를 잘 엮어낸 비즈니스 모델은 나름 훌륭했다 자부했지만, 이 시스템을 지속시킬 수 있는 수익모델이 없었습니다.

네, 저희는 비영리단체가 아닌 기업이었던거죠. 기업이 수익을 창출하지 못하면 아무리 좋은 가치를 가지고 있어도 더 이상 지속할 수 없다는 간단한 명제를 그때서야 뼈저리게 느꼈습니다. 성장성을 보고 투자도 이어졌지만, 돈 버는 구조가 보이지 않는 서비스에 후속 투자는 이어지지 않았고, 장기적으로 정교하게 준비해오던 수익모델을 제대로 펼쳐보지도 못하고 멈춰야했습니다.

이 일은 제 인생에서 처음으로 멈추어서는 경험을 하게 해주었습니다. 거의 2년 가까이 멈추고 처절하게 돌아보고 깨달음을 얻는 시간이었습니다. 정말 힘든 나날들이었습니다. 망하기 전에 몇 십 억의 주식가치를 보유했지만, 망하자마자 10억 이상의 빚쟁이가 되어 버리는 엄청난 롤러코스터를 경험했습니다.

그런데, 48년 이상을 줄기차게 달리다 잠시 멈춰선 그 시간이 제게는 축복(?)이었습니다. 망하니 비로소 보이는 것들이 있었습니다. 그 중 세 가지 이야기를 들려드리려 합니다. 그리고 지금 어떻게 삶에 적용해서 살아가고 있는지 솔직하게 알려드리겠습니다.

우주의 중심은 내가 아니었다

망하고 제일 먼저 깨달았던 가르침은 바로 이것이었습니다. 저는 제가 원하는 것을 아이디어로 정했고, 이 사업을 통해 세상을 변화시켜보겠다는 의욕으로 넘쳐났습니다. 아마 대부분의 스타트업은 이렇게 시작하죠. 공감하실 겁니다.

여기서 큰 문제가 생깁니다. 이제는 꽤나 많은 분들이 알고 있는 사실이겠지만, 사실 스타트업이 망하는 가장 큰 이유는 세상이 원하지 않는 서비스를 내놓는 겁니다. 그들에게는 정말 가치있는 일이지만 정작 세상이 필요로 하지 않는 서비스라면 지속될 수 없습니다. 내가 원하는 것이 아닌 세상이 원하는 것을 내놔야한다는 것을 처절히 망하고 나서야 깨달았습니다. 아무리 이 이야기를 들려줘도 "에이, 우리는 달라요. 두고 보세요."라고 말하는 스타트업이 넘칩니다. 저도 그랬으니까요. 하지만 세상이 원하는 것을 내놓지 않으면 생존은 요원합니다. 우리가 스티브 잡스처럼 천재가 아니라면요.

비슷한 맥락이겠지만 또 하나 깨달은 건 '내가 하고 싶은 것'보다는 **'내가 잘하는 것'을 해야 한다**는 깨달음입니다. 제게 찾아왔던 수많은 스타트업 대표와 학생들에게 저는 일관되게 이야기했습니다.

"정말 하고 싶은 일을 하세요."

그런데 요즘은 다른 이야기를 합니다.

"정말 자신이 잘하는 일을 하세요."

너무 보수적으로 변했다고 생각하실 수도 있을 겁니다. 꿈을 포기하라는 이야기도 아닙니다. 솔직히 처음엔 저도 이 사실을 받아들이기 힘들었습니다. 하지만 시간이 흐를수록 이 사실이 맞다는 것을 느낍니다.

최소한 제가 잘하는 일을 한다면 생존에 문제는 생기지 않습니다. 그리고 여기서 성공한 이후 정말 꿈꾸었던 세상을 위해 하고 싶은 일을 해도 됩니다. 이때는 아무도 말리지 않습니다. 하지만 처음부터 하고 싶은 일에 집중하다 보면 인생의 칼자루를 내가 아닌 다른 이해관계자가 쥐게 될 확률이 커집니다. 투자자, 직원 등 수많은 이해관계자를 설득하기 힘들어집니다. 정작 자신이 원하는 일을 위해 시작했지만 끌려가는 삶을 살 수밖에 없습니다. 충분히 먹고 사는 문제를 해결하기 위해서는 자신이 잘하는 일부터 시작했으면 합니다. 원대한 꿈은 그 이후 꾸어도 늦지 않습니다. 생존하지 못하면 이 또한 사치입니다.

솔직히 저는 제가 꽤나 잘 난 사람인 줄 알았습니다. 엄청난 착각 속에서 오랜 시간을 헤매었다고 고백합니다. 사업할 땐 나를 객관적으로 볼 필요가 있는데, 저는 그러지 못했습니다. 요즘 말로 메타인지가 상당히 부족했던 거죠. 그러다 보니 피가 되고 살이 되는 조언도 흘려듣기 일쑤였습니다. 오로지 내 주장만 펼치고 있었습니다. 실패는 당연하겠죠? 그래서 원점부터 다시 생각해보았습니다.

'과연 나는 어떤 사람일까? 내가 잘하는 일은 무엇일까?'

저는 연결을 하는 메신저로서의 역할을 잘 해내고 있음을 깨달았습니다. 워낙에 사람을 좋아했고, 관계에 대한 관심이 많았습니다. 이 책을 펴내고 있는 브릿지피플도 11년 전 새로운 시대, 새로운 연결가치에 주목하고 만들기 시작했는데, 11년이 흘러도 변함없는 멋진 모임이 되었습니다.
제가 아끼는 후배 기업가가 이런 말을 해주더군요.

"대표님은 인간 플랫폼입니다."

이 말은 저를 다시 돌아보게 했습니다. 왜 남이 가지지 못한 좋은 장점을 제대로 활용하지 못했을까? 그래서 지금 운영하고 있는 쏘셜공작소는 거버넌스 조직으로 운영하며 운영비를 절감하면서도 훌륭한 인적 네트워크로 고객의 문제를 풀어가고 있습니다. 물론 아직 과거의 잔재를 다 털어내지 못해 우왕좌왕하는 부분도 있지만 나아갈 방향성은 찾았습니다.

여러분이 정말 잘하는 일에서 길을 찾았으면 합니다.

아생연후살타(我生然後殺他)

"내 돌의 삶을 확보하고 적을 공격하라"라는, 바둑에 나오는 격언입니다. 내가 미생인데 적을 공격하다 내 돌이 죽어버리면 승부는 그걸로 끝이 나버립니다. 사실 삶을 확보하지 않은 상황에서 공격하는 모습은 일견 화려해보이고 용기있는 행동으로 보일 수도 있습니다. 하지만 죽으면 그걸로 끝입니다. 생존보다 중요한 게 있나요? 그래서 처절하게 생존해야 합니다.

사업은 운칠기삼(運七技三)이라는 말을 많이 들어 보았을겁니다. 예전엔 무시했던 이 말이 망하니 비로소 보였습니다. 네, 사업은 분명 운칠기삼이었습니다. 그런데 이 말에는 많은 것들이 함축되어 있습니다. 그중에서 저는 생존과 관련한 깨달음을 이야기하려 합니다. 운칠기삼의 전제조건은 바로 생존이기 때문입니다. 네, 운을 맞이하려면 생존하고 있어야 한다는 말입니다. 제 삶이 흥해도 보고 망해도 보고 제법 변동성이 심했는데요, 쉐어앤케어 이전에도 망했던 적이 있습니다. 그런데 그때는 망한 다음날부터 부지런히, 열심히 재기를 위해 뛰었습니다. 그리고 6개월 만에 과거보다 더 크게 일구어놓고서는 속으로 이렇게 생각했습니다.

'역시 난 천재야.'

저는 정말 제가 대단한 사람인 줄 착각했었습니다. 그런데 망하고 멈추어 선 뒤 돌아보니 그때는 단지 운이 좋아서 일어났던 결과라는 걸 깨달은 겁니다. 시장 등 외부환경이 운 좋게 딱 맞아 떨어졌던 겁니다. 제 실력이 아니라 누구나 그런 상황을 맞이할 수 있었는데, 운 좋게 그 자리에 제가 있었던 거죠. 그러면서 깨달은 게, 운칠기삼은 맞는 말이지만 이를 위해서는 반드시 살아있어야 한다는 사실이었습니다. 무슨 말이냐면요. 그 당시 고객과의 대화에서 살펴보겠습니다.

"황대표님, 이번 일 잘 수행해줘서 고맙습니다. 그런데 결제하려고 보니 사업자등록증이 예전 회사 이름과 다르네? 사명을 변경한 건가요?"

"아, 제가 그 말씀을 못 드렸나요? 이전 회사가 부도나서 새롭게 회사를 설립하고 다시 열심히 뛰고 있습니다. 이번에 이렇게 일을 주셔서 너무 감사합니다."

"아, 그랬군요. 몰랐네요. 뭐 회사를 보고 일을 드린 것도 아니고, 황대표님 믿고 일을 맡긴 거니까 상관없어요. 이번엔 부디 성공하세요."

그 당시 일을 주셨던 고객들의 반응이 대부분 이랬다. 물론 그 앞의 일에 대한 신뢰를 준 것도 중요한 요인이겠지만, 만일 그 당시 회사가 망했다고 제가 사라져 버렸다면 저 일이 제게 왔을까요? 결국 그들은 사람을 믿고 사람에게 일을 맡긴 겁니다. 회사는 사라졌지만 저는 살아있었으니까요.

그러니 무엇보다도 생존에 민감해야 합니다. 그러기 위해서는 비즈니스 모델, 특히 수익모델이 중요합니다. 기업이 지속가능하려면 어쨌든 돈을 만드는 구조는 나와야합니다. 그래야 생존할 수 있고 운칠기삼의 때를 맞이할 수 있습니다.

생존을 위해서는 내 그릇의 크기를 아는 것도 중요합니다.

'망비보'라는 주제로 강연을 한 적이 있습니다. 처절한 실패담을 공유하면서 후배 스타트업에 반면교사가 되어 주는 그런 시간이었습니다. 그때 제 강연이 끝나고 객석에서 질문이 나왔습니다.

"망하고 제일 먼저 한 일이 무엇이었습니까?"

저는 바로 답변했습니다.

"제 좌우명이 담긴 액자를 부수어버리는 일이었습니다."

20대 초반부터 제 삶을 지배하고 견인했던 좌우명 "먼저 아낌없이 주라"입니다. 저는 망하고 제일 먼저 이 액자를 깨부쉈습니다. 한 번도 후회없었던 제 삶의 절대가치였지만, 여기에 매몰되어 저와 제 주변을 제대로 보살피지 못했다는 자책 때문이었습니다.

제가 제 그릇을 제대로 알지 못했던 까닭입니다. 넘치는 것을 나누어도 충분히 훌륭한 삶입니다. 스스로 살아있고 충분히 이루고 난 뒤 나누어도 늦지 않습니다. 나 자신을 정확히 아는 것은 중요합니다. 내 삶의

가치가 아무리 숭고해도 생존을 담보하지 못하면 지속가능하지 않다는 것을 기억하시기 바랍니다.

지금 운영하고 있는 쏘셜공작소라는 회사의 미션이자 슬로건인 '**지속가능한 세상을 공작한다**'가 괜히 탄생한 건 아닙니다. 많은 뜻을 내포하고 있지만 스스로도 지속가능하려고 노력하고 있습니다.

2보 앞 말고, 반보 앞

저는 살면서 이런 말이 참 듣기 좋았습니다.

"역시 황성진, 역시 앞서가는 아이디어야."

이런 이야기들에 취했던 적이 많습니다. 네 기분 좋은 말입니다. 하지만 이것이 생존을, 성공을 기약하지는 않는다는 걸 망하고 멈춰 선 뒤 돌아보니 깨닫게 되었습니다.

솔직히 저는 많이 교만했음을 고백합니다. 앞서가는 사람이 되고 싶었나 봅니다. 2보 앞에서 트렌드를 만들고 주도한다는 것은 분명 매력적입니다. 하지만 그때는 시장이 형성되어 있지 않아 참으로 힘든 시기입니다. 자원이 많은 대기업도 이런 전략을 잘 펼치지는 않습니다. 어쩜 시장이 제대로 형성되면 그때 막대한 자원을 쏟아 부으며 시장을 공략하기도 합니다. 다 이유가 있겠지요. 앞에서 시장이 원하는 것을 내놓는 것은 중요하다고 했습니다. 그렇지만 본격적으로 시장이 펼쳐지기 전에는 생존을 위한 보완책이 있어야합니다. 그 시간이 생각보다 길어질 수 있기 때문입니다.

사업하는 사람은 기본적으로 마켓타이밍이 중요합니다. 너무 앞서간다고 마냥 좋아할 일이 아닌 겁니다. 2보 앞이 아닌, 반 보 앞에서 시장에 뛰어들기 위해서 필요한 자세는 무엇일까요? 저는 3가지를 이야기하려 합니다.

첫째는 **질문**입니다. 질문은 시장에서 고객에게 직접 해야 합니다. 우리의 가설이 아닌 실제 시장에서 어떻게 반응하는지 끊임없이 질문해야 합니다. 실시간으로 계속.

둘째는 **경청**입니다. 질문을 하고 난 뒤 잘 새겨들어야 합니다. 이 때 고객의 이야기를 무시하면 안 됩니다. 기껏 반응해준 고객의 이야기에 갖은 이유를 갖다 대고 계속 설득하면 될 것이라고 생각하면 큰 착각입니다. 설득은 금방 지칩니다. 고객의 진의를 파악하기 위해서는 잘 들어야합니다.

셋째는 **겸손**입니다. '고객이 뭘 알겠어?' 하는 자세는 자신감일 수도 있지만, 우리가 스티브 잡스가 아니라면 피해야 할 자세입니다.

결국 낮은 자세로 질문하고 경청하면 우리가 몰랐던 사실도 고객이 알려주는 경험을 할 수 있습니다. 얼마나 감사한 일입니까?

망하고 멈춰 서있던 2년여 시간은 저를 잘 다듬어 주었습니다. 그 시간은 뼈때리는 반성과 깨달음의 시간이었습니다. 인생 후반기를 열 수 있는 용기와 힘을 선물해주었습니다. 그리고 2020년 다시 세상에 조심스레 나왔습니다. '지속가능한 세상을 공작한다'는 슬로건으로 창업한 쏘셜공작소와 함께.

쏘셜공작소는 지속가능한 세상을 만들기 위해 필요한 크리에이티브 솔루션을 만드는 곳입니다. 앞의 실패에서 얻은 깨달음을 바탕으로 내가 원하는 것보다는 세상이 원하는 것에 더 집중하고, 내가 잘할 수 있는 일에 집중했습니다. 이전에 망했지만 사회적 가치를 창출하려는 노력을 해왔던 것을 인정하는 공공기관, 지방정부, 기업들이 다시금 손을 내밀고 함께하기 시작했습니다. 철저히 시장과 소통하려고 노력하고 있습니다.

어쩌다 ESG

ESG, 아마 요즘 핫하게 많이 보고 듣게 되는 키워드일 겁니다. 환경 (Environmental), 사회(Social), 지배구조(Governance)의 머리글자를 딴 ESG가 왜 지금 이 시기에 핫해진 걸까요? 한마디로 정리하자면 환경, 사회, 지배구조 문제에 제대로 대처하지 못한다면 우리 인류의 미래를 장담할 수 없다는 공감대와 위기의식에서 비롯되었습니다.

전염병의 전파뿐 아니라 기후 위기 등 인류 전체가 당면한 과제는 한 정부나 사회기구, 개인의 힘으로 해결할 수 없다는 것을 절감하게 되었기 때문입니다. 따라서 주요 혁신 기술을 보유한 기업의 역할이 더 커지게 되었죠. 세계 최대 자산운용사 블랙록은 "앞으로 모든 기업 투자 인수 결정에 ESG를 검토 기준으로 삼겠다."라는 발표까지 했습니다. 앞으로 기업의 의사결정에서 ESG를 구현하지 못하는 기업은 투자와 운영에 어려움이 있을 것입니다. ESG시대로의 전환은 투자자들이 먼저 기업들에게 요구하며 생긴 현상이지만, 이제는 인류의 미래를 위해 필수불가결한 생존 키워드가 되었습니다.

그런데 요즘 저는 어쩌다 ESG전문가가 되어버렸습니다. 이게 앞에서 이야기한 깨달음과도 연결되기에 잠시 이야기를 하고자 합니다. 지난 1년여 동안 공공기관, 지방정부, 기업들과 함께 한 캠페인의 주제가 공교롭게도 환경, 사회적 가치를 만드는 일들이었습니다. 제가 생각하기에 저는 분명 ESG전문가가 아닙니다. 사실 지금 ESG전문가라고 할 수 있는 사람이 얼마나 있을까요? 꽤나 오래전부터 나왔던 개념이지만 대한민국에서는 2020년말부터 본격 거론되기 시작했습니다. 그러니 여기서 경험을 쌓으면 얼마나 쌓았겠습니까?

하지만 시장에서는 제가 전문가로 보이나 봅니다. 그동안 해왔던 일들과 최근에 하고 있는 일들에서 그런 느낌을 받는 모양입니다. 현재 '전주시 ESG협력추진단 위원', '광명시 ESG정책 자문위원', '전북창조경제혁신센터 ESG자문위원회 자문위원'으로 활동 중입니다. 서울시, 전주시, 지방정부협의회의 ESG관련 포럼을 주도하고 ESG와 관련한 정책과 민관협력 방안을 만들어가고 있습니다. 지방정부와 다양한 ESG관련 일을 하다 보니 다른 지방정부들의 요청이 계속 이어지고 있습니다. KPC(생산성본부)와는 기업의 사회공헌 컨설팅과 솔루션을 만드는 일을 함께 진행하고 있습니다. 기업의 ESG와 연결된 창의적인 사회공헌 활동을 기획하고 실행할 수 있도록 돕고 있습니다.

시민은 소비자로서, 투자자로서, 참여자로서 지속가능한 세상을 만들어감에 있어 가장 중요한 이해관계자입니다. 저는 결국 ESG의 완성은 시민참여에 있다고 봅니다. 그런 면에서 시민들의 참여를 유도하고 그들이 주도할 수 있는 문화를 만들고자 더욱 노력할 것입니다. 초연결시대 많은 주변 이해관계자들은 다 지켜보고 있나 봅니다. 감사하면서도 더욱 긴장하게 됩니다. 더 나은 서비스를 위해 더욱 열심히 일하고 있습니다.

어쩜 내가 원하는 것보다 세상이 원하는 것에 집중했고, 내가 하고 싶은 일보다 잘할 수 있는 일을 택했고, 한결같은 가치를 추구하며 생존하고 있었기에 운칠기삼의 기운이 깃들고 있는지 모르겠습니다. 생존을 위해 시장이 원하는 일을 묵묵히 수행해가며 철저히 낮추어 질문하고 경청하고 있어서 기회가 왔는지도 모르겠습니다. 딱 반 보 앞에서 시장이 열려간다는 느낌도 받습니다. 망비보가 준 선물이라 생각합니다.

　망하면 비로소 보이는 것들이 있습니다. 저는 2년여 시간 동안 그것들을 발견했고, 치열하게 돌아보고 깨달음을 얻었습니다. 이 짧은 경험담이 여러분의 삶에 조금이나마 위안이 되고 회복의, 극복의 시작점이 되었으면 합니다.

행복을 갈망하면 불행이라는 갈증이 생긴다

최대헌

- 최대헌드라마심리상담연구소 대표
- 한국드라마심리상담협회 회장

행복을 갈망하면
불행이라는 갈증이 생긴다

− Intro

대다수 사람들의 소망은 행복하게 사는 것이다. 왜 행복을 원하느냐라는 질문에 답변이 동일하지는 않다. 또 명확하지도 않다. 대다수가 행복은 원하지만 사람들마다 다르기 때문이다. 그러기 때문에 행복의 정의는 한 가지가 아니다. 이유는 행복에 대한 기준은 시대, 문화, 개인의 삶에서 나오기 때문이다.

사람들이 소망하는 행복량이 채워지지 않는다. 이유는 행복을 마시면 불행이라는 갈증이 생기기 때문이다. 갈증을 해소하기 위하여 더 − 더 − 더 − 더 − 또 − 또 − 또 − 또 행복을 갈망하고 채워지면 갈증이 생기는 멈추지 않는 결핍이 생긴다.

우리의 삶은 불안정하다. 그래서 더 안정을 원한다. 평범한 삶은 불안정한 삶을 안정의 경계선에 유지하기 위해서 노력하는 삶이다. 한 고비를 넘기면 또 다른 고비가 찾아온다.

노자는 "화는 복이 의지하는 바이고, 복은 화가 잠복하는 바이다."라고 하였다. 이 말은 복과 화는 따로 있는 것이 아니라 다른 지점이지만 연결되었음을 뜻한다.

세상은 다양한 위기 상황에 노출되어 있다. 전염병, 지구환경 등등의 변화 뿐만 아니라 개인의 삶도 다양한 위기 상황들이 기다리고 있다. 이때 필요한 것은 타인과 사회의 압력에서 견뎌내는 것을 넘어서서 자신의 생각과 감정 그리고 욕구를 조절하면서 변화에 적응하는 능력이다.

1. 행복하려면 행복의 기준을 바꾸어라.

세상의 모든 이야기에는 사람들의 행복과 불행이 담겨 있다.

정치, 예술, 경제, 철학, 역사의 이야기에는 표피적으로는 개별주제들이 있지만 그 속에는 사람들의 행복과 불행이 중심이 된다. 이야기들은 불행하다가 계속 불행하거나, 행복하다가 불행하거나, 행복에서 불행에 빠졌다가 행복의 기준이 달라지는 것들이 대부분이다.

어찌보면 너무나 뻔한 이야기들에 대중들이 울고 웃는 이유가 무엇일까. 이유는 지속적인 행복감을 누리는 사람은 없기 때문이고 인류의 역사는 행복하기 위한 갈망의 여정이다. 그래서 행복하고 싶은 나의 이야기가 묻어 있거나 소망하는 것이 담겨 있는 것들에 관심이 많고 그런 주제들에 사람들은 관심을 갖는다.

행복하고 싶은 사람은 어떻게 해야 되는가

행복이 개인의 주관적 소망이라면 행복 기준은 각자가 갖고 있어야 한다. 타인이 나의 행복을 정의하고 행복하게 해준다면 이때의 '나'는 **"타인의 세계에 갇힌 나"**에 지나지 않는다. 타인의 세계에서 느끼는 행복은 허상이다. 인간은 각자의 개별성과 고유성이 있다. 그렇기 때문에 개인이라 부른다. 개인이 있기에 집단이 있다. 집단이 개인을 만들지는 않는다.

개인의 독자성과 주체성으로 타인이 결정한 행복에 동의하지 않으려면 행복하려고 하지 말고 나에게 행복이 무엇일까를 먼저 정의하여야한다. 나만의 행복에 대한 정의는 바꿀 수 없는 과거가 아닌 바꿀 수 있는 현재와 미래의 방향성이다.

방향이 다르면…… 달라진다

방향이 다르면 가는 길이 다르고, 보이는 풍경이 다르고, 사람이 다르고, 경험하는 이야기들이 다르다. 그렇기 때문에 방향을 결정하는 것은 행복한 인생을 위한 첫걸음이다.

행복의 방향을 잘못 잡았거나 헤매는 사람들은 불행하면 행복하지 않다고 힘들어 한다. 그런데 막상 행복하면 삶이 지루하다고 하거나 공허감을 호소하면서 더 큰 행복 자극을 원한다. 때론 불행이 올까 불안하여 지금 여기에서 행복감을 느끼기보다는 불안 때문에 행복에 머물지 못하고 불행을 부르기도 한다.

2. 행복은 균형잡기이다

행복은 균형감과 다행감의 아주 나쁘지 않은 만족 상태이다

행복은 균형감과 다행감의 만족 상태이다. 행복은 목표가 아니라 인생의 다섯가지 주제 – 가족관계(부모/부부/형제자매), 대인관계, 집단 내 역할, 자원관리(경제, 시간, 나눔) – 들의 균형감과 다행감의 아주 나쁘지 않은 상태이다.

즉 행복은 성취감과 절정감이 아니라 언덕 너머의 지향을 향한 느낌이다. 대부분의 사람들이 행복이 머물수 있는 곳이라 착각하여 열심히 노력하지만 막상 도착하면 신기루이다. 그것을 인정하지 않을 때 또 다른 행복을 찾아서 유랑을 한다. 행복에 대한 갈망은 불행의 갈증을 유발하기 때문이다.

행복은 고정적 상태가 아닌 가변적이고 유동적이며 항상 변화한다. 즉 행복은 상태에 대한 느낌이지 특정 상황으로 정의되지 않는다. 사람들마다 물질에 대한 안정, 건강상태, 관계, 직업, 취미생활, 휴식 등등 행복의 주제와 상황에 대한 정의가 다르기도 하다. 밥먹고 물마시고 잘 수 있는 이 상황이 행복하다고 하는 사람도 있고, 으리으리한 차를 갖고 있어야 행복하다고 하는 것을 잘못 되었다고 할 수는 없다. 하지만 보편적인 행복이란 인생의 다섯가지 주제가 균형감과 다행감이 아주 나쁘지 않은 만족상태여야 한다는 점이다. 어느 한쪽에 집착하거나 심하게 결핍되면 삶의 전체가 불안정한 상태가 된다.

밸런스 라이프
- 나 돌봄, 가족관계, 대인관계, 집단내 역할, 자원관리

사람들은 대개 다섯 가지의 삶의 상태 - 나 돌봄, 가족관계, 대인관계, 집단내 역할, 자원관리(경제, 시간, 능력) - 에 대해서 고민하고 만족하기 위해서 노력한다.

첫 번째 영역은 나 돌봄이다. 나를 돌본다는 것은 몸과 마음 그리고 자기계발이다. 몸과 마음의 건강은 누구나 동의할 것이다. 몸과 마음을 잃으면 모든 것을 잃는 것이라는 불변의 진리가 있다. 이와 더불어 변화하는 삶에 적응하기 위해서 끊임없는 배움은 선택이 아닌 필수이다. 무엇을 배울 것인가는 삶의 방향성에 따라서 다를 것이다. 그러지 않으면 배움에 의존하게 되어 시간과 비용을 낭비하면서 끊임없는 열등감의 불안에 빠질 수 있다.

두 번째 영역은 가족관계이다. 사람은 가족에서 태어나 가족에서 삶을 마무리한다. 모든 인류의 숙명이다. 세상의 많은 이야기에 빠짐없이 등장하는 주제가 가족 이야기인 것은 가족관계가 삶의 주제에서 많은 영향을 미치기 때문이다. 어려운 상황에 빠진 사람들이 견디는 힘이 무엇이냐는 질문에 대부분의 사람들은 가족을 이야기한다. 가족은 어려움의 영향이기도 하지만 어려움을 극복하는 이유이기도 하다.

세 번째 영역은 대인관계이다. 인간은 사회적 존재이고 협력적 존재이다. 인간이 모든 동물들 중에서 체력이 가장 좋은 종은 아니다. 그럼에도 생존하고 번성할 수밖에 없는 이유는 무리지어 살면서 위험을 공동 대처하였기 때문이다. 불안을 감소하고 상호협력을 위해 공감하며 배려하는 상호작용능력은 인간의 필수 덕목이다. 행복한 사람들의 특징으로 발견되는 중요한 변수가 대인관계능력과 필요한 인적관계를 얼마나 갖고 있는가라는 것은 대다수 의견이다.

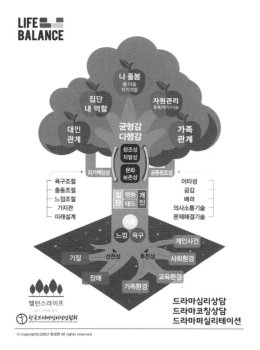

네 번째 영역은 집단 내 능력이다. 집단이란 가족을 제외한 사람들의 모임이다. 가장 먼저 경험하게 되는 지역사회부터 학교, 직장, 군, 취미, 종교 등등 다양한 집단 속에서 살아가

야 된다. 숲 속에 들어가서 살더라도 사회라는 집단에서는 떠날 수 없다. 그렇기 때문에 사람들은 집단에서 필요한 사람이 되기 위해서 많은 노력을 하고 집단을 통해서 자신의 정체감과 소속감을 확보하며 자신의 능력을 평가받고 존재감을 갖고 싶어 한다.

다섯 번째 영역은 자원관리이다. 사람들은 누구나 경제, 시간, 재능 등의 자원을 갖고 있고, 자원을 효율적으로 관리하여 효과를 드러내고 싶어한다. 경제의 수입과 지출관리를 잘하고 싶어하고, 시간을 휴식과 취미 등에 배분하고 싶어하며, 타인과 사회에 자신의 재능을 나누고 싶어한다. 자원의 양도 중요하지만 자원을 효과적이고 효율적으로 활용하는 것도 중요하다.

행복한 삶이란 다섯가지 영역의 만족감이 지나치게 결핍되거나 과잉되지 않는 균형감과 다행감으로 아주 나쁘지 않은 상태인 삶의 균형을 잡는 것(밸런스 라이프)을 뜻한다. 아주 나쁘지 않은 밸런스 라이프 상태를 위해서는 자신의 삶에 대해서 **관찰 – 성찰 – 통찰**의 단계를 거치면서 숙고가 필요하다.

검색보다는 사색으로 숙고의 경험이 필요하다

숙고란 스스로 깊게 들여다 보는 것을 의미한다. 숙고를 하기 위한 좋은 방법은 관찰 – 성찰 – 통찰이다.

관찰이란 멈추고 간절한 마음으로 나를 살피고 주변을 살피는 것이다. 멈추지 않으면 보는 것이 아니라 지나치는 것이다. 무엇보다 간절하지 않으면 건성건성으로 볼 것이다. 관찰하는 데 있어서는 모든 것을 살펴 봄에 간절함이 묻어 있는 자세가 필요하다.

성찰은 관찰을 통해서 본 것과 자신의 경험을 객관적으로 살피는 것이다. 이것은 긍정도 부정도 아닌 합리성에 근거하여야 한다. 그러지 않으면 지나치게 자책을 하거나 우월감에 도취될 수 있어서 또 다른 오류를 범할 수 있다.

통찰은 알아차림이다. 관찰과 성찰을 바탕으로 문제의 정의와 원인, 질문으로 현재와 미래를 위한 합리적이고 객관적으로 상황을 인식하는 것이다.

다음 다섯가지 에피소드를 읽으면서 여러분들의 현재 삶에 대입하고 사색을 연습하는 숙고의 경험을 하면 밸런스라이프를 위한 능력을 준비하게 될 것이다.

3. 균형잡기를 위한 숙고 연습

나 돌봄 숙고연습 ─ ❶

> **"삶이 허무하다. 이루어 놓은 게 없다."**
>
> ○○씨는 요즘 삶이 너무 허망하다. 살면서 게으름 한 번 안 피우고 열심히 살아온 것 같은데 인생은 참 불공평하다. 누구는 태어나 평생 아무 돈 걱정 없이 떵떵거리고 편하게 사는데 내 인생은 대체 왜 이러나 싶다. 평생을 절절매며 살았는데도 경제적으로 안정이 안 되고 직장에서 그다지 인정받지도 못했다. 은퇴식 때 꽃다발 안겨주고 몇 번 연락오던 회사동료들도 은퇴 후 한 달이 안 돼서 다 연락이 끊겼고, 친구들과의 관계도 별반 다르지 않다. 사는 데 바빠서 소홀했더니 이젠 만날 사람도, 날 찾는 사람도 없다. 휴대폰은 알람과 스팸 메시지 말고는 울리지도 않는다. 몇 년 전에 외국으로 이민을 간 딸애에게서 간간히 연락이 오곤 하지만 허전함을 달래주긴 턱없이 부족하다. 삶이 어디서부턴가 잘못 된 것 같다. 내 곁에는 아무도 없고, 가진 것도

아무 것도 없다는 생각에 자꾸 ○○씨는 한숨이 난다. 이렇게 살다 죽으면 너무 억울하고 허탈할 것 같다. 대체 젊은 시절 왜 그렇게 아등바등 살아왔는지 모르겠다. 온통 후회만 가득하다.

– 원인

1. 변화에 적응하는 것은 삶의 지혜이다.
세상은 변화하고 있는데 내가 변화에 적응하지 못하면 소외된다. 변화에 빠른 자녀들, 그들과 시간을 많이 보낸 부인이 이런 상황에서 남편보다는 적응이 빠를 수밖에 없다. 특히 바깥에서 많은 시간을 보낸 남편은 더더욱 자녀, 부인과 시간을 보내는 것이 부담스럽고 어색하다.

2. 가족들도 아버지, 남편의 변화에 도움을 주어야 한다.
예전 우리들 아버지의 삶은 별 보고 집을 나가서 별 보고 집에 들어오는 것이 일상이었다. 그런 어려움을 자녀들에게 물려주지 않으려고 돈을 벌고 자녀들 공부를 시키는 것에 전력을 다하였다. 이런 상황에서 자녀와 부인에게 따뜻한 노력을 기울이는 것은 물리적으로 어려움이 있었다. 이에 가족들도 불가피한 시대적 문화였음을 이해하고 아버지를 가족의 테두리 내에 함께하는 것에 대해 조력을 기울여야 한다. 하지만 남편이 먼저 노력을 할 때, 가족들도 어색하지만 노력을 기울일 때 가능하다.

– 질문하기

1. 평소 자녀와 부인과의 관계가 친밀하였는가?
2. 가족들이 편하게 함께 하는 가족문화가 있는가?
3. 경제적 활동 외에 나 자신을 위한 여가문화가 있는가?

> – 처방하기
> 1. 가족 내에서 자신의 역할을 만들자.
> 2. 자신만을 위한 여가문화를 만들자.
> 3. 내가 먼저 가족에게 다가가서 앞으로 어떻게 하면 함께 잘 지낼 수 있는지 질문하기.
> 4. 변화에 필요한 노력이 무엇인지 전문가의 도움을 요청하자.

가족관계 숙고 연습 — ❷

> **" 자식노릇, 부모노릇, 배우자 노릇이 지치고 힘들다."**
>
> ○○씨는 퇴근 후 저녁이 되면 집에 가기 싫어진다. 회사에 자청하여 야근하여 수당도 받고 일도 하면서 항상 밤 11시 넘어서 귀가한다. 집에는 노모와 재수하는 아들, 파트타임으로 근무하는 부인이 있다.
> 부인은 자녀의 과외비를 만든다고 일을 시작하였다. 몸이 불편한 노모는 어쩔 수 없이 부인을 대신하여 집안 일을 하는데 부인과 살림을 사는 방법이 달라 늘상 다툰다. 부인이 없으면 노모는 며느리 흉을 본다. 부인은 노모가 없으면 흉을 보고 힘들다고 하소연을 한다. 아들은 아무래도 부인의 편이 되어 할머니에 대해 불편함을 이야기한다. 대부분의 흉이 맞기는 하다. 자신도 노모의 성격 특성이 다른 사람들에게 불편함을 준다는 것을 알고 있다. 그런데 바꿀 수 없는 성격임을 알기에 가족들이 이해해 주기를 부탁하는데, 계속 불평만 하니 짜증이 난다. 부인과 아들에게 소리를 치니 더 관계가 나빠졌다. 이제는 포기하고 싶다. 회사일도 집중되지 않고 힘들다. 승진 준비를 해야 하는데 마음이 편치 않아서 쉽지 않다. 모든 것에서 떠나고 싶다.

– 원인찾기

1. 나의 부모이지 부인과 자녀의 부모는 아니다.

결혼과 동시에 하는 착각 중에 하나가 나의 부모에 대해 나와 같은 입장에서 대해주기를 기대하는 것이다. 위험한 착각이다. 나의 부모이지 그들에게는 시부모와 조부모이다. 그런데 나와 같은 입장에서 대해 주기를 기대하는 것은 갈등을 일으키는 요인이다.

2. 스트레스 수준이 높은 시기이다.

부모의 노화가 빠른 속도로 진행되고, 자녀의 양육비용이 최대로 높아지는 시기이다. 그럼에도 수입은 늘지 않고 직장의 안정성도 낮아지고 지출은 늘어나는 시기이다. 신체적 피로도 높아지고 배우자 관계의 밀도도 낮고 자녀들과 의사소통 빈도가 낮아지는 시기이기도 하다.

– 질문하기

1. 나의 입장에서 부인과 아이들의 역할을 요구하고 있는가?
2. 부인과 노모와의 사이에서 나는 어떤 중재 방법을 사용하고 있는가?
3. 문제해결보다는 회피를 하고 있지는 않는가?

– 처방하기

1. 먼저 부인과 자녀와 관계를 회복하자. 이것은 노모를 위한 노력이기도 하다.
2. 부인과 의논하여 자녀 양육에 대해 의견을 조율하자.
3. 노모에게는 부인과 자녀에 대해 비난을 전달하기보다는 노모에 대해 좋은 관심이 있음을 전달하여 완충 역할을 하자. 나는 노모의 아들이기 때문에 관용도가 높기 때문에 전달력이 좋다.
4. 자신의 쉼을 위해 부부만의 문화를 만들자.

대인관계 숙고연습 ─ ❸

> ## "사람들과 관계가 힘들어서 직장을 옮길까 고민이다."

아침마다 고민이다. 출근하는 게 즐겁지 않다. 정확하게 표현하면 출근이 아니라 회사에서 사람들과 지내는 것이 힘들다. 학교를 졸업할 때는 취업을 하면 세상 모든 문제가 해결되리라 생각했다. 그런데 신입사원 교육을 마치고 출근 첫날부터 상사는 내가 무엇이 마음에 안 드는지 나를 괴롭힌다. 학교 다닐 때나 신입사원 교육을 받을 때 나는 누구에게도 뒤지지 않고 솔선수범하여 발표하며 토론에도 열심히 임하고 하여 인정도 받았다. 그런데 지금은 자신감이 뚝 떨어졌다. 새로운 프로젝트가 있어도 과장은 나를 참여시키지 않는다. 내가 새로운 아이디어나 의견을 제시하면 지적만 한다. 의견을 제시하지 않으면 관심이 없다고 지적을 한다. 회의 때만 되면 불안하다. 이야기를 하여야 되는 건지 그냥 앉아 있어야 되는 건지 종잡을 수가 없고 혼란스럽다. 이제는 의욕도 떨어지고 자신이 없어진다. 점심식사 때도 무엇이 재미있는지 웃고 떠드는 것도 못 마땅하다. 과장이 한 마디 하면 모두 웃는 것이 가식적이어서 다른 팀원들도 위선적으로 보여 내 마음을 열고 이야기를 나눌 사람이 없다.

─ 원인찾기
1. 소통의 장애에는 개개인의 경직된 가치관이 함께 한다.
의사소통은 개개인이 관점이 충돌되는 것이 아니라 자신의 관점을 다른 사람에게 억지로 적용시키려 '반드시, 절대로, 당연히'라고 할 때 생긴다.
2. 관계는 공동창조성에서 시작하여야 한다.
공동창조성이란 나의 능력을 더불어 함께 살아가는 데 사용하는 이타성, 연민, 공감, 배려, 의사소통기술 능력이다. 자신의 능력을 자신만을 위할 때 관계의 균열이 생긴다.

– 질문하기

1. 나는 항상 리더가 되거나 집단에서 유능한 사람이 되어야 한다고 생각하는가?
2. 나는 항상 집단에서 무언가 역할을 맡고 표현하여야 된다고 생각하는가?
3. 나는 항상 모든 사람들이 나를 인정하여야 된다고 생각하는가?

– 처방하기

1. 나의 속마음을 털어 놓고 이야기할 수 있는 대상을 찾아서 고민을 나누면서 타인의 의견에 귀를 기울여라.
2. 모든 기회를 가로질러 독점하지 말고 기다리면서 다른 사람에게 기회를 주자.
3. 다른 사람에게 나의 능력을 그 사람의 배경이 되거나 바탕이 되어주자.
4. 상사의 특징에 따라 다르게 대처하자.
5. 이중인격으로 보는 것은 나의 판단기준이고 그들의 가치관이 나와 다를 수 있음을 인정하라.

집단 내 역할 숙고연습 — ❹

"언제 직장을 해고당할지 몰라서 불안하다."

○○씨는 작년부터 출근 시간이 당겨졌다. 일찍 나가야 할 특별한 회사일은 없다. 단지 집에 있어도 마음이 편치 않고 왠지 모를 불안이 있

기 때문이다. 사실 불안의 원인은 알고 있다. 표현하고 싶지 않고 인정하고 싶지 않기 때문이었다. 지금 다니는 직장은 세 번째이다. 경력직원으로 두 번의 이직이 있어 주변 사람들과 가족들에게 자랑이 되기도 한 시절이 있었다. 당시 함께 입사한 경력직 동기들이 지금은 보이지 않는다. 혼자 남았다. 일부는 퇴직을 하고 자기 사업을 하는 사람도 있고 일부는 구조조정일 때 명예퇴직금을 받고 다른 곳으로 이직을 하거나 다른 직종으로 창업을 하였다. 지금 만나보면 일부는 나를 부러워한다.

사실 창업한 사람들 대부분이 실패하거나 삶이 지쳐 보였다. 아직 아이들도 재학 중이고 미혼이어서 직장을 다녀야 할 이유가 있다. 그런데 주변의 시선이 불편하다. 젊은 사람들보다 특별히 내세울 것은 경력밖에 없는데 점점 자신이 없다. 퇴직을 한다는 것은 생각을 해본 일이 없다. 지금도 하고 싶지 않다. 아직은 현역이고 싶다.

- 원인찾기
1. 변화에 적응하지 못하면 도태 된다.
퇴직의 개념은 직장과 직업을 떠나는 것이며 전직은 새로운 직업과 직장을 갖는 것이다. 대다수의 직장인들은 퇴직을 두려워한다. 새로운 것을 시도해야 하는 두려움 때문이기에 퇴직을 본인이 선택하는 것이다. 왜냐하면 전직 기회가 있음에도 선택하지 않기 때문이다. 전직이란 지금 종사하고 있는 직업과 직장의 연장선상에서 고려하면 안 된다. 환경에 변화되어 있고 여러분 자신도 변화되어 있기 때문이다.

2. 영원히 화려한 현역은 없다.
인생은 시간의 연속선상에 있다. 시간에는 성장과 성숙도 있지만 노화와 정체도 있다. 이것이 순리이다. 우리는 준비하여야 한다. 높이 올라가면 내리막길도 가파르다. 내 인생의 정점이 있었다면 내리막길을 준비하여야 한다. 준비하는 것은 올라가는 것이 아니라 천천히 내려 오는 것이다.

- 질문하기
1. 나는 왜 계속 일을 하고 싶은가?
2. 나에게 일이란 인생에서 어떤 의미인가?
3. 진정 나를 위해서 살아본 경험이 있는가?
4. 지금 직장에서 내가 고용주라면 채용하고 싶은가?

- 처방하기
1. 일을 하고 싶은 이유를 목록으로 작성해보라. 그리고 이 내용을 가족과 이야기를 나누어 현실적 불안과 막연한 불안을 구분해보자.
2. 일의 의미를 밥벌이 즉 생계 수단 외에 또 다른 나의 삶과 이웃에게 미친 삶의 보람이 있는 가 찾아보자. 이것은 일을 통해서 돈 버는 기계로 나를 사는 것이 아닌, 나를 존중하고 어떤 일이라도 새롭게 의미를 부여하는 시작이다.
3. 인간은 관계 속에서 살아간다. 관계에는 너와 다른 모든 사람도 있지만 나와 나의 관계도 있다. 내가 나와 관계가 잘 유지된다면 미래의 불안이 있어도 견디어 내고 준비하는 능력이 만들어진다. 내가 나와 관계가 좋지 않다면 함께할 시간이 불안할 수 밖에 없다.
4. 이력서를 작성해보자. 내 삶에서 직업인으로 경력관리가 어떠했는가 점검하자. 그리고 지금의 직장과 같은 곳을 찾는 환상은 버리자. 지금 직장은 나 아니라도 들어올 사람과 들어오고 싶은 사람이 줄 서 있다. 직장은 삶의 도구이다. 나를 위해서 밥 너머의 삶을 꿈 꾸자.

"나는 잘 하는 게 없고 하고 싶은 것도 없다."

많은 사람들이 진로에 대해 고민을 하면 이렇게 답을 한다. 잘하는
것과 좋아하는 것을 하라고 한다. 그래서 고민이다. 나는 잘 하는 것
도 없고 좋아하는 것도 없다. 지금까지 잘하는 것은 없었다. 가족이나
다른 사람으로부터 잘한다고 이야기를 들어 본적도 없다. 대학도 그
럭저럭 공부하여 누구나 들어갈 수 있는 곳에 가서 학점 펑크 내지 않
고 졸업하였다. 취업을 하려고 하니 좋아하는 것을 고르고 잘하는 것
을 그중에서 선택하라고 하는 순간 아득하였다. 나에게는 그런 것이
없기 때문이었고 이제는 초조하다. 어떻게 해야 할지 모르겠다. 나이
는 들어가고, 동기와 후배들 모두 앞서 가는 것 같고, 나만 혼자 머물
고 있어 초조하고 불안하다. 그런데 잘하는 것을 찾을 수 없고 하고
싶은 것도 없으니 너무 답답하다. 진로 상담을 받아보고 적성흥미 검
사 등을 받을 때는 이해도 되며 자신이 생기지만, 이력서를 작성하려
고 하면 자신이 너무 작아 보여 제출해도 불합격 될 것 같아서 제출하
지 않았다. 아르바이트를 전전해보지만 안정된 직장이 아니기 때문에
누구를 만나면 직장을 물어볼까 두렵다. 또 한심해 보일 것 같아서이
다. 나는 잘 하는 게 없고 하고 싶은 것이 없다.

― 원인찾기
1. 자신의 현재와 미래를 책임지고 사회구성원으로 역할을 하는 것
   이 직업이다.
   어떤 직업을 평생 동안 잘하고 좋아할 수 있는 것은 어렵다. 흔히들
쉽게 좋아하고 잘하는 일을 선택하라고 하는데 그러한 답변은 기초
가 없는 답변이다. 소매치기를 좋아하고 잘한다면 선택해도 좋은가?
아닐 것이다. 직업은 자기를 독립적인 성인으로 스스로 보호하고 역

할수행을 통하여 타인과 사회에 긍정적이며 필요한 역할을 하기 위한 도구이다. 도구라는 상황에 따라서 바꿀 수 있는 것이다.

2. 모두가 원하는 높은 곳을 목표에 두고 살 때 대다수는 악순환을 경험한다.

취업준비생들이 지향하는 목표는 이른바 대기업이거나 공무원, 언론사, 공기관 등이 1차 목표이다. 그 다음 시간이 지나면 우선 아무데나 취업해서 생계를 해결하자는 취업태도가 있다. 좋아서 선택하는 것이 아니라 어쩔 수 없이 선택하기 때문에 취업을 해도 만족이 없다. 이런 경험을 하지 않기 위해서 노력하지만 악순환에 빠진다. '목표–좌절–불안–좌절–무력감–무기력감–현실 부적응'이라는 과정을 경험한다.

– 질문하기

1. 모두가 선망하는 직업을 나만의 꿈이라고 착각하고 있지 않는가?
2. 직업과 직장을 구분하고 있는가?
3. 직업을 구하는 것을 삶의 목표라고 생각하는가?

– 처방하기

1. 자신이 궁극적으로 원하는 삶의 모습을 자유롭게 적어보자. 그리고 왜 그것을 원하는지 자문자답을 해보자.
2. 자신이 중요하게 생각하는 직업선택의 기준을 적어보자. 그리고 왜 그렇게 생각하는지 자문자답을 해보자.
3. 내가 아는 제한 된 직업이 아닌 신문이나 직업사전을 보고 나의 미래모습과 나의 직업가치관에 100% 일치하는 직업이 아니더라도 부분 일치되는 직업을 찾아보자.

> 선택한 직업에 필요한 기초역량과 직무역량을 찾아보고 나의 상태
> 와 비교 분석하자.
> 이런 시도를 하기도 싫거나 어렵다면 스스로 문제해결을 하기 어려
> 운 상태이니 심리상담전문가의 도움이 필요하다.

ㅡ Outro

천천히 조금 자주 꾸준히 그리고 다시

타인의 언어에 길들여진 검색형 인간들은 과거에 묶여서 후회를 하면
서 현재와 미래를 불안과 두려움 때문에 만나지 못한다. 시간은 한번도
멈추지 않고 현재에서 미래를 향해 간다. 과거에 멈추어 있는 것은 현재
와 미래라는 자연스러운 순리를 거스르는 것이다. 삶의 균형을 잡기 위
해서는 과거는 기억을 하고 현재에 집중하면서 미래를 두려워 하거나
불안의 대상이 아닌 낙관성과 자신감으로 도전하면서 환대하는 것이 사
색하는 인간들의 특징이다.

성공을 위한 조급함은 실패의 지름길이라는 말이 있다. 조급함은 불
안하거나 자기도취에서 발생된다.

나의 삶이 지금 보다 더 나아지기를 원한다면 천천히 조금 자주 꾸준
히 라는 삶의 속도를 유지할 필요성이 있다. 그럼에도 나에게 불행이 다
가온다면 그리고 다시 라는 건강한 창조성으로 시작할 때 나의 삶은 균
형감과 다행감으로 아주 나쁘지 않은 삶의 주인공이 될 수 있다.

슬기로운
가족생활

이민구

- 빅파더연구소 대표
- 부모질문학교 대표
- 저서 : 《공부가 즐겁다. 아빠가 좋다》(딸과 공저)

슬기로운
가족생활

코로나19는 우리 모두의 일상을 송두리째 바꿔놨습니다. 매일 가던 카페, 헬스장, 음식점도 마음 놓고 갈 수 없게 되었습니다. 유치원은 휴원하고, 학교는 휴교하고, 직장생활은 재택근무로 바뀌었습니다.

이렇게 사회의 역할이 가정으로 유턴(U-turn) 하다 보니 생각지도 못한 가족 간 갈등을 경험하는 가정이 늘어나고 있습니다.

그 어느 때보다 가족 간 물리적 거리가 가까워진 요즘, 역설적이게도 가족 간 정서적 거리는 멀어지고 있습니다. 어떻게 하면 가족 간 정서적 거리를 좁힐 수 있을까요?

코로나19 예방을 위해 백신 접종이 필요하듯 슬기로운 가족생활을 위한 예방 접종도 필요합니다. 그 예방 접종은 바로 가족 간 소통의 방법을 익히는 것입니다.

소통 예방 접종을 하다

현재의 일을 하기 위해 저는 10여 년 전에 회사에서 명예퇴직을 했습니다. 명예퇴직을 하고 겪었던 일들이 코로나 시대 슬기로운 가족생활을 위한 예방 접종이 될 줄은 그때는 생각지 못했습니다. 제가 퇴직을 하고 당시 아내에게 기대했던 것은 무엇이었을까요? 퇴직한 대부분의 남편들은 아마 비슷한 기대를 하실 거라 생각합니다. 그것은 바로 그동안 직장생활의 수고에 대해 알아주고 따뜻하게 대해 줄 거란 기대였습니다. 같이 있는 시간도 늘어났으니 정서적 거리도 가까워질 거란 기대도 하면서 말이죠. 하지만 이런 저의 기대는 말 그대로 기대일 뿐이었습니다. 집에 같이 있는 것을 불편해 하는 아내를 보면서 약간의 배신감(?)마저 들기도 했습니다.

그러던 어느 날 아내와 진지하게 이야기를 나누게 되었습니다. 아내가 이야기하기를 수년 동안 집안 살림을 하다 보니 자기만의 시간과 공간이 생겼다는 것이었습니다. 그런데 그 시간과 공간 속으로 어느 날 누군가 들어오니 불편함을 느낀다는 이야기였습니다. 남편인 나를 싫어하는 게 아니라 오랜 익숙함에서 오는 불편함이란 이야기를 듣고 아내를 이해하게 되었습니다. 이후 혼자서도 잘 지내는 방법, 아내와 잘 지내는 방법, 자녀들과 잘 지내는 나름의 방법을 찾게 되었습니다.

이런 노력 덕분에 그간 몇 년간 가족들과 특별한 갈등없이 잘 지낼 수 있었습니다. 물론 코로나19라는 전대미문의 위기로 가족들과 약간의 어려움을 경험하긴 했습니다. 하지만 다행히 미리 예방접종을 한 덕분에 큰 어려움은 없었으니 참으로 다행입니다.

코로나19로 그 어느 때보다 어려움을 겪고 있는 가족들을 위해 슬기로운 가족생활을 위한 소통의 방법을 소개합니다. 코로나19로 번 아웃(burn out), 정서적 과로사를 경험하는 가족들에게 도움이 되기를 기대합니다.

1. 나답게 사는 방법, 나다움

〈버킷 리스트(The Bucket List)〉는 2007년 개봉한 잭 니콜슨과 모건 프리먼 주연의 코미디 드라마 영화입니다. 가난하지만 한평생 가정을 위해 헌신을 하며 살아온 정비사 '카터'(모건 프리먼)와 자수성가한 백만 장자이지만 괴팍한 성격에 주변에 아무도 없는 사업가 '잭'(잭 니콜슨)이 주인공입니다. 공통점이라곤 하나도 없어 보이는 둘은 말기 암 환자로서 병실에서 서로를 만나게 됩니다. 어느 날 잭은 카터가 쓰레기통에 버린 버킷리스트를 우연히 발견합니다. 낙담하고 있던 카터의 버킷리스트에 잭이 자신의 버킷리스트를 더하고, 둘은 함께 모험을 떠나게 됩니다.

이 영화를 보면 기억에 남는 명대사가 있습니다.

기자의 대피라미드 꼭대기에서 맞은편 카프레의 피라미드와 멘카우레의 피라미드를 바라보며 카터가 잭에게 두 가지 질문을 합니다.

첫째. 너의 인생에서 기쁨을 찾았는가?
둘째. 너의 인생이 다른 사람들을 기쁘게 해주었는가?

인생의 마지막 순간에 던지는 이 두 가지의 질문은 우리의 삶에서 가장 소중한 것이 무엇인지를 깨닫게 하는 질문임에 틀림이 없습니다.

첫 번째 질문인 "인생에서 기쁨을 찾았는가?"는 곧 "나답게 살았는가?"라는 질문입니다. 우리는 보통 무슨 일을 잘하거나 자부심이 느껴지는 상황에서 '나답다'는 생각을 하게 됩니다. 반면에 생각지도 못한 실수를 한 경우에는 '나답지 못하게 내가 왜 이랬지?'라고 스스로 자책하기도 합니다. 나답게 살아야만 두 번째 질문에도 긍정적인 답변이 가능합니다. 나라는 사람은 독립된 '나'로 존재하면서 동시에 '가족의 일원'이기도 합니다. 나 자신이 건강하고 행복해야 가족에게도 긍정적인 영향을 줄 수 있습니다.

미국 하버드 대학 니콜라스 크리스타키스(Nicholas Christakis) 교수와 캘리포니아 대학 제임스 파울러(James Fowler) 교수가 있습니다. 이들은 1971년부터 2003년도까지 21세부터 70세의 성인 5,124명을 대상으로 〈사람의 행복과 불행의 사회적 지리적 근접 관계〉에 대한 연구 조사를 진행하였습니다.

두 교수의 연구에 따르면 앞집에 행복한 사람이 살고 있으면 그렇지 않은 경우보다 행복지수가 높았다고 합니다.

행복은 전염성이 높아 함께 사는 가족의 경우에는 그 영향이 더욱 큽니다. 부모가 우울하고 부정적인 말로 자주 가족을 비난하면 가족은 당연히 불행해집니다. 하지만 행복하고 긍정적인 에너지로 가족과 정서적 친밀함을 유지하면 보다 행복한 가족이 될 수 있습니다. 내가 먼저 행복해야 하는 이유가 바로 여기에 있습니다.

그렇다면 나답게 사는 방법, 나다움은 어떻게 찾을 수 있을까요? 나다움을 찾기 위해 다음의 3가지 질문을 스스로에게 던지고 성찰의 시간을 가져보시길 바랍니다.

첫째. 가장 나답다고 생각하는 순간은 언제인가?
둘째. 나만의 특별한 기쁨은 무엇인가?
셋째. 내가 세상과 나눌 수 있는 특별한 기쁨은 무엇인가?

저는 이 세 가지의 질문을 통해 나 자신을 조금 더 긍정적으로 바라보게 되었습니다.

먼저 첫 번째 질문을 통해 저 자신이 합리적 신념을 가진 사람임을 알게 되었습니다.

불행한 사람들은 동일한 상황이나 사건에 대해 비합리적인 신념을 가집니다. 예를 들어 운전 중 접촉사고가 발생했다고 가정해봅시다. 비합리적인 신념을 가진 사람은 '왜 이런 일은 나한테만 생기는 거야! 정말 재수도 없지!'라고 생각합니다. 불행한 감정과 무력감을 느끼고 '나는 뭘 해도 안 돼!'라는 비합리적 신념은 더욱 강해지게 됩니다.

반면에 합리적 신념을 가진 사람들의 자세는 조금 다릅니다. 이들은 위와 동일한 상황에서 '운전을 하다 보면 이만한 접촉사고는 누구나 날 수 있는거지!'라고 생각합니다. 이렇게 생각하면 사고가 발생했음에도 다행, 감사, 안도 등의 감정을 가지게 됩니다. 그 결과 '나는 정말 운이 좋은 사람이야!', '이번 일은 앞으로 큰 사고를 막기 위한 좋은 경험이었어. 이만한 건 정말 감사한 일이야!'라고 생각합니다. 혹시 이글을 읽는 여러분이 지금까지 비합리적인 신념을 가졌었다면 지금부터라도 합리적 신념을 가지도록 노력해 보길 바랍니다. 그 방법은 과거의 경험이나 믿음을 통해 갖게 된 자동적 사고에 대해 논박을 하는 것입니다. 비합리적 신념을 가진 사람들이 생각하는 '왜 이런 일은 나한테만 생기는 거야! 정말 재수도 없지!'에 대해 반박을 하는 것입니다. 즉 '운전을 하다 보면 이만한 접촉사고는 누구나 날 수 있는 거지!'라는 논박을 해야 효과적이고 합리적인 사고가 가능해집니다.

제가 이런 합리적인 신념을 가지게 된 건 한 때 겪었던 어려움 덕분입니다. 정말 미웠던 한 사람이 있었는데 시간이 지나 '그 사람 덕분에 내가 이렇게 잘 되었구나!'라고 느끼는 경험을 한 적이 있습니다. 이후 어려움을 대하는 태도가 달라졌고, 지금의 합리적 신념을 가지게 되었습니다. 혹시 어려운 상황을 경험하고 있다면 '이걸 통해 무슨 가르침이나 감사함을 주시려고 이러는 거지!'라고 긍정적으로 생각해 보세요. 아마 문제해결을 위해 긍정적으로 변하는 자신을 경험하게 될 것입니다.

두 번째 질문에 대한 답을 통해 저는 제 자신이 받는 것보다 주는 것에서 더 행복을 느끼는 사람임을 알게 되었습니다. 저는 요리를 잘하지는 못하지만 즐겨하는 편입니다. 아빠가 해준 요리를 맛있게 먹는 가족들을 보면 정말 감사하고 행복합니다. 간혹 가족들이 여행을 가거나 외출해 집에 혼자 있는 경우가 있습니다. 이때 저 자신을 관찰해보면 저는 요리를 하지 않습니다. 간단하게 끼니를 때우는 정도로 식사를 합니다. 나만을 위한 요리는 저에게 큰 의미가 없는 것입니다. 저에게 요리할 수 있는 기회를 주고 행복을 느끼게 해주는 가족이 있다는 것은 저에게 무엇과도 바꿀 수 없는 특별한 기쁨입니다.

세 번째 질문은 현재 제가 하고 있는 일에 대한 감사를 느끼게 합니다. 저의 경험이나 지식을 통해 다른 가족의 행복을 돕는 것은 저에게 의미있고 보람된 일입니다. 현재 저는 부모교육 관련 연구소를 운영하고 있고 직접 강사로서도 활동하고 있습니다. 몇 해 전부터 아버지 교육에 대한 수요가 많아져 최근에는 강의의 대부분이 아버지 교육입니다. 아버지 교육이 좋은 이유는 아빠들은 엄마들에 비해 부모교육의 경험이 적다 보니 질문도 많고 강의 후 정말 도움이 되었다는 찐 반응이 많기 때문입니다. 먼저 아빠가 된 선배로서 새내기 아빠들에게 좋은 아빠가 되는 지혜를 전하는 지금의 일을 저는 사랑합니다.

2. 배우자와 잘 지내는 방법, 수용

한국여성정책연구원에서 2020. 7월 조사한 자료에 의하면 코로나19 이후 가족 간 갈등 경험을 했다고 응답한 세대가 37.4%였습니다. 그중에서 배우자간 갈등은 60.6%로 가장 큰 비중을 차지하였습니다. 가족들끼리 싸우는 이유로는 가사분담, 생활습관, 여가, 육아분담 순이었습니다.

한 집안의 분위기에 가장 큰 영향을 미치는 사람은 엄마입니다. 왜냐하면 가족 간 관계의 중심이 엄마이기 때문입니다. 따라서 엄마가 행복하지 못하면 가족이 행복하기는 어렵습니다. 행복한 가정을 위해서는 엄마가 행복해야 합니다.

저희 가족의 카톡방에는 공지글이 있는데, 공지글의 제목이 "엄마가 행복해야 우리 가족이 행복하다."입니다. 내용으로는 '하루 한 번 이상 엄마에게 사랑한다고 말하기', '자기 속옷, 양말은 직접 세탁하기' 등의 실천 항목이 있습니다.

통계자료에서 가장 많은 부분을 차지하는 배우자 간 갈등을 해결하기 위해서는 어떻게 해야 할까요? 배우자 간 소통을 돕는 지혜를 '사랑에 빠진 암소와 호랑이'의 이야기를 통해 알아보도록 하겠습니다.

암소와 호랑이가 사랑에 빠져 결혼을 약속합니다. 다른 동물이 이야기하기를 "너희 둘은 너무 달라!"라며 다시 생각해 보라고 합니다. 하지만 이미 사랑에 빠진 둘의 귀에는 다른 동물들의 이야기가 귀에 들어올리가 없습니다. 결국 둘은 결혼을 하게 됩니다. 황홀한 첫날밤이 지나고 날이 밝아오자 호랑이는 암소를 위해 사냥을 나갑니다. 사냥한 동물의 가장 신선한 고기를 암소를 위해 가져옵니다. 암소는 속으로는 '이걸 나한테 먹으라고, 나를 이렇게 모르나!'라고 생각하지만 상대방의 정성을 생각해 참고 호랑이가 안 볼 때 고기를 버립니다. 오후가 되자 이번에는 암소가 초원에 나갑니다. 그리고 호랑이를 위해 가장 신선한 목초를 가져옵니다. 호랑이 또한 속으로 '이걸 나한테 먹으라고, 나를 이렇게 모르나!'라고 똑같이 생각합니다. 하지만 상대방의 정성을 생각해서 참고 암소가 안 볼 때 버립니다.

시간이 지나면서 다툼이 시작되고, 좀처럼 자신과 같아지지 않는 상대에게 불만이 쌓여 갑니다. '넌 왜 자기 생각만 하는 거니? 나는 늘 좋은 고기만 너에게 주면서 노력했는데….'라고 호랑이는 생각합니다. 하지만 암소는 '뭐? 고기? 난 한 번도 고기를 원한 적이 없어, 가장 좋은 풀들을 양보한 건 나라고!' 하며 생각합니다. 결국 이 둘은 헤어지게 됩니다. 그리고 독백처럼 이야기합니다.

'도대체 어디서부터 무엇이 잘못된 것일까?'

'우리가 정말 사랑했을까?'

나 위주로 생각하는 최선, 상대를 못 보는 최선, 눈먼 최선은 최악을 낳습니다. 이 이야기를 통해 우리는 소통의 중요성, 상대의 다름을 인정하는 수용의 중요성을 알 수 있습니다.

결혼 초 아내와 자주 갈등을 경험했는데, 그 이유는 항상 같았습니다. 그것은 바로 시간에 대한 개념이었습니다. 저는 약속이 있으면 정해진 시간보다 먼저 도착해 있어야 한다는 생각을 가진 반면, 아내는 시간에 딱 맞춰서 가면 된다는 생각을 가지고 있었습니다. 그러다 보니 항상 외출을 할 때마다 갈등을 하게 된 것입니다. 그러던 어느 날 성격유형검사라는 것을 해보았는데, 아내와 저는 준비성이나 계획 측면에서 완전히 다르다는 것을 알게 되었습니다. 그리고 이런 기질과 성향은 잘 바뀌지 않는다는 사실도 알게 되었습니다. 항상 갈등하고 다투는 데도 바뀌지 않는 거라면 '**인정하고 수용하자.**'라는 생각을 하게 된 후 이런 갈등은 거의 사라졌습니다.

"내가 오늘까지 당신을 너무 많이 괴롭힌 것 같소. 지금부터 당신이 나와 시간 지키는 일로부터 진정 자유로워져도 좋습니다."

이 글은 미국의 39대 대통령을 지낸 지미 카터 대통령이 부인 로잘린 여사의 생일 카드에 적은 내용이라고 합니다. 로잘린 여사는 카터 대통령과 시간문제로 자주 갈등했다고 합니다. 이 카드를 받은 로잘린 여사는 지금까지 자기가 받았던 선물 중 최고의 선물이라고 기뻐했다고 합니다.

배우자의 욕구를 파악하고 싶다면 다음과 같은 질문을 활용하셔도 좋습니다.
'나는 당신에게 몇점 남편(아내)이야?'
상대방의 답변을 들으신 후 추가로 다음 질문을 하시면 됩니다.
'부족한 점수를 채우려면 어떤 노력을 하면 돼?'
답(상대방의 욕구)을 알고 노력하면 문제 해결이 의외로 쉽게 풀릴 수 있습니다.

배우자가 나와 같아지기를 바라는 것은 갈등의 시작점이 됩니다. 배우자의 기질과 성격을 파악하고 다름을 인정하며 수용하는 게 배우자와 잘 지낼 수 있는 한 가지 방법입니다.

3. 자녀들과 잘 지내는 방법, 공감

자녀 양육의 궁극적인 목표는 '자녀의 독립'입니다.

'자녀의 독립'을 위해 부모로서 나의 태도와 행동을 돌아보면 어떨까요?

많은 부분에서 있어 우리는 자녀를 독립된 존재로 대하지 못하고, 통제의 대상으로 대하는 경우가 있습니다. 이는 부모-자녀 간 갈등의 씨앗이 되곤 합니다. 갈등을 예방하기 위해서는 상대를 독립된 존재로 인정하고 수용하는 공감 대화가 필요합니다.

《완벽한 아이 팔아요》라는 그림책을 통해 공감 대화법에 대해 알아보겠습니다.

《완벽한 아이 팔아요》의 저자는 프랑스의 작가 '미카엘 에스코피에'입니다. 우리 모두가 알고 있듯이 아이는 엄마가 낳습니다. 하지만 이 작품은 아이를 마트에서 구입하는 저자의 상상력으로 시작됩니다. 이야기의 내용을 대략적으로 설명하면 다음과 같습니다.

어느 날 뒤프레 부부가 아이를 구입하기 위해 아이마트를 방문합니다. 아이마트에는 부모님들이 좋아하는 다양한 모델들의 아이들이 준비되어 있습니다. 하지만 그중에서 가장 인기있는 모델은 '완벽한 아이'입니다. '완벽한 아이' 모델은 평소 인기가 많아 품절이 되곤 하는데, 그날 뒤프레 부부는 운이 좋게도 하나 남은 '완벽한 아이'를 구입할 수 있었습니다. 그 아이의 이름은 바티스트입니다. 뒤프레 가족은 집에 돌아오는 도중에 솜사탕을 파는 아저씨를 만나게 됩니다. 뒤프레 부부가 바티스트에게 '가족이 된

기념으로 솜사탕을 하나 사줄까?'하고 물어봅니다. 하지만 바티스트는 고 맙지만 솜사탕은 달아서 이에 좋지 않으니 사양하겠다고 대답합니다. 뒤 프레 부부는 이 모습을 보면서 '역시 완벽해!'라고 흐뭇해 합니다. 바티스 트는 동네에서도 학교에서도 항상 완벽한 모습을 보입니다. 그러던 어느 날 엄마가 다음 주가 축제인데 오늘이 축제인 줄 착각을 하게 됩니다. 아 침에 엄마는 바티스트에게 분장 옷을 입혀 학교에 보내게 되고 바티스트는 그날 친구들의 놀림감이 되었습니다. 하루종일 학교에서 속상했던 바티스 트는 집에 돌아오자 마자 가방을 던지면서 짜증을 부립니다.

"축제는 다음 주란 말이에요! 오늘은 단체 사진을 찍는 날이었다고요 오오오오오오오오오오오!"

이런 바티스트를 보면서 뒤프레 부부는 아이가 고장이 났다고 생각합 니다. 다음날 장대비가 내리는데도 뒤프레 부부는 바티스트를 데리고 아이마트 고객센터를 방문합니다. 그리고 고객센터 직원에게 엊그제까 지 완벽했던 아이가 어제부터 고장이 났다고 수리를 맡기겠다고 이야기 합니다. 고객센터 직원은 수리를 맡기면 몇 달 정도는 걸릴 텐데 괜찮 으시겠냐고 질문합니다. 그리고 옆에서 듣고 있던 바티스트에게 '애야! 너 는 새 가족이 마음에 드니?'라고 질문합니다. 이 질문을 받은 바티스트 는 머뭇거리며 고객센터 직원에게 이야기합니다.

"혹시 저한테도 완벽한 부모님을 찾아 주실 수 있나요?"

이 대사를 마지막으로 그림책은 마무리 됩니다.

아이를 마트에서 사온다는 상상력, 아이가 고장났다고 생각하는 이야 기의 설정을 통해 저자는 무엇을 말하고 싶었을까요? 그것은 바로 부 모-자녀간 가장 중요한 건 '공감'이라는 메시지가 아니었을까 합니다.

공감 대화법은 뇌과학적으로도 효과가 있다고 합니다. 사람이 분노하게 되면 감정의 뇌인 편도체 부위가 활성화됩니다. 이른바 뚜껑이 열린다는 표현을 하게 되는 경우입니다. 이런 상황에서 공감 대화를 하게 되면 이성의 뇌인 전두엽이 활성화되어 흥분된 감정을 진정시키게 됩니다.

공감형 대화의 특징은 상대방의 감정을 읽어 주는 것입니다. 예를 들어 학교에서 친구들에게 놀림 받아 짜증을 내는 바티스트에게 이렇게 이야기하는 것입니다.

'바티스트! 오늘 분장 옷을 입고 가서 친구들에게 놀림 받아서 많이 속상했구나! 엄마가 미안해!' 이렇게 말하는 것입니다.

이런 말을 들으면 바티스트의 마음은 어떨까요? 아마 짜증난 마음이 가라앉으면서 '엄마 오늘 정말 속상했어요.'라고 이야기하면서 짜증내서 죄송하다고 하지 않을까요? 그런데 공감받지 못하고 다음날 고객센터로 끌려(?)갔을 때 어떤 마음이었을지 상상만 해도 안타까운 마음입니다.

많은 분들이 공감 대화법에 대해서 어렵게 생각하시는데 공감 대화법은 의외로 간단합니다. 저는 공감 대화법을 거울 대화법이라고도 부릅니다. 거울 대화법이라고 이야기하는 것은 상대방의 말을 앵무새처럼 그대로 돌려준다는 의미입니다. 다만 돌려줄 때 하나의 조건이 있습니다. 그것은 바로 난반사가 아닌 정반사를 해야 한다는 것입니다. '나'라는 거울을 거쳤기 때문에 나의 언어로 재해석 될 수는 있지만 의미가 왜곡되는 난반사를 해서는 안 된다는 뜻입니다.

그럼 학교에서 친구들에게 놀림받고 집에 와서 짜증을 내는 바티스트에게 공감 대화법을 적용해 보도록 하겠습니다.

바티스트: 오늘 정말 짜증나 죽을 뻔 했어요!(책가방을 던짐)

엄마: 우리 바티스트가 가방을 던질 정도로 오늘 짜증이 많이 났구나!

바티스트: 맞아요! 축제날도 아닌데 분장을 하고 가서 놀림을 받았단 말이예요.

엄마: 축제날도 아닌데 분장을 하고 가서 놀림을 당했구나! 엄마가 미안해.

바티스트: 맞아요, 엄마. 너무 너무 속상했어요!

엄마: 우리 바티스트가 너무 너무 속상했다니 엄마가 더 미안하구나.

바티스트: 이제 좀 마음이 진정되었어요. 엄마한테 짜증내서 죄송해요!

위에서 보듯이 공감 대화를 하게 되면 상대방은 자신이 공감받는다고 생각하게 되고 자신의 감정을 인식하며 누그러트리게 됩니다.

> '우리가 다른 사람의 말을 들을 때 우리의 첫 번째 반응은 그것을 이해하기 보다는 즉각적으로 평가하고 판단하는 것이다. 누군가 어떤 감정이나 태도 또는 신념을 표현할 때 우리는 즉각적으로 "그것은 옳아" 또는 "그것은 어리석어" "그것은 비정상이야" "그것은 비합리적이야" "그것은 틀렸어" "그것은 좋지 않아"라고 느끼는 경향이 있다.'
>
> – 칼 로저스, 〈진정한 사람되기〉, 학지사, 2009 –

인간중심상담의 대가인 칼로저스는 인간의 성장을 촉진하는 의사소통의 3가지 특성으로 **공감, 수용, 진솔**을 뽑습니다.

코로나19라는 전대미문의 위기이지만 "위기는 위대한 기회다"라는 말이 있습니다. 나답게 사는 '나다움'을 유지하면서 '공감, 수용, 진솔'의 대화를 하게 된다면 더욱 행복한 가족이 되는 기회가 되지 않을까요?

일상,
그 소중한 것에 대하여

김진규

- 열정 커머셜 디렉트, 칼럼니스트
- 외국계 회사 임원
- 힐링앤라이프 〈출장과 여행〉, 〈잠깐의 여유〉
- 대한수의사회지 〈비지니스와 여행의 아름다운 만남〉
  칼럼 연재

일상,
그 소중한 것에 대하여

일상 – 명사: 날마다 반복되는 생활

유의어: 늘, 보통, 생활
영어: Everyday life, Daily life

일기처럼 기록해둔 일상의 기록들을 돌아본다. 참 오랜만에 뒤져보는 과거의 사진들. 그 동안의 일상이 새로운 것들로의 직진이었다면 코로나 팬데믹 이후의 많은 부분은 기억을 통한 회상에 의존하거나 온택(온라인컨텍)이라는 새로운 방식을 통한 다소 어색한 형식의 일상이 다시 일상이라는 이름으로 자리를 잡아가고 있다. 사진이라는 매개체를 통해 선명해지는 기억 속에서 묻어나는 수많았던 인연들, 모임들, 행사, 여행 그리고 그 속에서 만들어진 기억과 추억들. 과거 세대의 유물인양 어느덧 아련해지는 너무 당연한 것들 – 모임, 행사 그리고 여행.

기억은 머리에 남고 추억은 가슴에 새긴다고 했던가? 사진 속 남겨진 과거의 기록들은 가슴 깊숙이 스며드는 추억들이자 그 각각의 점들이 모여 하나의 긴 선으로 인생이라는 역사책을 완성해 가는 것이다. 때로는 기쁨으로 때로는 아픔으로. 그것이 기쁨이든 아픔이든 하고 싶은 것을 하는 데 있어 제약은 없었다. 그러나 지금은 너무나 당연하였던 과거의 것들이 '언제 그런 것들이 가능이나 했었어?'라고 할 만큼 아련한 기억속 추억이 되어 버렸다. 그리고 어느덧 익숙해진 마스크와 사회적 거리 두기, 그리고 9시 통행금지. 인맥 다이어트는 사치가 되고 이제 사회적 통념이 원하든 원하지 않든 그렇게 인연을 다이어트를 하게 만든다. 그러한 생활이 지속되면서 제법 근육이 잡혀 있던 몸매는 확찐자가 되거나 확진자로 다가가고 있다. 흥을 좋아라 하는 정서를 타고나 혼자의 고독보다는 사람들과의 어울림을 즐기고 술 한 잔 기울이며 정을 나누는 우리의 너무나 당연한 일상이 이제는 스스로의 왕따를 강요당하며 자연스레 인맥은 다이어트가 되어가고 그렇게 사람들끼리 부딪히며 살아가는 모습은 '사교성이 좋다'에서 지금은 사회적 반항아로 받아들여지는 그런 기이한 현실이 되었다. 사실 코로나19 팬데믹이 장기화됨에 따라 사회적 거리두기에 따른 생활수칙들은 "불편하다 불편하다" 하면서도 어느덧 몸에 익은 습관이 되어 버렸다. 또 다른 개념이 일상으로 자리를 잡아 가는 것이다. 마스크를 벗는 것이 오히려 어색하고, 손을 꼼꼼히 씻고 또 손소독제를 바르고, 식사라도 할라치면 체온을 체크하고 큐알코드 인증을 하는 것이 익숙해진 지금의 현실이 슬프다. 언제쯤이면 휴가를 내고 야자수가 늘어진 해변에 누워 맥주 한 잔을 들고 눈이 시릴 정도로 시원한 바다를 보며 일상에서 조금은 떨어진 곳에서 의도한 혼자만의 또는 의도한 소수의 휴식다운 휴식을 즐길 수 있을까? 그리고 다시 돌아가는 일상이 휴가에 대한 아쉬움으로 남을 수 있을까….

당연한 것들의 소중함

물과 공기, 그리고 가족 등 우리가 쉽게 그 소중함을 느끼지 못하고 사는 그러나 실제로는 무엇과도 바꿀 수 없는 소중한 것들이 있다. 항상 옆에 있기 때문에 너무나 당연한 것으로 생각을 하여 그렇다. 한 번이라도 당연했던 것들이 없거나 부족한 상황을 겪어 보았다면 그 소중함의 의미를 되새겨 보는 것은 어려운 일이 아닐 것이다.

물을 예로 들어보자. 마라톤 경기를 하면 약 5㎞마다 급수대를 만들어 두고 마라토너들에게 물이나 스포츠 음료 등을 제공한다. 뜨거운 태양 아래를 달리면서 20㎞를 넘어서면 목마름이 한계에 달한다. 급수대가 어디에 있는지 이정표를 찾게 되고, 왕복 코스의 경우는 한 발짝 더 옮기기 힘든 극한의 체력 소모에도 건너편 급수대라도 뛰어가 물을 찾게 된다. 마침내 물 한 모금으로 타들어 가는 입을 축이고 나면 세상 다 얻은 것 같은 행복감을 느낀다. 스포츠 음료 회사들이 마케팅 활동을 스포츠 행사에 집중하는 이유 중의 하나가 바로 가장 필요한 순간에 그 필요를 극적으로 해소시켜 주며, 자연스레 그 브랜드를 머리 속에 각인시킬 수 있기 때문일 것이다.

항상 옆에 있어 너무나 당연한 늘, 보통, 날마다 반복되는 생활의 소중함에 대하여 인식하고 지금은 이것을 회복하기 위하여 각고의 노력들을 해야 할 때이다. 우선은 사회적 거리두기 단계에 따른 생활 수칙을 잘 지키는 것이 그 출발점일 것이다. 코로나 팬데믹 상황 속에서 발생하는 각종 규제로 인한 불편함. 그것으로부터 일상이라는 것의 소중함에 대하여 다시금 생각하게 되는 것, 여기서부터 하나의 깨달음을 얻어 보는 것은 어떨까.

마스크와 방역 그리고 거리두기

2019년 말에 시작된 코로나19 팬데믹은 당초 예상을 넘어 그 심각도가 날이 갈수록 올라가고, 각국 지도자들이 백신 개발과 함께 자신 있게 예상한 코로나 바이러스 종식 시기는 몇 차례의 변이를 거치면서 허물어지고 어느새 3년째에 접어들고 있다. 이제 언제까지 코로나 상황이 이어질지 감히 예측하기 힘들고 차라리 코로나와 함께 살아가는 방법을 찾는 것이 더 현명할 수 있다는 것이 사실이다.

2020년에는 사상초유의 마스크 배급제를 시행했다. 감기 등 호흡기 질환이 있거나 너무 추워서 보온용으로 약국이나 편의점에서 언제든지 구할 수 있던 마스크. 이제 신분증 확인을 통해서 1인당 구매 가능한 마스크의 숫자와 개인별 구매 가능 요일을 정해 두고도 정작 마스크를 사지 못하여 길게 줄을 서고, 순서가 다가올 때 즈음에 결품을 알리는 약사의 목소리에 한숨지며 돌아섰던 기억이 한 번쯤은 있을 것이다. 마치 고급 스터디 클럽의 비밀 족집게 정보를 구하듯 친한 몇몇의 지인들끼리 동네 어느 약국을 가면 구할 수 있다더라는 정보를 교환했던 그 절박함.

다행히 디지털 코리아답게 재빨리 개발된 앱을 통하여 검색을 하고 주변에 있는 약국들을 뛰어다니며 줄을 서서 겨우 1인에게 할당된 2매를 구매하면 하루 일을 다한 듯 뿌듯한 마음으로 집으로 돌아가던 때가 있었다. 마스크를 만드는 것이 그리 어려운 기술이 필요한 것도 아니고, 언제든 편의점이나 약국에 가면 넘쳐 나던 것인데, 줄을 서가며 어렵게 제 몫을 구매하는 것을 보면 요즘 같은 시대에는 이 또한 소중한 것이다. 아직 마스크 착용이 의무화되지 않았을 때에 거래선과의 중요한 약속이 있어 급하게 직원과 동행을 하느라 마스크를 사무실에 두고 나간 적이 있었다. 아뿔사, 거리에서의 마스크 착용은 의무가 아니었으나, 건물을 출입하려면 마스크 없이는 입장 허가가 되지 않았다. 하는 수 없이 신호등을 건너고 편의점 몇 곳과 약국 몇 곳을 뒤진 후에 겨우 마스크 하나를 구매하여 미팅에 참석한 기억이 지금도 선명하다.

2020년 비슷한 시기에 손소독제 또한 파동이 났었다 지금은 500ml 기준 한 병에 2000원 내외면 구매가 가능하지만, 당시에는 1만 원을 줘도 구하지 못하였다. 자급자족보다는 글로벌로 촘촘히 엮여진 공급망 체계에서 펌프 부속품이 중국으로부터 수입되지 못하고 갑자기 늘어난 수요에 에탄올 공급이 부족하여 발생한 일이다.

주말 등산을 가면 반대쪽에서 오는 분들을 만나면 "안녕하세요" 하며 인사를 건네는 것이 한국 등산의 기본 예의다. 그러나 요즘은 인사 대신 서로의 마스크 착용 여부부터 확인하며 내 마스크가 제대로 착용되어 있는지 손으로 확인을 하게 된다. 그것도 모자라 살짝 등을 돌리고 서서 마주보고 오는 등산객이 지나가기를 기다리기도 한다. 또한 산을 오를 때에 숨이 차는 거친 호흡. 겨울에는 얼음까지 맺는 그래서 마스크를 끼고는 도저히 다니지 못할 경우도 많아 가끔 벗고 등산을 하는 때가 있다. 물론 반대편에서 내려오는 등산객들이 없을 때의 이야기다. 가급적 사람들이 별로 없는 이른 아침이나 인기가 없는 한적한 길을 택하기도 한다. 숨이 턱턱 막히는 가파른 길을 오르다 잠시 사람들이 없는 틈을 타서 마스크를 얼굴에서 떼어내는 순간 들어오는 상쾌한 공기는 폐부를 안쪽까지 쭉 훑고 가는 기분 좋은 해방감을 준다.

너무나 당연한 것인데 요즘은 그 짧은 순간이 얼마나 소중한 것인지.

코로나로 인하여 각 기업들은 사전 예방 차원이나 또는 확진자 동선을 위주로 살균 방역에 막대한 비용을 집행한다. 코로나 팬데믹 초기에는 계획되지 않았던 예산이기 때문에 긴급 예비비 등을 들여 전문 서비스 업체를 부르고 살균 방역 서비스를 받는 것이다. 하지만 수요는 많고 인력은 한계가 있다. 그렇다고 이 중요한 일에 단기 파트타임 인력을 구해서 투입할 수는 없다. 그렇게 되면 내근직이나 회사의 부서장들까지 각 단계의 관리자들에게도 도움 요청이 들어오게 된다. 주중, 야간 그리고 휴일을 따지지 않고 쏟아지는 지원 요청에 개인 시간을 양보한 분들도 많을 것이다. 주말이 없거나 절반 이하로 줄어들고, 저녁의 쉼이라는 것이 또 다른 개념의 사치로 치부되기도 한다.

너무도 당연한 퇴근길 술 한 잔. 하루의 업무를 끝내고 친구 또는 동료들과 나누는 식사에 곁들이는 술 한 잔은 이미 터부시 되고 있다. 오늘 신입직원이 새로 왔으니 점심식사 같이 하는 게 어떤가… '아 아 4명 밖에 안되지'. 이번 달 말로 퇴사하는 직원이 있으니 그래도 간단하게 송별회식이라도 해줘야…. '아 아 2명 밖에 안되지'. 오랜만에 연락이 된 친구들. 그래 언제 식사 한 번 하자는 말 그대로 그 언제가 언제가 될지 아무도 예측할 수 없다. 정말 친한 사이거나 중요한 일이 있어 그래 오늘 저녁에 보자 그러다가도 움찔 움찔 하게 된다.

어깨를 부딪히며 지나다니던 명동 길은 해외 관광객들이 들어오지 못함으로 인하여 텅텅 비었고, 이들을 대상으로 영업하던 호텔들은 기한 없는 휴업을 하거나 폐점을 하고 다른 용도로 재건축을 계획하고 있다. 화려하던 이태원 거리, 그리고 젊음의 상징과도 같은 홍대 거리조차도 이미 유령도시화 되어 음식점에 사람을 찾아 보기가 힘들다. 코로나가 없던 시기에도 힘든 자영업자, '아프니까 사장이다'라는 수식어를 달고 살던 식당이나 카페 등을 운영하던 분들은 임대료와 인건비 등의 고정비를 감당하지 못하여 문을 닫은 사례가 많다. 그나마 최소한의 인력으로 축소 운영을 하며 '언제나 이 팬데믹이 끝날까'를 기다리는 가게들은 직원을 내보내고 주인 또는 주인 가족 위주로 경영을 하다 보니 젊은층들은 파트타임 자리나 직업을 구하지 못하는 경우도 많다. 편의점의 경우도 야간 유동 인구가 줄다 보니 매출이 떨어지고, 알바생 급여보다 적게 벌어 가거나 심지어 한 달 마감을 하면 손해를 보는 경우가 허다하다고 한다.

경험해 보지 못한 전 세계적 팬데믹 상황, 그리고 인간의 백신 개발 속도보다 먼저 변이를 만들어 그 속에 적응력을 높여가는 코로나 바이러스 전염병은 언제 끝날지 모르는 무서운 풍토병처럼 자리를 잡아 우리의 일상을 흔들고 너무나 당연하던 그 일상의 소중함에 대하여 다시 일깨워 준다. 글을 적는 지금도 마스크에서 흘러나오는 입김이 안경에 자꾸 서리를 만들어 일상을 힘들게 한다. 마스크 착용이 일상화되면서 화장품 업계도 상당한 어려움을 겪고 있다. 내수시장뿐 아니라, 중국 등 큰 시장에 대한 화장품 수출길이 막히고 여행금지와도 같은 자가 격리 조치로 인하여 공항 면세점 매출은 전년도 대비 10% 미만으로 떨어졌다고 한다. 또한 여행과 관련된 업계는 가장 오랜 기간 동안 치명적인 타격을 입고 있다. 코로나는 사소하게 보이던 그것들의 소중함을 다시 돌아보게 한다. 아직은 안전하고 건강한 지금이라는 것에 대한 또 다른 고마움.

건강

너무나 당연한 이야기다. 그러나 우리가 로봇이나 AI가 아니기 때문에 항상 규칙적인 생활을 유지하기가 어렵고 또한 몸에 이상 신호가 오더라도 다양한 이유로 제때 검진을 받지 못하여 병이 악화되는 경우가 많다. 또한 코로나의 장기화로 헬스클럽이나 필라테스 등 운동을 할 수 있는 시설에 대한 사용을 꺼리게 되면서 '확찐자'라는 신조어를 만들어 내기도 한다. 자칫 방심하면 체중이 늘고 늘어난 체중에 따라 건강을 위협하는 각종 위험 요소들이 많아지게 된다.

십 수년 전부터 신장이 좋지 않은 친구가 있다. 젊은 나이이기 때문에 그때그때의 컨디션에 따라 술자리에 어울리기도 하고, 술을 자제하고 자리에만 참석하는 경우도 있었다. 그냥 그렇게 괜찮은 줄로만 알았다. 가장 왕성한 사회활동을 하는 나이대임을 핑계로, 지리적인 거리를 핑계로, 자주 만나지 못하는 사이 어느새 투석을 한다고 한다. 그러면 빨리 신장 이식 수술을 해야 하는 것이 당연한 상식이다. 다행히 신장은 이식에 대한 부작용이 적고 이식 대상을 찾는 것도 다른 장기에 비해 상대적으로 덜 까다롭다. 그러나 수술을 하게 되면 일정 기간 병원에 입원을 해야 하고, 정상적인 사회활동으로의 복귀까지 꽤 오랜 시간이 필요하기 때문에 가정의 생계를 책임지는 위치에 있는 가장의 입장에서는 쉽게 그 시기를 특정할 수가 없다. 4~5년의 투석을 하던 어느 날 두통이 심하여 병원을 찾았고 다행인지 불행인지 검사를 받으러 간 그 병원에서 증상이 심해져서 긴급 수술을 했다고 한다. 병명은 뇌출혈, 장기간의 투석으로 인하여 혈관들이 약해져 있었는데, 하필 뇌 혈관이 터져 버린 것이다. 긴급 뇌 수술을 진행하고 중환자실에서 회복을 간절히 바라고 있다. 큰 수술이었기 때문에 의식이 돌아오고 회복이 시작되는 때까지는 꽤 오랜 시간이 필요하다고 한다. 하나같이 큰 병원으로 옮겨야 한다고 목소리를 높여봐도 이미 긴급 수술을 한 환자를 흔쾌히 받아주는 상급 병원을 찾기 힘들다는 현실적 한계가 있다. 또 설령 진료를 해줄 상급 병원을 찾았다고 하더라도 최대의 안정을 취해야 하는 뇌수술 후 중환자실에 있는 환자를 다른 병원으로 옮기는 것도 조심스러운 일이라 일단은 수술을 진행한 병원에서 경과를 보기로 한다.

매일 매일의 수치 변화에 민감하게 반응할 수밖에 없고 멀리 있는 친구들 입장에서도 매일 매일의 소식에 가슴을 졸이는데, 날마다 병원을 찾아 수치 변화를 듣고, 현재 상황에 대한 의사의 브리핑을 받는 가족은 어떠할까 싶은 생각에 가슴이 미어진다.

그러던 어느 날 갑자기 염증 수치 등 모든 수치가 급격히 나빠지고, 병원에서 처방한 각종 약물에 반응이 없다. 해당 병원에서 상급 병원 여러 곳으로 전화를 하고 마침내 찾은 한 곳으로 환자를 이동하였다. 기존 진료 기록과 추가 검사를 통하여 확인을 했더니 혈관이 약해져 있다 보니 장기에서도 출혈이 있고 기타 혈관들에서도 출혈이 있어 염증 수치, 헤모 글로빈 수치 등 각종 지표가 나빠졌던 것이다. 원인을 알았으니 조영술 등으로 출혈 위치를 찾아내고 각 종 시술을 통하여 혈관 봉합 작업을 진행해 나간다.

한 며칠 수치가 회복되다가 다시 나빠졌다. 출혈 부위가 늘어난 것이다. 결국 또다시 수술을 통하여 좀 큰 범위에서 수술 집도를 하였다. 약해질 대로 약해진 체력에 이미 두어 번의 수술로 환자 본인뿐 아니라 가족들도 엄청난 스트레스를 겪고 있는데, 또다시 큰 수술을 해야 한다고 하니 망연자실하다. 이번 수술은 쉽지 않을 것입니다. 위험이 높기는 하지만 하지 않으면 정말 심각해지는 상황이니 최선이나 차선이 아니라 최악을 피하기 위한 차악을 선택할 수 밖에 없는 상황이다. 3~4시간에 걸친 힘든 수술 후에야 겨우 증상이 잡혀서 조금씩 호전이 되고 있다고 한다.

옆에서 보면 참 미련하게도 불편함을 참아가며 일상을 이어간 것이다. **가장이라는 무게** 때문에, 경제활동에 대한 부담감 때문에 그렇게 했을 것이다. 그러나 그 결과로 본인뿐만 아니라 가족전체가 더 어려운 시간을 겪게 되는 것이다. 여하튼 빠른 회복을 통하여 일상으로 복귀할 수 있도록 간절히 빌고 또 빌어 본다.

평소에 건강을 자신하는 분들이 더 큰 병을 얻는 경우가 많다고 한다. 이 경우는 자신의 상황을 알고 있으면서도 조금만 더 조금만 더하다가 결국 더 이상 견디지 못한 육신이 터져 버린 것이다. 경제 활동에 대한 부담이든 뭐든 조금만 서둘러서 수술일정을 잡았더라면 겪지 않아도 될 힘든 시간이지 않았을까하는 아쉬움이 남는다.

모두들 건강에 대하여 다시 한번 돌아보고 몸이 보내오는 작은 신호들에 정신을 집중할 필요가 있다. 병을 키우기보다는 빨리 조치하여 더 이상의 악화를 막는 것이 차선책이다. 그전에 그러한 신호가 오지 않도록 관리를 하는 것이 최선이다. 나이가 들면 설령 증상이 완화되고 회복이 되더라도 몸속 어딘가에 그 찌꺼기가 쌓여 다음에 비슷한 경우가 생기면 증상을 훨씬 더 악화시킨다고 한다. 건강을 절대 과신하지 말고 규칙적이고 계획적으로 잘 관리하여 우리의 소중한 일상을 지켜가도록 하자. "돈을 잃는 것은 작게 잃는 것이고 사람을 잃는 것은 크게 잃는 것이며 건강을 잃는 것은 모든 것을 다 잃는 것이다."라고 하였다.

여행

여행은 돌아올 곳이 있기 때문에 의미가 있고 즐거움이 배가 된다고 한다. 여행 자체가 일이 되어 버리거나 돌아올 곳이 없어 떠도는 것을 여행의 즐거움이라고 하지는 않는다.

해외 출장이 많았던 필자는 출장 기간이 길면 길수록 현지에 익숙해지고 시차를 적응해 가지만 평소 손이 잘 가지 않던 전통 음식에 대한 갈망 또한 깊어진다. 출장지의 호텔이나 꽤 근사한 레스토랑에서의 식사가 어느 순간 더 이상의 행복이 되지 않는다는 것이다. 해외를 나가면 모두가 애국자가 된다는 말이 이런 의미일까 싶기도 하다. 귀국편 비행기는 주로 이른 아침 시간에 인천공항에 내려준다. 안전하게 귀국했음에 감사를 하며 모친과 가족들에게 전화를 하고 집으로 돌아오면 거의 모든 경우에 돼지고기를 넣고 묵은지로 오랜 시간을 들여 끓여낸 김치 찜으로 첫 식사를 한다. 그 맛이란 미슐랭 어쩌고 하는 고급 레스토랑의 푸아그라에 곁들이는 화이트 와인 한 잔에 감히 비할 바가 아니다.

한 번은 중국 상하이로 출장을 간 적이 있다. 그리 긴 기간이 아니었지만, 중국 동료들도 한국과 유사하여 거의 매일 저녁 시간을 함께 보내곤 한다. 회사의 공식 행사 혹은 공식 행사가 없다면 개인적 일정들을 쪼개어 같이 시간을 보내는 것이다. 당연히 현지의 꽤 트렌디하고 괜찮은 레스토랑들을 돌며 서로의 친분을 쌓아간다. 그렇게 며칠을 보내고 한 번은 새벽 시간에 공항을 간 적이 있다. 시간이 이르다 보니 호텔에서 제공하는 조식은 포기를 하고 우선 공항으로 가서 탑승 수속 및 출국 수속을 마치고 비즈니스 라운지에 앉았다. 잠시 숨을 돌리고 뷔페식으로 차려진 여러 음식들 중에서 뭔가로 이른 아침을 해결해야 하는 상황이었다.

쭉 둘러보니 현지 음식 및 인터내셔널 메뉴의 다양한 요리들이 눈 앞에 펼쳐진다. 큰 고민할 것도 없이 신라면 컵 하나와 화이트 와인 한 잔을 들고 자리를 잡았다. 화이트 와인은 비행기에 앉자마자 쪽 잠을 청하는데 도움이 될 것 같아서 선택을 한 것이고, 컵라면은 글쎄…, 그냥 본능적인 선택이었을 것이다. 당시 이렇게 메모를 남긴 것으로 기억한다. '그래, 이 조합 외에 더 바랄 것이 무엇이 있을까'. 가장 행복한 순간이다.

중국 동료들과 독일 쾰른으로 출장을 같이 가는 일이 있었고, 그 중 한 명이 한국산 오리지널 신라면 컵라면을 한 박스만 가져와 주면 안 되겠냐는 부탁을 해왔다. 해외 경험이 있는 분들은 같은 브랜드의 라면이라도 한국에서 먹는 라면과 해외에서 사먹는 라면에서 나는 맛 차이를 느낀 분들이 있을 것이다. 제조공장이 다르기 때문에 투입되는 원료 곡물에서 차이가 나게 되고, 그 차이로 인하여 같은 공정을 거치더라도 미묘한 맛의 차이가 나게 되는 것이다. 그러니 중국 동료가 부탁하는 것이 어떤 의미인지를 이해하였고 출장용 가방의 일부분을 할애하여 한 박스를 담아서 갔다. 포장 김치는 덤으로 몇 봉지를 공항에서 챙겨간 것으로 기억한다. 현지에 도착하여 호텔 레스토랑에서 만나자마자 첫 마디가 "한국 라면 가져왔냐"라고 물어온다. 잠깐만 기다리라고 하고는 방으로 올라가 몇 개를 챙겨다 주니, 우선은 뜨거운 물을 부탁해서 붓고는 일행 중 가장 높은 지위에 있는 분과 손님 중에서 가장 중요한 분들에게 먼저 나눠주는 것이 아닌가.

'아…, 한국의 위상이 이런 것이었구나.'

너무나 쉽게 접하여 그리 즐기지 않는 컵라면이 해외 동료에게는 홍삼보다도 더 귀한 선물이 되는구나. 호텔에서 근무하는 쉐프들도 관심을 보여서 두어 개를 선물했던 것으로 기억한다.

아직은 해외여행이 자유롭지 않았던 때의 일이니 아주 오래전의 이야기다. 카투사를 나온 친구와 토익 공부를 하다 여름방학을 이용하여 태국, 말레이시아, 싱가포르 그리고 홍콩을 여행해 보기로 계획을 세운다. 여러 나라를 경험해 보는 것도 목적이었지만 당시에는 여권에 몇 개의 도장을 남기느냐는 것도 하나의 훈장처럼 받아들여 지던 때이기 때문에 최대한 많은 나라들을 계획에 넣었던 것인지도 모른다.

첫 여행지였던 태국 방콕에 도착하여 처음 겪어보는 적도 근처 지역에서 뿜어져 나오는 열기, 그리고 현지 음식들. 맥도날드 햄버거 외에는 모든 게 새로운 도전이었다. 익숙하지 않아서 입에 맞지 않는 음식들로 점심 식사를 해결하고 나면 저녁에는 자연스레 매운 라면 한 그릇이 간절하다. 입으로 불면 훌훌 날아갈 것 같은 밥알, 현지 레시피의 특이한 향과 맛. 외국인들이 한국에 와서 느끼는 김치 냄새와 된장찌개의 그것과 유사할 것이다. 비린 맛이 압도적인 피쉬볼 누들, 보기에는 어묵국수와 같아서 주문했다가 깜짝 놀랐던 기억이 있다.

게스트 하우스로 돌아와서는 배고픔을 해결하기 위하여 주방에 라면을 건네주며 끓여 달라고 카투사를 나온 친구가 유창한 영어로 조리 방법을 설명하여 부탁을 했는데, 그 귀한 라면 두 봉이 스프를 푼 미지근한 국물에 라면땅처럼 잘게 부셔진 생라면이 둥둥 떠다니는 정체 불명의 요리되어 돌아온 적이 있다. 그 간단한 조리법을 설명해도 그당시 그들에게는 문화적으로 도무지 이해할 수 없는 그런 음식이었는지도 모른다.

결국 그대로 돌려보내고 다음날에는 주방을 잠시 빌려서 직접 끓이는 시범을 보여줬다. 그렇게 먹는 라면 한 그릇이 주는 행복은 세상 모든 것을 얻은 듯한 미소를 자아내게 한다.

며칠의 적응 기간을 거치고 난 후, 필자에게 열대 기후와 전통 음식 등 그 곳의 모든 것은 처음 경험하는 신선한 충격이었다. 깊은 산 속에 살며 전통 방식을 고수하고 있는 소수민족 방문을 포함하여 다양한 현지 경험을 하고는 말레이시아로 이동하여 말라카인가에 머물 때 열사병 비슷한 것에 걸린 적이 있다. 온 몸에 땀이 비오듯 쏟아지고 잠을 자도 피로가 풀리지 않는데다가 잦은 설사까지 겹쳐 상당한 고통이 따르는 여정이 되었다. 물이 바뀌어서 그런지, 아니면 음식이 바뀌고 기후가 바뀌어서 그런지, 당시 체력이 고갈되면서 면역력이 약화되었었던 것이다. 싱가폴을 거치고 홍콩으로 갈 때까지 설사를 비롯해 힘든 컨디션은 계속 되었다.

그러다가 홍콩 침사추이 어딘가에서 발견한 한국식당! 정통 한국의 맛은 아니고 현지 음식문화와 대충 맞춰진, 좋은 말로 퓨전의 맛이었다. 그나마 한국 음식과 비슷한 맛을 찾을 수 있겠다고 판단한 갈비탕. 지금 생각하면 얼마나 말도 안 되는 선택인가? 며칠을 이어온 배탈에 기름기 많은 갈비탕을 먹는다니…. 그러나 다음날 아침 기적 같은 일이 일어났다.

갈비탕을 먹고 하룻밤을 자고 났더니 며칠을 따라다니며 괴롭히던 설사가 멈춘 것이다. 소화기관이 한국식 음식에 최적화되어 있으니, 타국에서 먹는 갈비탕 한 그릇은 설령 기름지다고 하더라도 타지에서 고생하다 휴가를 얻어 고향에 돌아온 어느 청년의 익숙한 편안함과도 같았을 것이다. 일상에서 떨어져 새로운 문화에 대한 경험을 위한, 어떻게 보면 젊은 날의 무모했던 도전들이 전 세계 수많은 도시들을 돌아다니며 비즈니스를 하는 지금의 자리를 만들어 내는 좋은 바탕이 되었을 수도 있다. 지금도 잊을 수 없는 정체 불명의 갈비탕 한 그릇. 침사추이의 어느 허름한 한국 식당, 아니 한국식 식당에서 그 기름진 국물에 말아 먹었던 쌀밥 한 그릇이 젊은 도전자들에게는 정말 소중한 일상의 한 부분이었을 것이다.

몸이 기억하는 일상의 음식, 그 맛이 좀 다르더라도 배탈이 난 상태에서 먹었던 기름기 가득한 설렁탕에도 몸은 일상을 기억하고 스스로의 치유를 만들어 낸 것이다. 배탈은 멈추고 식은땀을 흘리던 열사병 같은 것들도 깨끗이 나았다. 최상의 컨디션으로 회복을 한 것이다. 지금 돌아보면 참 맛이 이상했던, 전혀 한국의 맛과는 거리가 먼 설렁탕 한 그릇, 한국인보다는 현지인들의 입맛에 맞춰진, 어떻게 보면 중국식 퓨전 설렁탕 한 그릇이 명의가 처방한 약보다 회복의 속도가 훨씬 빨랐다. 약식동원이라는 말과 같이 좋은 음식은 약과 그 효능이 같다라는 말이 딱 떠오르며 몸이 기억하는 일상이라는 익숙함, 그것이 회복과 치유의 원동력이라는 것을 부인할 수 없다. 환경이 좀 불편하더라도 고향집이라는 그 단어만으로도 느껴지는 익숙함과 편안함, 우리가 그동안 당연한 듯이 생활하며 지내왔던 과거 언젠가의 그 순간들 그리고 언제 다시 돌아갈지 모르는 그 일상이라는 것에 대한 소중함으로 느껴지는 그것과 같을 것이다.

네트워크 그리고 모임

언제 밥 한 그릇 먹어야지. 그래 꼭 보자라는 말은 정확한 일정을 잡지 않으면 만나지 말자는 말과 같다고 한다. 그냥 인사차 던지는 말로 '기회가 되면 만나고 그렇지 않으면 굳이 뭘 만나' 정도의 의미가 아닐까 한다. 그러나 요즘 이 말은 '그래 코로나 좀 진정되고 사회적 거리두기 규제가 풀리면 꼭 만나자'라는 의미로 바뀌었다. 날짜를 특정할 수는 없지만 꼭 만나고 싶다는 의미가 훨씬 더 깊고 두텁게 깔려있다. 사회적 거리두기 상황에 맞춰 모임을 예약하고 취소하고 또 예약하고 취소하기를 몇 번. 이제 모임 일정을 잡을 기력조차 남아 있지 않다. 결혼식이나 장례식도 마찬가지다. 청첩장이나 부고장에 은행 계좌번호를 같이 보내는 것이 너무나 당연한 것으로 자리를 잡았다. 나름 체면과 대면 안부를 중시하는 전통 문화에서 청첩장은 직접적으로 계좌번호를 알리기 보다는 찾아와 달라는 초대의 의미가 더 강하고, 초대를 받은 사람이 피치 못할 사정으로 참석이 불가능할 경우는 지인을 통하여 전달하며 미안함을 표시하는 것이 우리의 예의였다.

그런데 지금은 참석을 하는 인원도 정해져 있지만, 장례식조차도 참석하는 것이 상호에게 부담으로 작용한다. 결혼식장 그리고 기타 결혼과 관련된 행사들은 또 어떠한가. 엄청난 비용으로 예약을 해두고 본인의 사정과는 전혀 무관한 사회적 거리두기 지침에 따라 결혼식을 연기하거나 초대의 규모를 극단적으로 축소해야 하는 상황이 비일비재하다. 필자의 선배도 자녀의 결혼식을 연기했다가 운 좋게 상황이 좋아져서 결혼식은 치렀으나 한 번 연기한 결혼식에 또다시 초대장을 보내기가 미안하고 또 청첩장을 보내더라도 꼭 참석해서 축하해 달라는 말을 못한다. 그냥 슬쩍 계좌번호를 같이 넣어서 보내고 만다. 일생에 한 번 있는 결혼식, 아무리 큰 축하를 받아도 모자랄 그 위대한 예식이 너무나 초라해지고 있는 것이다. 너무나 당연하던 결혼 전 친구들과의 파티 역시도 금지되고, 일생 가장 행복한 신혼여행은 과거 그 어느 때보다 더 간소해 진다. IMF 때는 애국의 의미로 해외 신혼여행을 자제하였다면 지금은 하늘길이 막혀 가지 못하고 대안으로 찾은 제주에서의 여행조차도 자유로운 Honey Moon을 즐기지 못한다. 지인도 혼인신고를 먼저하고 결혼식과 신혼여행은 코로나 이후로 미룬다고 한다.

일생을 마무리하는 장례식은 또 어떠한가. 무슨 일이 있어도 가까운 분의 장례식은 참석을 하는 것이 당연한 일이었다. 당일치기로 서울에서 부산을 다녀오기도 하고 지방의 경우 몇몇의 지인들이 모여 차로 왕복을 하기도 한다. 참석한 장례식장에서는 고인에 대한 예를 갖춘 후, 최소한 식사와 몇 잔의 술을 곁들인 위로의 말을 나누는 것은 기본이고, 그 친분에 따라 같이 밤을 지새우거나 발인까지 지키는 것이 가까움의 표현이었다.

그러나 요즘은 부고를 알리는 것조차 서로에게 부담이다. 부고장을 보내며 자연스레 계좌번호를 같이 보낸다. '굳이 불편한 걸음 하지 마시고 마음만 표하셔도 됩니다.' 정도의 의미가 아닐까. 설령 장례식장을 방문하고 예를 올리더라도 가급적 식사는 자제하고 간단한 위로의 말을 전한 후 장례식장을 서둘러 빠져 나오기 바쁘다. 그리고 그러한 것이 더 이상 예를 벗어나지 않는, 지금 시대의 일상이 되어 버렸다.

40~50명이 모여서 하는 큰 규모의 정기 행사도 예약과 취소를 반복하다 지금은 그 자체를 상상하기 힘들다. 줌으로 대변되는 소위 랜선 모임으로 대체되고, 서로가 다른 장소의 컴퓨터 카메라 앞에서 각자의 음료를 들고 건배를 외친다. 소모임으로 그 명맥을 어떻게든 이어가려고 하나 9시 통금과 사회적 거리두기 단계에 따른 인원수 제한으로 그 규모에 관계없이 지금은 사실상 모든 모임이 금지라고 보는 것이 맞다.

올림픽 등 각종 스포츠 행사 조차도 관중이 없는 상태로 진행된다. 선수들 입장에서 과연 힘이 날까. TV로 중계되는 화면 속 경기 장면들에서 각국 선수들의 치열한 실력 대결도 관심이지만, 또다른 볼거리는 바로 관중들의 응원 대결이다. 그러니 이번 도쿄 올림픽은 단순히 각 나라별 순위를 매기기 위한, 어쩔 수 없이 일정을 소화하는 수준 정도로 보인다. 회사에서 진행하는 회의도 마찬가지다. 재택근무가 일상으로 자리를 잡고, 회의는 당연히 화상으로 진행하며, 교육도 비대면으로 진행하다 보니 현장감이 없다. 노트북 앞에서 혼자 떠드는 회의나 교육을 두어 시간 진행해 보면 '내가 지금 누구랑 이야기하고 있지.'라는 생각이 들 때가 있다. 참 재미 없는 세상이 된 것이다. 강의를 진행하는 교수님들도 같은 상황일 것이고 그것을 듣는 학생들 역시도 현장감 없이 수업 진도만 맞추는 수준이 되지 않을까 우려가 된다. 특히 실험이나 실습이 중요한 학과는 더욱 더 심각할 것이다. 우리의 일상 속에서 마주 앉아 이어지던 관계의 깊이는 점점 옅어지고, 온라인에서 만난 인연들이 더 자주 안부를 주고 받게 된다. 서로 잘 알지 못하는 사이이나 온라인상으로 보이는 한정적 모습 그대로를 상대방의 전부로 믿고 안부를 주고 받으며 관계를 맺어 간다. 그렇게 관계라는 것이 과거보다 깊지 못하고 겉으로만 맴도는 것처럼 보인다. 그러나 분명한 것은 지금과는 완전히 다른 방향으로 인간은 관계를 만드는 방법을 배우고 그 새로운 방법으로 관계와 소통의 깊이를 만들어가고 있다.

한여름 밤의 이야기 그리고 일상 회복

뜨거운 열기의 태양이 가라앉고 제법 시원한 바람이 불면 분수대가 힘껏 물을 내뿜는 공원에서 삼삼오오 모여 맥주잔 기울이며 나누는 오랜 이야기들. 그게 친구 사이여도 가족이어도 연인이어도 좋다. 실내 공간에만 한정되는 방역지침이 있을 때는 그나마 야외는 자유로웠다. 공원 근처 편의점이 최대의 호황을 누릴 때도 있었다. 대규모의 모임이 아니라 꼭 필요한 몇 명의 깊은 이야기는 시간이 가는 줄 모르고 좀 멀찍이 떨어져 앉아 밤이 깊어갈 수 있었다. 어느 순간 9시가 넘어가면 야외에서의 모임도 금지가 되고 상황이 좋지 않은 경우는 공원 자체를 막아버리는 경우도 많다. 너무나 당연했던 자유가, 우리의 소중한 일상이 통제를 당하고 있는 것이다. 관계 당국의 조치를 원망한다기보다 코로나 바이러스라는 눈에 보이지 않는 존재에 의해 통제를 당하고 있는 것이다. 공상 과학 영화에서 나오는 눈에 보이는 않는 어떤 존재. 인간의 생존에 강한 위협을 주는, 그러나 통제할 방법이 제한적인 그런 공포스러운 존재. 스스로의 생존을 위한 진화 속도가 인간의 통제를 앞서가는, 그리고 어느 순간 어떻게 우리에게 근접해 올지 알 수 없어 더욱 공포스러운 존재다.

그러나 인류는 역사적으로 우리의 일상을 위협하는 각종 위험요소들을 잘 극복해 왔고, 이번에도 짧은 시간 내에 효과적인 백신과 치료제를 만들어 내었으니 길지 않은 시간에 코로나 바이러스도 통제 범위에 들어올 것이라고 믿어 의심치 않는다. 특히 우리는 K-방역이라는 코로나

바이러스를 이겨내는 전 세계 국가들의 모범 사례도 만들지 않았는가. 유행 상황별 사회적 거리두기 단계, 자주 그리고 꼼꼼한 손 씻기, 올바른 마스크 착용, 밀접·밀폐·밀집의 3밀 피하기, 환기 등 생활 방역 그리고 전문가를 통한 정기적 예방 방역 등 전문가들이 권장하는 기본 수칙들을 잘 지키며 어려운 상황들을 함께 잘 통제해 내고 있다. 하루라도 빨리 코로나로부터의 자유로운 삶, 너무나 당연하여 소중함을 느끼지 못하였던 그 일상이라는 소중한 지점으로 다시 돌아가기 위하여 조금만 더 인내하며 다함께 힘을 합한 노력을 해야 한다. 언젠가 다시 지금의 기록들을 돌아볼 때 우리가 IMF, 리먼 금융 사태 등의 위기들을 슬기롭게 극복하였던 것과 같이 코로나19 바이러스도 전 세계에서 가장 먼저, 가장 완벽하게 모두의 힘을 모아 극복하였다고, 그래서 지금 이 순간의 코로나 극복을 위한 노력들이 또 다른 '성장의 역사'가 되어 우리 역사의 한 페이지에 좋은 교훈으로 남기를 바래본다. 우리는 빠른 시간 안에 다시 학교를 가고, 극장에서 영화를 보고, 해외 여행을 가고, 친구들을 만나고 삶을 이야기하며 나눈 그 경험들을 바탕으로 자유롭게 새로운 도전과 체험을 할 것이라고 감히 예언해 본다. 어려울수록 더욱 강하게 힘을 모으고 지혜를 모아 그렇게 잘 극복해 왔기 때문에 코로나로 인한 지금의 불편함도 길지 않을 것이라고, 그리고 그 누구보다도 먼저 극복하고 우리가 희망하는 '너무나 당연하고도 소중한 일상'으로 돌아갈 것이라고….

글을 적는 동안 병원에 입원한 그 친구는 경과가 좋지 않아 결국 서울 신촌에 위치한 큰 병원으로 옮겨 왔다. 그러나 지금은 의료진들이 내린 다른 관점의 처방 그리고 가족을 비롯한 지인들의 강력한 응원으로 빠른 회복을 해가고 있다. 물 한 모금 넘기지 못하던 몸이 어느새 육류를 포함한 병원식을 소화하게 되어 이제 곧 퇴원할 수도 있겠다는 희망을 갖게 한다. 몇 달 만에 단톡방에 등장하여 농담도 곧잘 던진다. 본인은 역시 서울 체질이라나. 이렇듯 길게만 느껴지고 언제 끝날지 모를 것 같은 어려움도 몇 번의 악화와 안정의 사이클을 거치면서 결국 회복을 하게 된다. 나무가 자라기 전 오랜 기간 뿌리부터 기초를 튼튼히 만들듯이, 그 어떤 상황이든 한번 회복기에 접어들면 그 속도도 엄청나게 빠르다. 이미 단련되고 준비되어 있기 때문이다.

지금 겪고 있는 코로나, 이제 곧 위드 코로나(with COVID19) 그리고 비욘드 코로나(beyond COVID19)의 새로운 패러다임으로 흘러갈 것이다. 겪어 보지 못한 새로운 경험을 바탕으로 팬데믹을 극복한 인류는 발전의 속도를 더욱 높여 갈 것이다. 이제 우리는 소중한 것들을 지키기 위한 기본적인 활동을 넘어 비욘드 코로나 시대의 빅점프를 위한 힘찬 준비해야 할 때다.

Bridge

생각을 바꾸니
세상이 달라지다

홍원준

- 조선비즈 부장
- 미디어에서 약 20년간 지식사업을 해오며, 새로운
  트렌드를 연구하고 사람들과 네트워크를 만들어 왔음.
- 저서 : 힘들지만 행복한 일이야 공동 저자

생각을 바꾸니
세상이 달라졌다

"어떻게 지내세요?"라는 말을 물어보기가 힘든 시간이었다. 코로나로 많은 것들이 변화되어 힘들었지만, 결국 내 마음이 변화되지 않아 힘든 것이었다. 일도 가정도 몸도 조금씩 바뀌어 가는데, 생각과 마음은 예전과 같았기 때문이었다.

TV나 신문에서는 연일 코로나로 인한 변화와 극복하기 위한 노력들이 소개되었다. 원격근무 등 일하는 방식도 바뀌고, 환경에 대한 인식도 바뀌고, 교육방식 등 다 바뀐다고 하는데, 나는 어떻게 변화해야 하는지 막막했다. 혼자만 고립되어 멈춰버린 거 같았다. 게다가 와이프 회사가 지방이전하게 되어 주말부부로 살게 되었다. 앞으로 10년 넘게 떨어져 살 생각을 하니까 앞날이 깜깜했다.

힘든 시간을 보내며 시작한 작은 습관들이 생각을 바꾸게 만들었다. 주말부부로 혼자 있는 시간에 조금씩 운동하며 땀을 흘리고, 아침에 묵상을 하면서 생각이 긍정적으로 바뀌고, 무언가 해볼 수 있는 에너지와 여유가 생겼다.

그러면서 한가하고 멍했던 퇴근 후 시간이 바빠졌다. 월요일 저녁에는 유튜브 라이브, 화요일 저녁에는 온라인 공부, 수목은 운동, 금요일은 와이프 저녁준비, 토요일은 와이프와 아침산책 및 맛집투어, 일요일은 예배드리기, 집안 청소, 월요일 유튜브 준비 등등.

무의미하게 보냈던 시간들을 정리해보니 다 이유가 있었고, 과정이 있었던 거 같다. 결국 내 관점이자 생각이 바뀌면서 내가 변화하게 되었고, 이런 나의 경험이 힘들고 지친 이에게 도움이 되었으면 좋겠다.

내 주변의 변화들. 직장, 일, 집

2020년도는 나에게 많은 변화가 생긴 한해였다. 결혼 15년 만에 예전에 살던 빌라가 재개발되어 아파트가 지어지고, 서울에 내 이름으로 된 새 아파트에 입주하게 된 것이다. 그런데 와이프는 충북 진천에 있는 본원으로 발령받아 삼대가 덕을 쌓아야 한다는 주말부부가 되었다. 삼대가 덕을 쌓아야 한다는 주말부부로 평일에는 혼자, 주말에만 만나게 된 것이다.

회사에서는 새로운 제휴사업팀을 맡았고, 새로운 팀원과 신규 사업을 만들게 되었는데, 다 취소되고 변경되었다.

1월달만 하더라도 미국 CES 전시회에 가서 영상을 찍고, 같이 참관하는 분들과 이야기하며 새로운 트렌드를 경험했다. 한국에 와서는 CES 리뷰세미나를 하며 많은 이들이 참여하면서, 향후 국내외 행사들 리뷰하는 서비스를 만들어보고자 계획도 잘 세웠다. 그런데 다 취소되어 새로운 온라인세미나 서비스를 만들어야 했다.

2020년은 조선비즈 창간 10주년이 되는 해였다. 10주년 기념식이며 할 일들이 많았었는데, 다 취소되었다. 바쁜 일은 줄었지만, 새로운 사업을 만드는 일을 하면서 무언가 더 어필하고 빨리 안착해야 했기에 10주년 행사가 취소되는 것은 달가운 일만은 아니었다.

사는 집도 가족과 있는 시간도, 하는 일도 변화가 많아 하루하루 견디기 힘들었다.

인생 최대위기, 바닥에서 허우적거림

코로나로 친구들을 만나기도, 모임에 참석하기도 어려워져 온전히 혼자 지내는 시간이 많아졌다. 예전에는 혼자만의 시간을 가지며 책도 많이 읽고 싶었는데, 갑자기 시간이 많아지니 이상하게도 모든 것이 다 하기 싫어졌다. 재택근무하면서 일주일의 절반을 혼자 있게 되고, 그것도 익숙지 않은 새집에 있으니 낯설었다. 출근했다가 퇴근해서 들어오면 빈집에 아침에 있던 물건들이며 옷들이 그대로 있는 것도 싫었다. 혼자 밥을 먹기도 싫어 반주 한 잔을 하다보면 소주 한 병, 와인 한 병은 다 먹게 되고, 조금 더 먹다 보면 금방 취하면서 12시가 다 되어 가고, TV 리모콘만 계속 돌리다 결국 잠이 들게 되는 날이 많아졌다.

계속 집에서 먹다 보니 수시로 냉장고만 여닫고, 온라인 쇼핑하며 주문한 가공식품들만이 유일한 취미가 되었다. 점점 늘어가는 것은 뱃살과 무기력증이었다.

일주일에 한번 교회에 가서 예배를 드리고, 목사님 말씀을 들으며 불안하고 나태한 내 생활을 다시 잡았으나, 온라인 예배로 영상을 통해 목사님 이야기를 들으니 자꾸 유튜브 영상처럼 중간에 넘기거나 딴짓을 하게 되었다. 집중이 되지 않았다. 그러다 보니 더욱 불안해졌다.

생각해보니 직장생활을 한 지 약 20년이 되었다. 전자신문 10년, 조선비즈 10년, 새로운 일들을 기획하고 하면서 재밌게 일했다. 반면 갑자기 바뀐 조직내 상황과 새로운 일에 대한 부담은 매우 컸다. 다행히 그

동안 만났던 사람들에게 종종 코로나 이후 어떻게 행사를 해야 하는지, 하이브리드행사를 어떻게 해야 하는지 문의가 와서 그동안 경험하며 변화들을 공부했던 것을 토대로 설명해주기도 했다. 내 전문성에 대해 인정을 받는 기분도 들었다.

그러나 겉으로 보는 현상과 실제 진행하는 것은 달랐다. 2020년 하반기가 되면서부터는 나한테 물어보던 사람들이 온라인 행사에 대한 경험들을 하면서 다양한 시도들을 하는 것이 아닌가. 연말쯤에는 이제 나도 잘 모르는 새로운 형태와 변화무쌍한 경험들을 가진 전문가들이 되었다. 금방 격차가 나기 시작했다.

하는 일도 바뀌고, 조직 내에 역할도 달라지고, 외로움과 무기력증에 인생 고민을 정말 많이 했다. 걷기도 뛰기도 많이 했다. 그러면서 새로운 변화가 필요하다는 생각을 했다.

내 몸을 위한 첫 백만원 투자. 운동

주말부부를 하게 되니 혼자 있는 시간이 많아지고 주말에 와이프와 만나면 무척이나 반갑고 좋았지만 싸우기도 많이 했다. 서로 배려하고 기대하는 것들이 컸기에 고맙다는 표현보다는 불만이 더 많았다. 일례로 금요일 저녁때 와이프는 진천에서 회사 셔틀버스를 타고 집에 8시 30분쯤 도착한다. 그에 맞춰 맛있는 저녁상을 준비한다. 근처 식당에서 포장해 오기도 하고, 직접 하기도 한다.

그런데 와이프는 피곤하고 늦은 시간이라 조금만 이상하거나 맛이 없어도 바로 표현한다.

'이거 왜 그래?'

그리고 집안이 더럽다며 청소도 좀 하라고 잔소리가 시작된다.

'참을 인'자를 하나, 둘, 세 개까지 생각하다가 결국 나도 폭발한다. 그러면 주말은 냉랭한 사이로 소중한 시간을 허비하게 되었다. 답답했다. 나도 답답하고 배려받고 싶은데.

그래서 무언가 돌파구가 필요했다. 작년부터 가끔 뛰던 마라톤도 코로나 때문에 취소되고, 운동을 하고는 싶은데, 무엇을 해야될지 몰랐다.

조금이라도 잠을 잘못 자면 목이 뻐근하고, 노트북을 고개 숙이며 보다가 TV도 한참 보다 보면 목 주위가 너무 아프다. 병원에서 도수치료를 받아봤자 그 효과도 이제는 잠깐뿐이다. 그러다 헬스클럽, 필라테스 전단지를 보게 되고, PT를 받으며 운동해 보면 좋겠다는 생각을 했다.

나름 월급도 연차에 비해 제법 받고, 2020년에는 회사 10주년이라 보너스도 많이 주었다. 그런데 대출이자와 가끔 외식하며 고기 먹는 거 외에는 나한테 특별히 쓰는 게 없다는 생각이 들었다. 몇 만원짜리 옷 하나 사는데도 와이프한테 눈치보고 어떤지 물어보는 나였다.

내 몸에 맞는 운동을 하고자 먼저 헬스클럽에서 상담을 받았다. 개인 PT 20회 100만원. 할인이벤트로 5회를 더 해준다고 했다. 예전 같았으면 비싼 금액이었다. 기껏해야 월 1만 원 내고 아파트단지 헬스장에 갔는데, 그에 비하면 엄청나게 비싼 돈이었다. 그런데 나한테 이 정도 투자도 못하는가 하는 생각이 들었다. 더 이상 초라하고 불쌍하게 살기 싫었다. 과감히 카드를 긁었고, 그렇게 인생 처음 개인 PT를 시작했다. 헬스장 사장이자 코치는 나를 살뜰히 챙겨주며 운동을 시켰다. 신입회원이고, 코로나로 회원들이 많이 줄어든 상황이라 그런지 코치는 친절하게 많이(?) 운동을 시켰다.

너무 힘들었지만 일단 내가 선택한 운동이기에, 비싼 돈을 냈기에, 와이프한테도 큰소리쳤기에 열심히 했다. 처음 스트레칭이나 기초운동을 할 때는 괜찮았는데, 갈수록 한 동작 한 동작들이 너무 힘들었다. 퇴근 후에 8시쯤 갔는데, 금방 땀이 흥건해졌다. 돈 내고 이렇게 '빡시게' 군대 유격훈련처럼 해야 하나 하는 생각이 들었다. 정말 돈을 냈기 때문에 한 번도 안 빠지고 1주일에 2번씩 했다. 한 시간이 왜 이렇게 긴지. 저녁 약속이 있거나, 하기 싫은 경우는 최대한 늦춰서 11시에 하기도 했다.

그렇게 3주 정도 지나고 나니, 몸에 뻐근함도 덜하고, 운동하러 가는 것도 익숙해지면서 컨디션이 좋아짐을 느끼게 되었다. 특히 땀 흘리고 집에 와서 샤워할 때, 그때만큼 기분 좋을 때가 없었다. 그러고 나면 개운하니 잠도 잘 오고, 다음날 일찍 일어나게 되고 긍정적 선순환이 일어났다. 회사에서 새로운 일과 관계들, 혼자 있으면서의 외로운 생각들은 가라앉았다. 오히려 주변 사람들에게 얼굴 좋아졌다는 이야기를 듣고 운동이야기를 하며 더 활기차게 되었다. 운동이 없는 날이나 일찍 끝나고 나서는 동네 불광천을 한 바퀴씩 뛰기도 했다. 배도 덜 나오고, 가끔 술도 먹는데, 취하지도 않아 더 많이 먹기도 했다.

하반신, 상반신 등을 집중적으로 하며 기초체력이 길러지니 뛰는 것도 수월했다. 매주 10km씩 뛰는 것도 할만 했다. 2019년에 처음으로

홍원준
2021년 1월 10일

올해 첫 러닝.

추운데 와이프가 쓰레기 버리고 오라고 하거나,
군대에서 근무를 나가거나,
회사에 출근하려면 그렇게 싫은데.
내가 이렇게 스스로 뛰러 나갈줄이야. ^^

오늘 날씨가 조금 풀려 뛰기 좋았다.
올해부터는 뛴거리만큼 기부하는 기부런 참여.
연말까지 500km 목표!

#기부런 #8km #1km당100원
#춥다추워

페이스북에 첫러닝 사진과 목표를 올렸다

마라톤을 같이 하며 뛰는 것을 알려준 김민철과 함께 운동하면서 이야기하는 게 재밌어졌다. 그러면서 민철 후배가 하던 연간 목표를 정해놓고 하는 기부런에 관심을 가지고, 나도 2021년 새해에 500km 목표를 정했다. 매주 10㎞씩 뛰면 충분히 할 수 있을 거 같았다.

목표를 정하고, 페이스북에 정기적으로 포스팅하니 매주 뛰기 싫더라도 약속을 지키기 위해 일요일 밤이라도 뛰는 등 꾸준히 하게 되었다.

점점 몸이 가벼워지고, 목과 어깨 결림은 사라지고, 아침에 스트레칭, 주말에 뛰는 것이 일상이 되었다. 동갑 친구들보다 좀 더 젊어진 거 같은 생각은 커다란 자신감이었다. 그렇게 생활의 활력소가 되어 뛰고 와서는

매주 불광천에서

제주도 여행 중 해변에서

1년 누적 500km 완주

하기 싫던 일도, 청소도, 설거지도 금방 금방 할 수 있게 되었다. 무엇보다 아내의 잔소리도 잘 넘기게 되었다.

체력이 생기니 무엇이든 할 수 있는 에너지가 고갈되지 않았다. 참으로 감사했다. 아쉽게도 개인PT를 했던 헬스클럽 코치는 코로나 때문에 결국 문을 닫았다. 덕분에 건강해졌는데 제대로 고맙다는 말도 못했던 거 같다.

그리고, 무엇보다 놀라운 변화는 러닝을 시작하면서 2021년에 500km 목표를 완주했다는 것이다. 스스로 정한 목표를 이루었다는 자신감과 건강한 몸이 되었다는 사실에 너무나 감사하고 뿌듯했다. 사실 12월달에 백신주사를 맞으며 컨디션이 좋지 않아 한 주를 쉬게 되면서 12월 31일 마지막날을 앞두고 누적 485km. 즉 15km가 남았다. 와이프가 수술을 하게 되어 병실에서 간호하면서 포기했었는데, 잘 회복되어 일찍 퇴원하게 되어 오후에 시간이 생겼다. 나에게 마라톤을 알게 해주고, 같이 뛰며 응원해 준 김민철 팀장도 꼭 달성하면 좋겠다는 격려를 해주기도 했다. 12월 31일 마지막날 러닝을 하며 목표거리를 완주했을 때 너무 감

기부앱을 통해 기부금 전달

사했다. km당 100원으로 기부하고자 했던 금액도 1000원으로 상향했다. 블록체인기부앱 체리로 아픈 이의 수술비를 돕는데 기부했다. 나는 목표거리를 정하고, 기부한다는 목적을 만들어 뛰다보니 건강한 몸을 얻게 된 것이다. 작년에 병원은 거의 가지 않았다. 절약된 병원비와 자신감은 기부를 하며 더욱 배가 된 것이다.

몸과 마음이 힘들고, 지칠 때, 바닥에서 헤맬 때, 일단 밖에 나가서 걸어라. 그리고 조금씩 나한테 맞는 운동을 해라. 의지가 약하다면 개인 PT처럼 돈을 써라. 어떻게든 가게 된다. 그 어느 투자보다 성과가 높다. 이제는 여행을 가서도 하루는 아침에 뛰는 습관을 가지게 되었다. 숙소 근처 공원이나 바닷가를 아침에 혼자 뛰는 것은 정말 행복한 시간이다. 차 타면서 보는 풍경은 정말 손톱만큼의 느낌이다. 직접 바람을 맞으며, 눈으로 하나씩 보며 생생한 소리를 듣는 이 즐거움은 이루 말할 수 없다. 뛰고 난 다음의 상쾌함과 의욕 충만은 여행할 때 더욱 큰 즐거움이자 원동력이 되었다.

반짝 감동을 지속시키는 방법. 묵상

재택근무를 많이 하면서 외롭고 허전하고, 나 혼자만 고립된 거 같은 느낌이 많이 들었다. 책을 읽는데 딴생각이 많이 나 집중도 안 되고, 유튜브 영상을 계속 보다 보니 지식쇼핑을 하는 느낌이었다. 좋은 내용에 고개를 끄덕이며 깨닫게 되었는데, 다른 또 좋은 강연을 들으면 다시 잊혀지고, 결국 그냥 사라져버렸다. 내 것으로 만들지 못하고…. 계속 반복되면서 좋은 내용을 놓치기 싫어 머릿속과 마음만 가득 차 버린 느낌이었다.

다행히 운동을 하며 몸과 마음을 조금씩 비우며 아침 일찍 일어나게

"와이프한테 매일 하늘양식 책 내용을
녹음하고 카톡으로 보내주었다."

되었는데, 무엇을 하면 가장 의미 있게 보낼 수 있을까 생각하다가 예전에 샀던 《하늘양식》이라는 일일 묵상 책이 보였다. 매일 한 페이지 정도에 말씀과 사례, 해석, 기도가 있어서 몇 분이면 금방 읽을 수 있었다. 성경책을 읽기에는 잘 이해도 안 되고 답답했는데, 이것은 날짜도 적혀있고, 사례도 재밌어서 지루하지 않게 계속할 수 있을 거 같았다. 그리고 읽다보니 이것을 진천에 있는 와이프한테도 전해주고 싶었다. 그래서 매일 아침 읽을 때 스마트폰으로 음성녹음을 하여 카톡으로 전해주었다. '하늘양식_20200902'이렇게 매일 하나의 음성클립을 만들어 전해주었다. 매일 읽으며 하루를 시작하는데, 머릿속과 마음속에 깨

달음을 얻은 거 같아 뿌듯하게 느껴졌다. 나약해지며 흐트러진 마음을 정리하며 우선순위를 알 수 있게 되었다. 무엇보다 와이프한테 이것을 전해주어야겠다는 미션을 가지니 매일 아침 늦더라도 꼬박꼬박 하게 되었다. 그렇게 시작한 것이 1년이 넘었다. 지금도 하고 있다.

정신적으로 영적으로 안정되고 성장하였다. 예전보다 화도 덜 내고, 사람들과의 감정 소모도 덜 하게 되었다. 마음의 여유를 가지게 된 것이

다. 화가 나는 상황이 되면 내가 무엇 때문에 그랬는지 곰곰히 생각해볼 수도 있게 되었다. 왜 마음수련을 하는지 알 것 같다. 특히나 코로나로 사람들이 다들 예민해지고 화가 많이 나 있다. 전에 했던 것들을 못하고, 계속해서 제약이 많으니 답답하고 억울한 것이다. 그러다 누군가 툭 건드리면 바로 터지는데, 그 어느 때보다 마음을 달래고, 영적으로 성숙해지는 시간이 필요하다.

많은 시간을 잘 활용하고, 생산성을 높이기 위해 가장 중요한 것은 마음의 안정이다.

모든 것이 유연해지다

코로나로 예상치 못한 상황과 변화에 많은 이들이 힘들어하고 있다. 이제 1년이 넘는 시간이 지나면서 누군가는 엄청난 기회로 더 잘 되기도 하고, 어떤 이는 점점 더 어려워지기도 한다. 나에게도 지난 1년은 정말 힘든 시기였다. 불안한 상황에 일에 집중할 수 없었다.

그러나 **운동**을 하고 **묵상**을 하면서 몸과 마음을 다시 붙잡게 되었다. 갑자기 많아진 시간이 여러 활동들을 지속해서 하다 보니 바빠지게 되었다.

매주 운동하며 공부하며, 사람들 만나며 다시 성장하고 있다는 생각이 들었다. 하는 일도 긍정적인 변화 속에 새로운 아이디어들이 생각나고 많은 이들이 도와주면서 계획들을 만들고 있다.

새로운 일에 대해 고민하는 스트레스를 받기보다는 이렇게 해볼까 저렇게 해볼까 하는 내 생각들을 실천해 보는 즐거운 과정으로 변하게 되었다. 이렇게 하면서 필요한 사람들을 만나고, 필요한 디지털 도구들을 자연스레 배우게 되었다. 목적이 분명해지니 그동안 막연히 알아두면 좋은 내용, 배워두면 좋은 교육 등이 아니라 필요로 한 것들을 찾게 되는 것이었다.

힘든 상황이었지만 건강한 몸과 마음의 평안함을 위한 작은 습관들을 실천하면서 많은 변화들이 생겨났다. 감사한 일들이 많아지고, 도와줄 일들이 많아 바빠졌다.

생각을 바꾸니 남의 세상이 아닌 내 세상이 보였다.

Bridge

팬데믹을
이기는 사람들

박진완

– 신한라이프 명예이사

팬데믹을
이기는 사람들

팬데믹(pandemic)을 아시나요?

　팬데믹이란? 세계적으로 전염병이 대유행하는 상태, 지난 2020년 3월 11일 현지 시간으로 세계보건기구(WHO)에서 감염병 최고 경고 등급을 선포했습니다. 세계보건기구에는 감염병 위험도에 따라서 경보단계를 1단계에서 6단계까지 나누고 있습니다. 이 중 최고 등급에 해당하는 6단계를 팬데믹이라고 합니다.

　참고로 팬데믹이라고 할만한 감염병은 14세기 중세 유럽의 페스트, 스페인독감(1918), 홍콩독감(1968), 그리고 신종플루(2009) 등이 있었다고 하네요.

　지금 경험하고 있는 코로나19는 어떤가요? 과거 전염병은 책에서 경험해 봤을 뿐 심각함을 피부로 느낄수는 없었습니다. 그런데 코로나19는 모두 일시정지된 상태로 멈추어 버렸죠. 전 세계가 입국 출국을 제한하고 가고 싶은 곳을 가지 못하고 만나고 싶어도 만나지 못하는 현실을 보내고 있습니다. 그래서 자연스럽게 사람과 접촉을 지양하는 언택드(Untact) 시대가 시작되었습니다. 코로나19로 생긴 코로나블루, 확찐자, 집콕족, 집관, 금스크 등 다양한 신조어들이 등장했습니다.

코로나 블루는 '코로나19'와 '우울감(blue)'이 합쳐진 신조어로 코로나19 확산으로 일상에 큰 변화가 닥치면서 생긴 우울감이나 무기력증을 뜻합니다.

확찐자는 코로나19 감염 우려로 외출을 자제하면서 집안에서만 생활하다 보니, 활동량이 급감해 '살이 확 찐 자'가 됐다는 의미로 사용되고 있는 신조어입니다.

집콕족은 비말감염 등으로 이뤄지는 코로나19의 특성상 다른 사람들과의 접촉을 피하기 위해 집안에서만 머물려는 사람들을 말합니다. 이처럼 외출을 아예 하지 않는 집콕족이 늘면서 오프라인 매장은 매출이 급감한 반면 온라인 쇼핑이나 집안에서 즐길 수 있는 취미 관련 도구들은 큰 인기를 끌고 있습니다.

집관은 스포츠팬들이 경기장에 가서 직접 보는 것을 뜻하는 직관(직접 관람)에 집이 결합된 신조어입니다. 집에서 관람한다는 뜻입니다. 이는 코로나19로 각종 스포츠 경기가 무관중으로 진행되면서 생긴 표현입니다.

금(gold)스크는 코로나19 확산으로 마스크 수요가 폭증하면서 생겨난 말인데요. 2020년에 초기에는 마스크를 구하기 어려울뿐더러 그 가격도 높아 금처럼 귀하다는 의미로 사용되었습니다.

이밖에도 코파라치(방역수칙 위반 사례를 신고해 포상을 받는 사람들), 작아격리(집에 있는 시간이 많아지다 보니 자연스럽게 운동량이 줄면서 살이 쪄 옷이 작아졌다는 의미), 코로나케이션(코로나19가 장기화되면서 학교들의 개학 연기가 거듭되면서 수업이 온라인으로 대체된 기간을 방학에 빗댐), 돌밥돌밥(돌아서면 밥을 지어야 하는 주부) 등등 많은 신조어들이 코로나19로 생겼습니다.

지금 2022년 1월에도 코로나19 확진자가 하루에 4천명 이상 발생하고 매일 사망자 수도 늘어나고 있는 상황입니다.

이런 팬데믹 상황 속에서 나는 어떻게 생활하고 있는지, 어디로 걸어가고 있는지, 앞으로 나의 미래를 어떻게 준비해야 하는지 생각해 봅니다.

팬데믹 이전의 나

새벽 6시 30분까지 출근해서 책 읽고 기도하고 하루를 시작해서 밤 11시가 넘어 집에 오면 아이들 자는 모습 보고, 다음날 해야 할 일 준비한 후 잠을 잤습니다.

1996년 7월에 이랜드에 입사해서 5년 동안 똑같이 반복하며 헌트, 더팬, 오피니언 브랜드를 경험하고, 2001년 12월에 EXR 스포츠 브랜드를 만나 브랜딩 작업을 경험하고, 2004년 5월에 ING생명에 입사해서 지금은 신한라이프 이름으로 바뀌었고 사내 명예이사로 활동하고 있습니다.

1998년에 첫 아이가 태어났고, 2003년에 둘째가 태어나서 지금까지 14번 이사했고, 2016년에 처음으로 내 집이 생겼고, 이제는 더이상 이사 안 해도 됩니다. 내 집 마련하는데 20년의 시간이 필요했습니다.

요즘 부동산 가격이 급등해서 내 집 마련이 어렵다고 하지만, 1996년에도 전 재산이 500만원이어서 내 집 마련한다는 생각은 꿈만 같았고, 그래도 청약통장도 만들고 계획을 세워서 꾸준히 걸어왔습니다.

1996년 처음 이랜드에 다닐 때는 연봉이 1,560만원, 2002년 EXR에서는 연봉이 3,600만원, 2004년 ING생명으로 옮길 때는 연봉 6,000만원을 목표로 일했고, 2014년에는 처음으로 연봉 4억이 넘었습니다.

왜 이렇게 자세하게 연봉까지 알리는 이유는 첫 직장 1,560만원에서 4억이 될 때까지 자신의 성장을 위해서 얼마나 많이 노력하고 쉬지 않고 달려왔을까 생각해 봅니다.

저의 고객 중에는 고향 정읍에 사는 친구가 있습니다. 2004년 처음 ING생명에서 일할 때 친구를 만나 인생 이야기도 나누고 미래 이야기도 나누면서 같이 라이프플랜도 계획하면서 삶을 음미해 보았습니다. 그 친구는 자녀가 4명인데, 일주일에 5번은 집에서 저녁 식사를 한다고 합니다. 이유는 밥상머리 교육을 하기 위해서라고 합니다.

실제로 친구 자녀들을 보면 매우 예의 바르고 느껴지는 성품이 있습니다. 친구는 자영업을 하는데 수입은 적지만 마음은 편하고 정말 성실히 살아가고 있는 모습을 보며 부럽다는 생각과 함께 이런 모습이 정상적이지 않을까 혼자 생각했습니다.

반면에 저는 일주일에 1번 정도만 집에서 저녁을 먹었습니다. 평일에는 모두 회사에서 저녁을 먹었고 토요일은 외식, 일요일 저녁 정도만 집에서 식사를 했습니다. 제가 굳이 잘한 점이 있다면 주말에는 두 아들을 데리고 국내 국립공원 산을 다녔는데, 이렇게 산에 다닐 수 있도록 도와주신 마페 산악회에 깊은 감사를 드립니다. 혼자서는 어렵고 시스템이 있어야 했습니다. 혼자서 하기 어렵다면 같이 할 수 있는 시스템을 만드는 것도 하나의 방법입니다.

이쯤 해서 제가 하고 싶은 얘기는 제 삶에 '쉼'이 없었다는 것입니다. 쉬고 싶어도 쉬지 못하는 현실 때문이죠. 계속 반복되는 하루 속에서 무언가 새로운 것을 계속 찾았고, 그 새로운 것을 익숙하게 만들고 또 일 속에 사는 저에게 갑자기 팬데믹이 왔습니다.

팬데믹 이후의 나

팬데믹이 오고 제일 먼저 출근을 안 하게 됐습니다. 매일 저녁은 집에서 했습니다. 물론 아내는 매일 새로운 저녁준비로 스트레스를 받아야 했지만 매일 저녁을 가족과 함께할 수 있어 좋았습니다.

아들은 계속 유튜브를 보고 난 옆에서 아들 구경합니다. 무슨 음악을 듣는지, 어떤 게임을 좋아하는지, 또 어떤 웹툰을 구독하는지, 어떤 스포츠에 이렇게 웃고 좋아하는지, 심지어 아들 손가락과 발가락도 보게 됩니다. 주말이면 같이 목욕하고 식사하고 스포츠 얘기 나누고 이게 모두 팬데믹 이후에 나타나고 있는 상황입니다.

그동안 가족과 대화의 시간은 매우 부족했습니다. 그래서 집에 머무는 시간이 많아지면서 처음엔 어색했지만 지금은 자연스러운 시간으로 되어가고 있습니다.

팬데믹이 아니면 저는 지금도 회사에 있을 것입니다. 그리고 또 일 중심의 삶을 살아가고 있겠죠. 팬데믹 이후 자연스럽게 일도 멈추게 되고 수입은 줄었지만 가족의 삶이 눈에 들어오는 시간이 되었습니다.

'아내가 집안에서 하는 일들이 이렇게 많구나.' 하고 느끼며 집안일도 돕게 되고, 하나씩하나씩 밖에서 하던 일들이 줄고 집안에서 머물게 됩니다.

어찌보면 자연스럽게 가지게 된 안식년이 되어버렸습니다.

저의 취미인 사진에 더욱 집중할 수 있어 좋았고 미래에 대한 걱정보다 현실의 쉼이 좋았습니다. 그런데 팬데믹 1년이 지난 요즘, 마음은 다시 빨리 움직이려고 합니다.

이전보다 수익이 줄어드니 다시 일하려고, 애쓰려고 합니다. 남들은 쉬라고 하지만 제 마음이 허락지 않습니다. 그래도 관점을 달리하고 쉬려고 합니다. 지금은 밸런스 라이프가 다시 중요함을 느낍니다. 일도 중요하고 가정도 중요하고 내 자신의 삶도 중요하고…, 모두 균형을 맞춰야 한다는 생각. 이론적으로는 균형을 맞추는 게 중요하지만 현실은 그렇지 못하니 다시 딜레마에 빠집니다.

무엇하나 소홀히 보낼 수 없는데 예전보다 다른 점이 있다면 조금 힘을 빼려고 한다는 것입니다. 아주 잘하고 싶다는 생각보다 최선을 다하고 결과보다 과정을 중요시 여기며 정말 최선을 다했다면 자신을 칭찬해 주며 격려하고 싶습니다.

팬데믹 이전에는 결과 중심이었다면 지금은 과정이 더 중요하고 스스로 최선을 다했다면 정말 칭찬해 주고 싶습니다. 목표 중심의 삶을 살았다면 주변을 돌아보며 같이 살아가는 삶을 살고 싶다는 생각입니다.

'완전충전 완전방전'

충분히 쉬니까 다시 일하고 싶습니다. 최선을 다해 일하고 다시 충전하는 시간으로 이어집니다.

팬데믹을 이기는 사람들

난 어디를 바라보고 있는가?

최근 경제 뉴스를 보면 어떤 하루는 주식이 큰 폭으로 떨어집니다. 이때 기자가 애널리스트에게 묻습니다.

Q: "주식이 큰 폭으로 하락한 이유가 뭐죠?"

A: "코로나19로 인해 투자심리가 위축 되었고 미래 경제의 불확실성 때문에 떨어졌습니다."

그런데 다음날 주식은 큰 폭으로 다시 오릅니다. 다시 기자는 애널리스트에게 묻습니다.

Q: "오늘 주식이 큰 폭으로 오른 이유가 뭐죠?"
A: "코로나19로 어렵지만 미래가 좋아질 거라는 예측 속에서 성장주 가치주에 투자를 했기 때문에 주가가 올랐습니다."

전날에는 코로나19가 불투명해서 주가가 하락하고 다음날에는 코로나19에도 불구하고 미래를 바라보며 좋아질거라는 기대감 때문에 상승했다는 것입니다. **똑같은 코로나19 상황 속에서 미래를 어떻게 바라보는가에 따라 결과는 달라지는 것을 보게 됩니다.**
그렇다면 당신은 미래에 대해 어떻게 전망하고 계십니까?

선물 포장지를 판매하는 회사가 있습니다. 오래전부터 을지로 방산시장에서 포장지 판매 사업을 하고 있었습니다. 미래는 온라인 판매 유통으로 확장되면서 유통의 변화를 느끼고 온라인 사업을 준비하고 있었지만, 온라인 쇼핑몰을 알리는 것은 쉽지 않았고 오히려 쇼핑몰을 알리는 광고비가 많이 들어가고 있었습니다.
그때 일본에서 아주 품질 좋고 예쁜 포장지를 알게 되었습니다. 게다가 적당한 가격대에 품질까지 좋은, 소위 가성비가 좋아서 상당히 많은 물량을 수입해서 창고를 가득 채워 판매를 앞두고 있었습니다.
그런데 갑작스럽게 일본과의 무역 문제가 생기고 과거사 문제로 인해 일본 제품 불매운동까지 겹쳐 큰 문제에 봉착하게 되었습니다. 창고에는 이미 많은 재고가 쌓여 있었기 때문에 재정적으로도 어렵고 창고 유지비용 부담까지 산 넘어 산이었습니다. 직원들은 원가에 포장지 판매를 하자고 했는데, 더 나아가 이 회사 대표님은 원가의 반값으로 포장지를 판매를 하자고 제안했습니다. 직원들의 반대가 있었지만 큰 손실을 보더라도 빨리 진행시켰고, 한 달만에 창고에 쌓여 있던 포장지가 다 판매되는 결과를 낳았습니다. 이유는 원가에 팔아도 아주 싸게 판매하는 것인데, 원가의 반값에 판매하니 소비자들의 입소문이 빨랐고, 좋은 제품을 아주 저렴한 가격에 판매하니 순식간에 판매가 이뤄진 것입니다.

여기서 가장 큰 수확은 그동안 잘 알려지지 않았던 온라인 사이트가 쉽게 홍보가 되었다는 점입니다. 그 이후에 소비자들은 또 다른 가성비 높은 상품을 찾기 위해 온라인 쇼핑몰에 재방문이 이어졌고 가성비 좋은 상품들이 많았기에 매출은 급성장했다는 것입니다. 그래서 포장지의 회전률이 좋아지고 시즌마다 특정 포장지가 잘 나가는데, 전에는 6개월 전에 준비했다면 지금은 1년 전부터 미리 준비하면서 회전율과 적중률을 높이고 있다고 합니다.

만약 사장님이 직원들 의견대로 원가에 판매했다면 그렇게 쉽게 빠르게 팔렸을까 생각해 봅니다. 어차피 창고비용도 나가고 자금의 유용성까지 생각한다면 조금 손해를 보더라도 빠른 판단의 가격 전략이 오히려 위기를 기회로 만들어 온라인 쇼핑몰 홍보까지 되면서 광고비 대비 더 많은 효과를 얻을 수 있었습니다.

또 하나의 성공 비결은 이 회사의 대표가 아주 작은 고객들의 불만 소리에도 경청하고 소통한 것이었습니다.

매출이 갑자기 일어나면 반드시 문제가 되는 것이 물류 배송입니다. 하루에 진행되는 물량이 있는데 이보다 몇 배의 주문이 들어오면 당연히 배송은 늦어지고 고객들의 불만은 쌓여 갈 것입니다.

이때 배송이 늦어진 고객님들에게 몇백 명의 고객님들과 일일이 전화

통화를 한 것은 대표님이었습니다. 직원들에게만 문제를 맡기지 않고 직접 매일 모든 고객님과 직접 대표님이 통화하니 오히려 고객들과 신뢰가 쌓이고, 고객님들을 대하는 대표님을 보면서 직원들 교육까지 정말 일석이조의 효과가 있었던 것입니다.

성공의 비결은 결코 복잡하고 어려운 곳에 있었던 것이 아닙니다.

회사가 고객님을 사랑하는 마음을 잘 전달하고 느낄 수 있게 그 진정성이 전달된다면, 마치 음식을 준비하는 마음으로 정성이 느껴진다면 그 고객은 다시 방문할 것이고, 그 고객을 끝까지 유지하기 위해서 고품질의 서비스는 지속될 것입니다.

코로나19로 소비의 형태와 판매의 방식은 확실히 바뀌고 있습니다. 코로나19가 장기화되면서 라이프스타일도 변화되고 있고, 해외여행을 못 가면서 생기는 보복 소비 등 시장의 변화는 빠르게 움직이고 있음을 느껴야 할 것입니다.

"만족한 소비자가 최선의 광고다."

1996년, 이랜드 다닐 때 회사에서 알려준 명언입니다.

과거에는 만족한 소비자의 입소문이 지금은 댓글로 표현되고 있고, '좋아요' 별표로 표시되고 있으며, 인스타그램, 페이스북을 통해서 자연스럽게 구전 광고가 되고 있습니다.

여기서 잠깐, 그렇다면 디지털마케팅은 어떻게 진행되어야 최선일까? 출발은 고객의 마음에서부터 하면 됩니다. 만약 당신이 청소기를 하나 구매한다면 제일 먼저 하는 행동은 무엇일까요? 아마 네이버나 구글, 다음 등에서 검색부터 하고 원하는 청소기를 골랐다면 자연스럽게 이

청소기를 사용한 사람들의 후기를 살펴볼 것입니다. 그리고 장단점에 대해서 유튜브 등을 통해서 정보를 취득할 것입니다. 가격, 디자인, 브랜드, 상품평 등 개인 우선순위에 맞춰 제품을 고르겠죠?

그렇다면 청소기를 판매하는 회사는 어떤 방법으로 홍보를 하고 광고해야 하는지 자연스럽게 방법이 생각날 것입니다.

예전에는 상품과 서비스를 정하고 고객을 찾았다면, 지금은 고객을 정하고 상품과 서비스를 준비하는 것이 더 적중률이 높습니다.

상대방의 약점이 나의 강점이 되도록

옛날 김두한 영화를 보면 싸우기 전에 반드시 밑에 부하를 시켜서 상대방과 싸우게 하고서 상대방의 강점과 약점을 파악해 오도록 하는 장면이 생각납니다. 상대방의 발차기가 강점이면 가까이서 발을 못 쓰게 하고, 반대로 손이 강하면 멀리서 발차기로 붙고…. 다시 말해 손자병법에 "적을 알고 나를 알면 백 번을 싸워도 위태롭지 않다"라는 의미와 일맥상통할 것입니다. 손자병법이 마케팅에도 그대로 적용됨을 알 수 있습니다.

브랜드를 처음 만들 때 전체 시장에 대해 지도를 그려보고 나의 위치를 파악하면 그곳에서 나의 경쟁브랜드를 찾게 되고 경쟁브랜드와 싸워서 어떻게 이길 것인가 고민해 봅니다.

쉽게 말해, 상대방의 약점이 나의 강점이 되면 어떨까 생각해 보는 것입니다. 예를 들면 이미 잘 알려진 상대방 브랜드가 인지도는 높은 데에 비해 서비스는 약할 수 있습니다. 반면에 신규 브랜드는 당연히 인지도가 약하기 때문에 상대방의 약한 서비스를 신규 브랜드 회사에서는 강점으로 만들면 소비자의 점수를 많이 살 수 있을 것입니다. 2002년 신규 EXR 브랜드는 경쟁브랜드로 생각했던 나이키, 아디다스 같은 브랜드에서 잘 안 해주는 신발 뒷꿈치 수선 서비스, 세탁서비스를 잘 진행해주었고, 수선기간도 타사는 15일 정도 걸렸다면 3일 안으로 수선해주는 시스템을 만들어 소비자의 만족도를 높였습니다. 수선이 끝난 다음에는 반드시 대표님의 친필 사인으로 고객님에게 감사의 마음을 전하는 서비스도 진행했습니다. 디자인, 가격 만족도는 좋은데 브랜드 인지도가 약했을 때 직접적으로 고객의 마음을 움직이는 전략은 여러 가지가 있을 것입니다.

이랜드 다닐 때 배웠던 현장 영업과 EXR스포츠 브랜드에서 배웠던 마케팅 고객 서비스 전략은 지금까지도 판매의 형태만 달라졌을 뿐 근본은 똑같다는 생각입니다.

그때 당시에도 항상 고객 감동을 외치며 고품질 서비스를 지향했고 항상 고객과의 소통을 중요시했습니다. 그래서 매일 고객과 직접 통화하고, 통화한 내용은 저장해서 사내 교육용으로 사용했으며, 전 부서 사람들이 현재 고객은 우리 브랜드를 어떤 모습으로 바라보고 있는지 확인할 수 있었습니다. 내부에서 바라보는 브랜드와 밖에서 바라보는 브랜드이미지를 확인할 수 있었습니다. 또한 정기적으로 고객과의 만남을 통해서 고객이 브랜드를 위해 일할 수 있도록 시스템을 만들었습니다. 대표적으로 FGI(Focus Group Interview) 표적집단면접법을 통해 고객의 생각을 담고 실행하며 고객은 회사의 충성고객이 되어가는 좋은 제도였습니다. FGI 진행은 베스트 고객과 한번 구매하고 다시 오지 않는 고객으로 나눠서 진행했으며 자세한 질문을 통해서 고객과 서로 회의 진행하며 고객이 답을 찾을 수 있도록 도와주고 찾은 답은 브랜드가 다시 실행을 통해 매출로 이어지는 일석이조의 효과를 누릴 수 있습니다.

VIP로 초대된 고객의 만족도는 매우 높았으며 충성고객으로 계속 이어졌고 충성고객은 뱀파이어처럼 또 다른 충성고객을 낳았습니다. 한번 물리면 또 다른 사람에게 전염되는, 그래서 브랜드의 힘은 점점 강해지는 것이죠.

브랜드의 힘이 강해지는 또 하나의 시스템은 매달 불량반품 전시회를 진행했습니다. 한 달 동안 반품되는 불량품을 상품별로, 부위별로 전시하고 고객의 목소리도 그대로 전달하면서 다시는 불량품이 반복되지 않도록 불량률을 제로로 만드는 시스템을 만들었습니다. 그리하며 항상 고객입장에서 생각하고 프로세스를 진행한 것이 큰 도움이 되었던 것처럼, 지금은 오프라인에서 온라인으로만 바뀌었을 뿐 고객이 생각하는 브랜드의 가치와 충성도는 같다고 생각합니다.

지금은 SNS(social networking service)를 통해서 고객끼리 정보를 교환하고 댓글을 통해서 고객들은 새로운 정보를 알아갑니다. 다만 정확한 고급 정보를 고객들이 알 수 있도록 회사에서도 별도의 시스템이 필요합니다. 요즘은 이를 디지털마케팅이라고 부르며 SNS 잘 활용하는 회사들이 늘어나고 있습니다.

결론적으로 상대방의 약점이 나의 강점이 되면 고객은 마음이 끌리는 곳으로 이동할 것입니다.

나만의 필살기를 만들어라

무술 영화를 보면 저마다 필살기가 있다. 처음엔 적을 탐색하고 적의 무기를 파악하고 나면 나는 어떻게 공격하고 방어는 어떻게 할 것인가? 생각할 것입니다. 그러면서 마지막으로 한방 내가 무조건 이길 수 있는 필살기가 있어야 한다.

옛날 마징가제트 영화를 보면 계속 불리하게 당하더라도 마지막엔 브이 가슴에서 나오는 레이저로 모든 적을 물리치듯이 나만의 필살기는 반드시 있어야 할 것입니다.

그럼 필살기는 어떻게 만들어야 하는가?

그것은 개인마다 경험이 다르고 취향이 다르기 때문에 정답은 없지만 분명한 것은 이것만큼은 남보다 내가 잘 아는 그 무엇이 필요하다는 사실입니다.

사회에 나와서 기술이 있는 사람이 제일 부러웠습니다. 뭔가 자격증이 있고 기술이 있는 경우에는 쉽게 잘하는 것이 있기 때문에 스스로 무엇을 해야 하는지 알고 있습니다. 그런데 아무 자격증도 없고 잘하는 것이 없는 저는 매우 난감했습니다. 내가 무엇을 좋아하는지, 잘하는지 알 수 없었기 때문입니다. 그래서 취업을 준비하면서 쉽게 지원하는 부서가 영업부였을 것입니다.

1996년 처음 입사한 회사가 이랜드입니다. 그래서 잠시 이랜드 이야기를 하겠습니다. 왜냐면 이곳에서 저의 필살기를 배웠기 때문입니다. 군에서 1996년 6월에 제대하고 7월 1일 바로 신촌으로 출근했습니다. 3개월 신입사원 교육받으면서 100권의 책을 필독서로 정하고 초급, 중급, 고급으로 순서를 정해 반드시 독서노트를 쓰게 만듭니다. 지금도 그때 썼던 독서노트를 보면 스스로 놀랍니다.

내가 이렇게 많은 책을 정리했구나 하고요. 독서노트의 핵심은 책의 내용을 정리하는 것으로 끝나지 않고 반드시 적용할 내용을 적는 것입니다. 책 속의 내용을 가지고 현재 브랜드에서 어떻게 적용할 것인지를 찾는 것입니다. 5년 정도 이 훈련을 거치면 책을 읽으면서 나의 것으로 만드는 습관이 생깁니다. 사실 모든 정답은 책 속에 있습니다. 도서관에 가면 정말 내가 찾고자 하는 정답들이 다 있습니다. 독서는 좋은 저자를 만나는 소중한 경험이 됩니다.

독서노트를 통해서 마케팅을 배웠고 영업도 배우게 됐습니다. 책 속에 나온 방법들을 그대로 실천해보니 영업도 저절로 시행착오를 거치면서 더 나은 방법들을 찾게 되고 좋은 결과를 기대할 수 있었습니다.

아직도 내가 무엇을 잘하는지 모르는 분 계신가요? 읽는 것이 어렵다면 동영상 보는 것은 어떤가요? 요즘은 유튜브에 모든 정보가 있기 때문에 동영상으로도 자신이 좋아하는 분야를 찾아서 계속 공부한다면 언젠가는 프로의 세계에 도달할 것입니다.

1만 시간의 법칙 들어보셨죠?
하루 3시간씩 10년이면 1만 시간입니다.
하루 8시간씩 4년이면 1만 시간이구요.
1만 시간은 그 분야의 최고가 되게 하는 힘이 있습니다.
만 번 이상 반복은 우리 내면의 무의식에 새기는 것입니다.

반복을 거듭하다 보면 그 분야에 달인이 된 경우를 주변에서 쉽게 만날 수 있습니다. 달인이 되기까지는 시간이 필요하고 하루 순간에 갑자기 잘할 수는 없습니다. 한 단계 한 단계 오를 때 어느 순간에 정상에 오를 수 있습니다. 무엇이든 갑자기 되는 것은 없습니다. 만약에 있다면 분명 그것은 지속가능하지는 않을 것입니다. 한 번은 가능할 수 있어도 꾸준히 잘 되려면 무한 반복이 필요하고 시간이 필요합니다.

SBS 생활의 달인 프로그램을 보면 수십 년간 한 분야에 종사하며 부단한 열정과 노력으로 달인의 경지에 이르게 된 사람들의 삶의 스토리를 보면서 공감하는 부분이 많습니다.

자신에게 질문해 봅니다.

"나는 무엇을 할 때 가장 즐거운가?"

"저는 사진 찍을 때가 가장 즐겁습니다."

그래서 2012년에 중앙대학교 사진아카데미 4년을 다녔고, 지금은 틈날 때마다 사진을 공부하고 작품 활동을 통해서, 사람들에게 작품 판매도 하는 아마추어 작가가 되었습니다.

나의 노후 준비는 전문적으로 남을 가르칠 수 있을 정도의 취미생활을 가지는 것이다

인생에서 피할 수 없는 두가지가 있다고 합니다. 무엇일까요?

첫째는 죽음, 질병이고 둘째는 노후라고 합니다.

정말 그러네요. 죽음과 질병은 피할 수가 없네요. 나이 들면 아플 것이고 언젠가는 세상을 떠나겠죠? 그래서 질병과 사고를 대비하기 위해 미리 준비하는 것이 건강보험이고 종신보험일 것입니다. 비 올 때를 대비해서 집에 우산을 준비하는 것과 같을 것입니다. 그런데 그 우산이 작은 것인지, 작동은 제대로 되는지 확인해야 진짜 비올 때 성능을 제대로 발휘할 수 있겠죠? 그래서 준비한 보험도 제대로 보장이 되어 있는지 확인하여 언제 아플지 모르는 질병에 대해서 잘 준비하는 것이 좋겠습니다.

다음은 노후준비인데요. 노후는 고령화 사회가 시작되면서 더 중요하게 준비해야 함을 느낍니다. 생을 마무리하면서 아름답게 세상과 이별을 하고 싶은데요.

UN이 재정립한 평생 연령 기준은 이렇습니다.

- 미성년자 : 0세~17세
- 청년 : 18세~65세
- 중년 : 66세~79세
- 노년 : 80세~99세
- 장수노인 : 100세 이후

UN 기준으로는 65세도 청년인 것입니다. 이렇듯 노후는 훨씬 길어졌고 제대로 준비하지 않으면 재앙이 될 수도 있습니다. 단순한 연금만으로는 삶이 풍족하지는 않을 수도 있습니다. 그래서 생각한 것이 나의 노후 준비는 전문적으로 남을 가르칠 수 있을 정도의 취미 생활을 가지자는 계획입니다.

우리의 몸과 마음은 우리가 생각하는 것보다 훨씬 젊습니다. 무엇이든 시작하고 도전할 수 있는 나이입니다. 80세부터 노년이라고 하니 60세가 넘으신 분도 지금부터라도 무언가를 배워서 10년 정도 한다면 어느 정도 전문가가 되실 수 있고, 남을 가르칠 정도가 된다면 남은 인생도 더 즐겁고 풍요로워질 것이라고 예상됩니다.

늦게 붓글씨를 시작한 분도 계시고, 악기를 배우시는 분, 외국어를 시작하시는 분, 사진을 시작하시는 분, 그림으로 작품 활동 하시는 분 등등 제 주변에서 새롭게 노후 준비를 위해 시작하는 분들의 모습입니다.

무언가를 새롭게 배우고 시작하는 것은 낯설고 어렵고 힘들게 느껴질 수 있지만, 본인 스스로 재미를 느끼고 하고 싶은 일이라면 도전하고 반드시 이루리라 생각됩니다.

SBS 순간포착 〈세상에 이런 일이〉 1135회에는 카약을 배우는 70세 할머니가 소개되었습니다. 1년 365일 하루도 빠지지 않고 강가로 나와서 카약을 배우는데요. 일흔 나이에도 과감하면서도 안정적인 패들링을 자랑하는 모습이 방영되기도 했습니다.

저도 늦게 2012년에 사진 공부를 시작하고 2017년 12월에 개인전을 열고 제1회 VDCM PHOTO CONTEST 대회에서 밤으로 이끄는 달 작품으로 대상을 수상했습니다. 그 뒤로도 임실호국원 사진대회에서 장려상, 제2회 서울함공원 사진공모전에서는 출품한 3점 모두 한강사업본부장상을 받기도 했습니다.

당신의 오늘이 예측 되시나요?

오늘 해야 할 일이 플래너에 적혀 있습니다.

내가 생각한대로 이뤄지길 바라는 마음이 있지만 과연 몇 프로 정도가 내가 원하는 대로 이뤄질 것 같나요? 어쩔 때는 당장 내일 일도 모르겠고, 다음주, 다음달, 올해, 아니 앞으로 미래까지도 몰라서 어떤이들은 철학관을 찾고 오늘의 운세도 보면서 걱정을 하는 것 같습니다. 심지어 내가 노력해서 해야 할 일도 노력보다는 운으로 잘 되길 바라는 사람도 있고…. 그만큼 인간은 나약하고 불안하며 불확실 속에서 살아가는 것 같습니다.

오늘 날씨도 예측하지만 내 맘대로 안 될 수도 있고, 요즘 많은 사람들이 하는 주식도 가상화폐도 모두 내 맘대로 되지 않습니다. 사람을 만나는 직업 또한 상대방 마음이 내 맘과 똑같을 수도 없고 같이 사는 가족들 마음 또한 알 수 없을 때가 많습니다.

확실히 내가 할 수 있는 것은 생리적인 현상 해결과 기계적인 작동 몇 개 뿐입니다. 그래서 인간은 신을 믿고 의지하는지도 모르겠습니다. 교회에서는 예수님을 믿고, 불교에서는 자신을 다스리며 부처님을 믿는 것일 것입니다.

그러면서 제가 믿는 것이 있습니다.

그것은 파종과 수확의 법칙입니다

'뿌린대로 거둔다.'는 뜻입니다. 가끔 후배가 찾아와 묻습니다. 미래가 궁금하다구요….

"앞으로 저는 2년 뒤 어떤 모습으로 있을까요?"

저는 대답합니다.

"네가 2년 전에 뿌린 씨앗이 지금의 모습이듯이, 지금 내가 어떤 씨앗을 뿌리느냐에 따라 2년 뒤의 모습이 결정될 것이야."

지금 내가 하고 있는 행동의 결과가 1년 뒤, 2년 뒤에 나타날 것입니다. 내가 노력하지 않고 저절로 되는 것은 아무것도 없습니다.

어떤 사람이 매일 하나님께 기도합니다.

"하나님, 저 로또 복권 당첨되게 해 주세요."

그랬더니 하나님이 응답하셨습니다.

"기도하기 전에 로또 복권부터 사거라."

단순 유머에 지나지 않지만, 우리가 아무 노력도 없이 무엇을 바란다는 것은 애초부터 불가능하다는 가르침을 줍니다.

제가 이랜드에서 배운 좋은 습관이 있습니다.

이랜드에서는 항상 일 하기 전에 계획을 세우고 행동하며 결과를 체크하고 반드시 피드백을 받고서 또 계획을 세우고 행동하고 결과를 체크하는 반복적인 습관을 가지도록 합니다. 흔히 말하는 'Plan , Do, See' 입니다. 그러면서 실수를 줄이는 습관을 가지게 됩니다.

바둑에서도 경기가 끝나면 반드시 복기를 하듯이 일에 대해서도 피드백을 통해 실수가 반복되지 않도록 하는 습관이 참 좋은 것 같습니다. 작은 성공을 매일 경험하다 보면 그것이 모여 큰 성공으로 보여 질 것입니다. 오늘 계획 세운 것이 있다면 꼭 실행하고 꼭 실천하는 습관을 가지시길 바랍니다. 자신과의 싸움에서 매일 승리하시길 바랍니다.

1948년 세계보건기구(WHO: World Health Organization)가 창설되면서 건강의 정의를 다음과 같이 규정하고 있습니다.

> "건강이란 신체적, 정신적, 사회적으로 좋은, 완전한 상태를 의미하며, 단지 질병이나 병약함이 없는 상태만을 의미하지 않는다."

여기에는 영적건강에 대한 내용도 포함됩니다. 다시 말해 건강이란 신체적, 정신적, 사회적, 그리고 영적으로 안녕한 상태입니다.

팬데믹 시대를 살아가면서 건강하고, 오늘 하루도 겸손하게 보낼 수 있도록 기도해 봅니다.

문화나눔으로
브릿지하라
- 하나되는 원코리아

김희정

- (사)원코리아 이사장
- 장보고 글로벌아카데미원장
- 행정안전부 정보공개심의위원
- 다문화HappyRo센터 대표

문화나눔으로
브릿지하라

희망의 '희', 긍정의 '정'

눈이 시리도록 이렇게 하늘빛이 아름다운 날엔, 나는 문득 내가 그리워진다. 한번쯤 나를 돌아보고 싶어진다. 앞만 보고 열심히 달려 온 시간들 속에서 지금의 나의 모습과 앞으로 더 많이 살아가야 할 나의 모습에 대해 이렇게 바람 투명한 날엔 진지하게 물어 보고 싶어진다. '나는 누구인가? 나는 지금 어디를 향해 가고 있는가?'

코로나로 인해 내 삶의 리듬이 많이 바뀌었다. 그동안 한국과 일본을 자주 오가며 정신없이 살았던 시간들이 최근에는 한국에 더 많이 머물면서 오히려 안정되는 것 같은 느낌마저 든다.

나는 지금까지 걸어온 길을 되돌아보며 '나를 찾아 떠나는 여행'을 통해 나의 존재의 이유를 찾아보고자 한다.

과거나 현재나 스스로를 희망의 '희', 긍정의 '정'" 열정의 김희정이라고 소개하고 있는 것처럼 내게서 희망과 긍정과 열정을 빼놓고는 도저히 설명을 할 수가 없을 것 같다.

같이 키워가는 '가치'

해외에서 살다보면 자신도 모르는 사이에 애국자가 되는 것 같다. 조국을 떠나 살고 있는 많은 재외동포들이 그렇게 말한다. 나도 일본으로 유학을 가서야 한반도의 아픔이 절실하게 느껴졌고 코리안의 정체성에 대해서 고민하며 내 조국을 위해 무엇인가 기여하고 싶다는 생각을 하게 되었다. 그러던 중에 우연히 참여하게 된 원코리아페스티벌의 정신과 취지에 공감하였고 자원봉사자로 함께 하면서 나는 많은 것을 배웠다.

원코리아페스티벌은 일본에서 살면서조차 남과 북으로 갈라져 하나가 되지 못하고 반목과 갈등을 겪고 있는 재일동포들의 아픔을 문화와 축제로 풀어보자는 취지에서 시작된 운동이다. 재일동포들이 일본 시민들과 함께 시작한 순수한 평화운동이자, 통일문화운동이다.

원코리아페스티벌은 활기찬 '공생'의 장이었다. 재일동포들과 일본인, 그리고 한국과 여러 나라에서 온 다양한 사람들이 자원봉사자로 참가하고 협동작업을 해나가는 가운데 서로의 역사적 배경과 문화적 배경이 다르다는 것을 인정하였다. 그리고 서로의 좋은 점은 잘 살려 활용하는 것이 중요하다는 것도 원코리아 운동을 통해서 몸으로 배웠다.

미국 애틀란타에서 열린 원코리아 개최 인사

우여곡절도 많았고 결코 쉽지 않은 운동이었으나 37년이 지난 지금도 원코리아페스티벌은 오사카에서 계속 이어지고 있다. 뜻있는 훌륭한 재일동포 관계자들에 의해서 그 맥이 이어지고 있는 것이다.

오사카 코리아타운의 재일동포들

90년대 초반 당시 유학생이었던 나는 재일동포와 일본인들이 서로의 문화를 통해 한반도와 세계의 평화를 만들어 가는 멋진 시민운동에 참여하여 젊음을 불태워보는 것도 의미있는 삶이라고 생각했다.

"어려운 길이지만 가치있다고 생각되는 일에 한 번 쯤 깊이 미쳐보자."라는 신념으로 원코리아페스티벌에 청춘을 바치다시피 하였다. 그런 활동을 통해 한국에 있을 때는 알지 못했던 재일 코리안들의 상황, 사회문제, 그리고 무엇보다도 그들의 민족교육에 대해서도 조금씩 알게 되었다.

특히 오사카는 이념적 대립과 갈등이 심각하게 엉켜있는 장소이다 그러다보니, 재일동포들끼리 서로 이쪽이냐 저쪽이냐 하면서 편가르기를 하려는 사람들도 있고 자신들의 눈높이와 잣대로 함부로 상대를 평가하고 이간질 시키는 사람들도 있다. 어찌보면 그것은 일본으로부터 차별을 받으며 오랫동안 견뎌내야 했던 재일동포들만이 가지고 있는 깊은 역사와 아픔의 상흔인지도 모른다.

격투기 선수 추성훈 씨의 어렸을 때 삶이 고스란히 아프게 묻어있는 오사카 이까이노 조선시장(코리아타운)에는 일본말도 모르고 가족도 없이 혼자 온갖 서러운 일들을 겪으며 살면서도 늘 쪼글쪼글 곱게 웃으시며 김치를 담가 파시던 재일동포 가나자와 김씨 할머니가 있었다.

몇 년 전에 할머니와 나누었던 대화가 떠오른다. 할머니는 "큰 아들은 북한에, 작은 아들은 한국에. 하나 있는 딸은 북해도에 뿔뿔이 흩어져 살고 있다."라고 말씀하셨다. 그러시면서, "북에 있는 큰 아들은 헤어진 이후 한 번도 만날 수가 없었어. 보고 싶어도 평생을 못 보고 살고 있지. 죽기 전에 꼭 한 번은 만나고 싶은데 그럴 수 있을랑가 모르겠네." 하시며 이야기를 하다가 갑자기 말끝을 흐리시더니 두 눈 가득 눈물을 글썽이셨다. 아마도 헤어진 후로 한 번도 만나본 적이 없다는 큰 아들 생각이 나신 것 같았다. 할머니의 슬픈 가족사를 듣고 있던 나도 어느새 코끝이 찡해졌다. 오사카에는 그런 아픈 사연을 가지고 사시는 분들이 많이 있었다.

이제는 돌아가시고 안 계신 할머니의 고운 미소를 떠올리다보면 아직도 나아진 것이 별로 없는 한반도의 운명이 참으로 가슴 아프게 느껴진다.

내가 일본에서 원코리아운동을 더 열심히 했던 것도 그런 이산의 아픔을 극복하고 둘로 나뉘어져 있는 내 조국이 서로 화합하고 평화적으로 통일을 이루어내어 세계에서도 존경 받는 아름다운 국가로 거듭나길 바라는 마음이 컸기 때문이다.

재일동포들은 일본에서 오랫동안 차별과 조국의 분단이라는 이중의 고통과 어려움을 겪으며 살아야 했다. 그런 역사적 배경으로 인해서 스스로 자신들의 입장에 대해 부정적인 이미지를 갖고 있는 사람들도 있었다. 하지만 '경계'에서 살고 있다는 점을 잘 활용한다면 오히려 그 어떤 재외동포들보다도 더 중요한 역할을 담당할 수 있을 것이다.

일본에서 원코리아운동을 하면서 기억에 남는 것

한국인임을 숨기고 살았던 재일동포 예술인들이 행사 당일에 자신을 한국인이라고 밝히고, 한국 이름으로 원코리아페스티벌 무대에 올랐을 때의 감동은 지금 생각해도 매우 크다. 일본 신문에 기사로 보도되기도 했었다. 그 당시는 일본 사회에서 살아남기 위해 자신의 한국 이름을 숨기고 활동해야 했던 재일동포 예술인들이 많이 있었다. 원코리아 페스티벌은 그런 분들에게 코리안으로서 자부심을 가지고, 자신의 이름으로 자신을 표현할 수 있는 무대를 마련해 주었다고 할 수 있다.

또 이념으로 갈라져있던 동포들이 어깨동무를 하고 서로 함께 어우러져 '아리랑'을 부르던 모습도 가슴 벅찼던 감동으로 떠오른다. 그때 나는 우리 민족이 축제로 하나 되는 뜨거운 에너지를 느꼈다.

당시 국제적으로는 독일 통일과 소련 붕괴 등으로 인해 동서 냉전의 벽이 무너지고, 한민족도 하나 되는 염원이 커져가던 시기였다. 원코리아페스티벌에 참여한 일본의 유명 예술가들이나 시민들도 한반도와 아시아의 '평화'를 염원하는 상징으로 외치던 '하나 콜'을 함께 크게 외칠 때 나는 가슴이 뭉클해졌다.

다문화 공생과 동아시아의 평화를 함께 노래하며 어우러지던 그 현장에서 나는 강력한 문화의 힘을 체험했다. 검지를 높이 들고 "우리는

일본 오사카에서 열린 원코리아페스티벌

하나!"를 외칠 때 현장에 있던 모든 사람들은 역사적인 한일관계도 뛰어넘고 엉켜있는 이념과 갈등도 뛰어 넘었다. 행사장을 뒤덮을 만큼 크게 울려퍼지는 "우리는 하나!"라는 그 함성이 어쩌면 원코리아운동을 지속하게 하는 강한 에너지가 아닌가 생각해 본다.

누군가는 해야 할 일!

열악한 환경에서 큰 행사를 준비하다 보면 일손은 늘 부족했고 해야 할 일은 너무 많았다. 쓰러지기 직전까지 갈 정도로 벅차게 일을 하다가 너무 힘들 때는 정말 주저앉고 싶기도 했다.

그런 나를 보며 아는 지인이 언젠가 내게 물었다. "돈을 위해서 하나요? 아니면, 명예를 위해서 하나요? 왜 이런 힘든 일을 사서 하나요?" 하고.

나도 나에게 질문을 던져 보았다. '돈도 안 되고 명예도 없는 오히려 배고프고 가난한 시민단체 일을 나는 왜 이토록 열정적으로 하고 있는 것일까?' 나는 쉽게 답을 할 수가 없었다. 알 수 없는 눈물만 주르륵 흘러내렸다. 타국 땅에서 살고 있는 코리안이라는 이유로, 일본 땅에서 살고 있는 재일동포라는 이유로 눈물이 났다.

가치 있는 일을 하고 있음에는 틀림없지만 NGO 활동은 이상과 현실의 간격이 너무 컸다. 사실, 조금 지치기도 했다. 어느 순간부턴가 매일 정신없이 바쁘게 살아도 조금도 나아지지 않는 빡빡한 삶이 버겁게 느껴지기도 했다. 포기하고 싶을 때도 있었다.

그러나, 스스로를 격려하면서 다시 자신을 다잡았다. "누군가는 해야 할 일이다. 사명감을 가지고 하자. 일본 땅에서 당당한 코리안으로 살자. 일본인들에게 한국의 우수한 문화를 알리고 문화를 통해 화합과 소통의 장을 마련하자. 한반도와 지구촌의 평화를 위해서 나의 소명을 다하자"라고 다짐하곤 했다. 그런 마음으로 오사카에서 20여 년을 살았다.

최근에 그러한 원코리아 활동의 공로를 인정받아 대통령 표창장을 받았다. 너무 받고 싶은 상이었지만 정작 받고 보니 부끄럽다는 생각이 들었다. '내가 과연 이 상을 받을 만큼 잘 한 것이 있는 것일까? 하는 마음도 들었다 하지만 앞으로 더 잘하라고 주신 상이라 생각하고, 내가 여기까지 올 수 있도록 함께 해준 분들께 그 공을 돌리고 싶다.

문화에는 국경이 없다

우리가 자신이 살고 있는 사회에 기여하기 위해서 할 수 있는 일들은 다양하다. 정치적, 경제적, 문화적, 환경적 문제를 포함해서 인간답게 살고 평화롭게 살기 위해 풀어야 할 문제점이나 해야 할 활동들은 무수히 많다.

그 중에서도 사단법인 원코리아는 국내외로 글로벌 코리언 문화공동체를 구축하고 해외에서 살고 있는 재외동포와 한국에서 살고 있는 다양한 문화를 가진 사람들이 함께 협력하여 대한민국의 밝은 미래를 만들어 나가자는 취지로 폭넓은 활동을 하고 있다. 다문화 사회에 들어선 코리아는 이제 안과 밖으로 힘을 모아야 할 때이다.

그동안 원코리아가 세계 각국의 여러나라에서 문화행사를 개최해 온 것은 그러한 문화의 힘으로 코리안의 정체성을 함양시키기 위함이었다.

문화공연이라는 즐거운 테마와 접목시킨 원코리아 운동은 한민족의 화합뿐만이 아니라 정체성과 자긍심을 높여주는 문화체험의 산 교육장 이었다. 앞으로도 이 원코리아운동이 코리아를 넘어, 아시아를 넘어, 세 계의 평화를 위해서 더욱 새로운 비전을 창조해 내는 문화운동으로 확 산되어 나가길 희망해 본다. 그러기 위해서는 해외에서 살고 있는 재외 동포들과 국내에서 살고 있는 다양한 문화를 가지고 있는 사람들이 더 욱 교류하고 연대할 필요가 있다.

원코리아 in Asia 사회통합 희망 브릿지 행사 개최

작년에는 행정안전부 민간단체 지원사업에 선 정되어 〈원코리아 in Asia 사회통합 희망 브릿지〉 사업을 추진하기도 하였 다. 다문화 청소년과 취업 을 앞둔 우리 청년들을 대 상으로 해외에서 성공하 신 CEO를 초청하여 해외에서 어떻게 사업에 성공했는지, 어떤 어려움 이 있었는지, 그리고 그러한 어려움을 어떻게 극복했는지 해외개척 차 원에서 살아있는 경험 이야기를 들을 수 있었던 것은 매우 소중한 기회 였다.

나는 앞으로도 다양한 문화가 서로 상생하며 발전할 수 있도록 방법 을 모색하며 다문화 가정의 청소년들에게 희망과 꿈을 주는 사업들을 계속해 나가고 싶다.

문화나눔은 행복나눔

문화나눔은 곧 행복나눔이다. 나는 문화나눔의 가치를 공유하며 꾸준히 행복나눔 사업을 실천해 나가고 싶다. 우리들의 작은 움직임이 선한 영향력이 되고 따뜻한 사회를 만들어 가는 데 조금이라도 보탬이 된다면 이 또한 얼마나 감사한 일인가.

좋은 사람들과 모여 이런 아름다운 기획을 하고 실행을 할 때 나는 가장 큰 행복감을 느낀다. 힘이 난다. 즐겁다. 어쩌면 내가 이런 일들을 지속할 수 있었던 힘은 바로 이런 가슴 뛰는 '떨림' 때문이었는지도 모르겠다.

예전에 인터뷰했던 내용들을 보면 힘들다는 이야기를 많이 했던 것 같다. 그런데 요즘은 문득 길을 걷다가도, 갑자기 내 자신이 참 행복한 사람이라는 생각을 자주 하곤 한다.

주변의 좋은 분들과 함께 가슴 뛰는 일을 하고 있음에 감사하고 건강한 몸과 마음으로 미력하나마 이 사회에 작은 힘이라도 나눌 수 있다는 것이 너무 행복하고 감사하다.

문득 얼마 전에 아침 라디오에서 들은 이야기가 떠오른다. 렌탈사업에 대해 이야기하던 사회자가 문득 '인생도 렌탈 아닙니까. 알몸으로 세상에 와서 무한대로 빌려쓰다가 다시 알몸으로 돌아가니까 이것도 렌탈인 거죠' 라는 말을 했다. 그 멘트가 마음에 와 닿았다.

우리는 시간에 실려 모두 흘러가고 있다. 흘러 흘러서 점점 멀어져 가고 있다. 언젠가는 하얗게 사라질 것이다.

이 세상에서 살아가는 동안 잘 사용할 수 있도록 내게 좋은 것들을 많이 빌려주신 하나님께 감사드리며 나도 내가 가진 것 중에 나눌 것이 있다면 더 나누는 사람이 되고 싶다.

내가 떠나간 뒤에 남겨질 나의 뒷 모습은 어떤 모습일까

살아가다보면서 누구나 다 어려움을 겪기 마련이다. 하지만 그 어려움을 어떻게 받아들이고 어떻게 행동하느냐에 따라서 결과는 180도 달라진다.

나는 자타가 인정할 만큼 정말 열심히 살았다.

나름대로 최선을 다해 열심히 바쁘게 살다보니 늘 시간에 쫓겼다. 시간에 쫓기다보니 놓치는 것들도 많았고, 그러면서 스트레스도 많이 받고 힘들다는 생각도 자주 했다.

그러나 요즘은 "어차피 해야 할 일이라면 신나게 하자, 이왕 할거면 뭐든지 즐겁게 하자! 속도는 줄이고 방향은 잘 잡고 즐기면서 일 하자!"로 생각이 바뀌었다.

그리고 언제부턴가 나는 뭘 하고 싶다, 뭘 사고 싶다, 무엇이 되고 싶다 이런 생각들이 없어졌다. 오히려 가지고 있는 물건들 중에서 뭘 버릴까 무엇을 내려놓을까를 고민하고 있다.

그리고 가끔 내가 떠난 뒤의 나의 뒷모습을 생각해 보곤 한다. 떠나간 뒤에 남겨지는 나의 모습은 어떤 모습일까, 사람들은 나를 어떻게 기억할까. 백세시대라고 하지만 우리가 몇 살까지 살 수 있을지는 아무도 자기 운명을 알 수가 없다. 오래 사는 것도 좋겠지만 살아있는 하루하루를 건강하고 또 기쁜 마음으로 행복하게 살아가는 것이 더 중요하다고 생각한다.

희망으로 세상을 브릿지하라

예전엔 어떤 문제가 생기면 이것을 어떻게 해결할까 혼자서 고민할 때가 많았는데 지금은 꼭 잘해야겠다는 생각보다는 뜻이 있는 사람들과 함께 협업을 해서 의미있는 성과를 만들어내고 싶다는 생각을 더 많이 한다. 멋진 마인드를 가진 사람들과 함께 협업하면서 일을 하다보면 힘이 나고 즐겁다. 요즘에는 젊은 친구들과 함께 멋진 프로젝트를 진행하고 있는데 오히려 내가 더 많이 배우고 있다.

조금이라도 더 나아지는 세상을 위해 우리가 함께 하고 있다는 인식, 참가하고 있는 사람들이 함께 만들어가고 있다는 것을 스스로 느끼고 공유할 때 모든 일이 잘 풀리고 성과도 잘 나는 법이다.

나는, 지금까지 활동해오면서 수 많은 귀중한 인연들을 만났다.

한민족 디아스포라와 다문화가정, 사회공헌 기업가들과 다음세대들이 함께 '문화'로 소통하며 어우러질 수 있는 다양한 문화행사들과 기회들을 지속적으로 만들어나가려고 한다.

사람이 완벽할 수 없는 것처럼 나도 인간적으로 나약하고 모자란 부분이 많다. 그러나 나의 진심을 믿어주고 함께 해준 분 들이 계셨기에 내가 지금 여기까지 올 수 있었던 것처럼 그 분들과 함께 희망으로 세상을 브릿지하며 멋지게 살고 싶다.

이제야 겨우

이제야 겨우 나는 앞으로 내가 무엇을 하며 어떻게 살아가야 할지, 조금은 길이 보이는 것 같다. 그동안 살아오면서 겪어야 했던 많은 아픔과 고통들, 내 개인적인 삶의 쓰라린 기억들, 하나님은 왜 내게 이런 시련을 주시는 건가하고, 힘들게 견디어 온 시간들이 지금에 와서 돌이켜보면, 나 밖에 그 일을 감당할 사람이 없었는지도 모른다는 생각을 해 본다.

'왜 내가?, 왜 나에게?'가 아니라, 나이기에 겪어야 될 일이었고, 나이기에 감당해야 할 일이었는지도 모른다.

이젠 겸손히 받아들이고 싶다.

어려움을 겪을 때마다 나는 그것을 어떻게 받아들이고 어떻게 바라보느냐에 따라서 모든 상황들이 바뀐다는 사실을 배웠다. 반 잔 정도 들어있는 컵의 물을 보면서 벌써 물이 반이나 줄었다고 말할 수도 있고 아직 반이나 남아있다고 말할 수도 있다. 지금 나는 내 잔에 아직도 반이나 물이 남아있음에 감사하고 있다.

나를 아는 사람들은 나보고 대단하다고들 말한다. 뭐든지 해낼 수 있는 사람 같다고 말하기도 한다. 거의 불가능하다고 생각하는 일들을 막무가내로 밀어 붙여서 좋은 결과를 이끌어 낸 성과가 있기 때문이리라.

세상에 거저 생기는 것은 없다. 어렵게 성공에 이른 사람들은 온 힘을 집중시키고서 그 일이 성취될 때까지 최선을 다한 사람들이라고 생각한다. 안 된다고 쉽게 포기하지 않은 사람들이라고 본다.

나는 아직 아무것도 성공을 이룬 것은 없다. 하지만 사람들이 모르는 나의 아픔들, 내 가슴속 깊은 곳에서만 살아있는 나만의 기억들을 잘 포장하여 아팠던 만큼 성숙해져 있는 나와 다시 만나기 위해 지금도 계속 노력을 하고 있을 뿐이다.

초심을 잃지 않고 늘 감사하는 마음으로 묵묵히 걸어가리라. 또한 누군가가 내게 도움을 청해오면, 나도 내가 거저 받았던 사랑을 그들에게 나누어 주리라. 사랑과 희망은 그렇게 행복 바이러스처럼 전해지는 것이니까.

22년도를 맞이하며 소망하는 것

지금 나에게 개인적인 소망이 있다면 새해에는 시도 쓰고 책도 쓸 수 있는 시간의 여유가 생겼으면 좋겠다. 바쁘게 살지 않으려고 노력하고 있지만 지금도 벌려놓은 일들이 많아서 어쩔 수가 없다. 하지만 시민단체 여성대표, 원코리아의 김희정으로서만 살아갈 것이 아니라 지친 영혼을 따뜻한 언어로 보듬어 줄 수 있는 시인 김희정으로서 살고 싶은 내 작은 소망이 22년에는 꼭 이루어지길 기대해 본다.

지금까지 내게 정신적으로든 물질적으로든 많은 도움을 주셨던 분들께 평생 감사하는 마음 잊지 않고 살아가면서 더불어 살아가는 삶의 의미를 따뜻한 차 한 잔과 들꽃 향기 같은 시 한 편으로 나눌 수 있다면 얼마나 행복할까. 오늘도 뜨겁게 빛나고 있는 내 청춘에게 자작시로 사랑을 고백하며 이 글을 맺는다.

청춘 / 김희정

문득 푸른 하늘 바라보다가
건강하게 나부끼고 있는
오래전의 내 청춘과 마주하고

나, 눈시울 붉어집니다.

덧없이 흘러가는 세월 속에서
한 점의 흔적이라도 남기고 싶어
애태우던 시간들이
어느새, 어른이 되어 있습니다.

몽땅연필의 따뜻한 체온도
어린 시절의 개구쟁이 기억들도
아직 생생하게 손 끝에 남아있는데,

사각 도시락의 배고픔처럼
사랑은 늘 나를 허덕이게 하더니
나, 어느새 어른이 되어 있습니다.

'희망'이라는 떨림
한 번도 저버린적 없는 내 청춘.

늘 가슴 뜨겁게 살아 온
아름다운 내 청춘.
문득, 푸른 하늘처럼 아직도 싱그럽게
빛나고 있는 내 청춘 바라보다가

이제는
세상만사 다 이해 할 것 같은 너그러움으로

이제는
뭐든지 다 잘 할 것 같은 설레임으로
나, 눈시울 붉어집니다.

인생이란 긴 터널을 지나오며
다소곳이 착해진 청춘들과
아직도 심장 뜨거운 청춘들과,

오늘은 향긋한 차 한 잔을 나누어 마시며
'우리의 삶'을 이야기 하고 싶습니다.

Last
Standing

최윤정(앤필라테스)

- 앤필라테스 1, 2, 3, 4, 5호점 원장
- ARPM Master Instructor
- (주)모모인 대표
- 밀당 프로젝트 기획
- 대한 메디컬 필라테스 협회

Last
Standing

팬데믹의 시작과 5호점 시작

2020년도 1월, 브릿지피플에서 새해 계획을 발표하는 시간이었습니다. 코로나가 우리 삶을 덮치기 직전이었어요. 영화에 태풍이나 급격한 사건이 일어나기 바로 전. 평화로운 일상의 모습들이 떠오릅니다.

앤필라테스 5호점에 대한 계획은 2019 가을부터 미팅시작으로, 12월에는 마음의 결정까지 이르렀고, 2020년 1월은 본격적으로 계약서가 완료되는 시점이었습니다. 그래서 2020년도 브릿지피플 첫 모임에서는 앤필라테스 5호점 계획을 발표할 수 있었습니다. 야심차게 경기도권을 넘어 이제 천안·충청도권 진출이라 저에게는 더 의미있는 시작이었습니다.

4개 지점을 직영으로 오픈·운영하면서 인테리어는 각 지점별 건물의 구조, 형태, 상권분석, 소비계층 등 많은 고민을 하고 서로 다른 콘셉트로 결정합니다.

천안점의 경우에는 번화가를 조금 벗어난 호숫가 앞이고, 2년 뒤쯤 상권이 옮겨올 예정이라 층고는 높게 평수는 넓게, 충청권에서 필라테스 교육 활성화까지 생각했던 지점이라 평수는 큼지막하게 100평, 그리고 복층구조로 일반 필라테스 센터와는 다른 컨셉으로, 새로운 도전으로 전체 콘셉트 미팅을 하며 행복한 고민으로 천안 현장을 오갔습니다.

그러던 중 예사롭지 않은 뉴스가 계속 들렸습니다. 우한바이러스? 중국우한바이러스? 처음에는 중국 이야기인 줄 알았고 크게 걱정은 안 했습니다.

그것도 잠시, 뭔가 불길한 예감의 소식들이 하루하루 다가왔고, 대구

앤필라테스 천안점

신천지 소식으로 시작해 예사롭지는 않지만 그래도 대구에서 멈출거라 생각해 인테리어 미팅은 계속 진행했습니다. 2020년도 3월 오픈 예정으로 도면과 인테리어 미팅이 진행되면서는 현장 기초공사도 시작했는데, 대구에서 전국으로 퍼지면서 현장 상황을 잠정 중단하기로 결정했습니다. 현장은 바닥공사와 공간 분할까지 하고 잠정 중단했고, 천안,

수도권, 서울도….

천안점의 오픈스토리는 이렇게 코로나와 함께 시작되어 지금까지 코로나와 함께 고통을 안고 있습니다.

1차 안도하기는 이르지만, 그래도 조심스레 5월 8일 코로나의 휴식이 잠시 끝나는 시점, 그렇게 천안 5호점은 무사히 오픈을 했습니다.

평소 같으면 소위 오픈 빨!! 오픈하기 전 오픈현수막 오픈광고에는 오픈 전이면 문의전화와 상담으로 시끌벅적한 게 보통인데…. 코로나와 함께 시작하는 오픈센터, 처음 경험하는 조용함….

코로나는 조용함이다

코로나바이러스로 이렇게 조용한 세상을 처음 경험하게 되었어요.

사람을 못 만난다니, 내 의지가 아닌, 사회로부터 규제를 받아보기는 처음이라 참 당황스럽기도 하고, 저는 어른이 되어서 이렇게 사람을 거의 안 만나고 지내는 게 처음일 거예요

사회적인 제재(制裁)나, 통제(統制)가 거의 없는 시대를 살고 있는 세대로서는 코로나에 대한 불안도 있지만 규제로 인한 답답함이 힘듦을 더하는 시기입니다.

단지 사람을 안 만나는 문제가 아닌, 멈춤의 불안함은 우리의 평범했던 그 일상생활이 언제 다시 시작일지 모른다는 게 우리 모두를 제일 두려움에 떨게하는 원인이라고 생각합니다. 우리의 미래는 원래 불안하고, 아무도 모른다고는 하지만, 이렇게 전 세계가 같은 문제로 모두가 같이 비행기를 못 타고 해외를 못 다니다니….

'모두가 겪는 문제라면 뭐가 문제가 될까'라고 생각했었고, '똑같이 주어지는 문제라면 아주 평범한 문제이니 같이 겪어나가면 되겠지.'라고 고민을 '일반화·평준화'시키는 공식으로 사는 편입니다. 너무 과한 긍정의 마인드 보다는 '죽고 사는 일 아니면 다 괜찮다'라고 주문을 외우는 편입니다.

너무 과하게 나를 긍정으로 몰아가면 실제 내 안에 문제가 곪아가는 것 조차 인지하지 못할 수 있기 때문에 너무 과하게 아닌 척하거나, 너무 잘 이겨내는 척하지 않고, 문제를 그리고 어려운 상황을 우선 있는 그대로 받아들이고 인지하고, 그 다음은 아닌 척보다는 우리 모두가 겪는 문제이니 나만 그런게 아니니 괜찮다고 생각해보자라고 마인드 컨트롤에 주문을 "괜찮아…."라고 스스로에게 알려주는 방법을 사용하고 있습니다.

그리고 그 문제 자체를 외면하기보다는 상황으로부터 두려움은 물론 있지만, 우선 간단한 동작들도 시작해서 점점 동작을 크게 움직이며, 몸 구석구석을 움직임으로 땀을 내고 나면, 현재 겪고 있는 문제를 잠시나마 잊게 하고 상황을 이겨낼 의지와 힘을 길러주는 최고의 약이라고 생각합니다.

사실, 생각해보면 코로나 이전에도 힘듦은 있었고, 매일이 사건·사고의 연속이더라구요. 코로나 때문에 경제 위기와 극도의 불안함으로 이어지는 우리 모두의 예민함은 당연히 우리가 이겨내야 할 온전한 우리의 몫이지만, 전쟁영화를 보면 지금처럼 전쟁이 길어지면 전쟁 중에도 아이들은 뛰어놀고, 러브스토리는 있더라고요.

아마도 코로나가 21세기판 전쟁의 상황이라면 그래도 사회생활에는 많은 제약이 있고, 경제활동에도 큰 타격이 있지만, 그나마 '영화에서 봤던 장면처럼 살고있는 터전을 떠나 피난을 가거나, 총소리를 들으며 매일을 살아야하는 전쟁보다는 낫지 않을까?'라고 작은 위로의 마인드 컨트롤을 해봅니다.

> 코로나는 재치(才致). 삶의 무게도 몸과 마음의 무게도 생활 속 움직임으로 가볍게

모두가 처음 경험하는 이 순간들에 매순간마다 잘 대처하는 재치를 보여주는 시기라고 생각합니다. 시트콤 주인공들처럼 주어진 여건은 복잡하더라도 일상에서는 위트와 재치로 삶의 무게를 조금 가볍게 살고, 삶의 무게를 가볍게 하기 위해서 우리는 생활 속 움직임도 작은 것부터 실천하면 몸도 마음도 조금은 가벼워 질거라 생각합니다.

코로나는 기다림입니다. ARE YOU READY?

기다림을 멈춤이 아니라 준비하는 마음 자세로,

아무것도 하지 않고 기다리는 멈춤은 그 다음도 멈춤일 거라 생각하고, 기다리는 동안 무엇을 해야 할지 생각합니다.

경기장에서 경기를 뛰고 있는 선수들 뒤에는, 대기하는 선수들을 보입니다. 그들은 벤치에서 경기에 바로 들어갈 준비로 계속 몸을 뜨겁게 달궈두고 있습니다. 움직임을 멈추었다가 원래의 패턴으로 돌아가려면 적응하는 시간이 꽤나 오래 걸립니다. 심박수도 몸의 관절의 움직임도 마치 경기를 뛰듯이 속도 유지해야 다음 단계로 곧바로 실행할 수 있습니다.

〈움직임의 가장 쉬운 밸런스 맞추는 공식〉

머리가 복잡하면 몸을 움직이고,

몸이 힘들고 복잡하면 머리를 움직이기

• **실내체육시설 집합금지 업종, 영업금지 명령**

아무것도 할 수 없고, 속은 답답하니 몸이라도 움직여야 했습니다.

시간과 공간을 효율적으로 사용하기에 최적의 프로젝트!!

앤필라테스 1,2,3,4호점 직접 페인트칠하기. 오픈한지 거의 10년이라
…. 5년에 한 번은 인테리어 리모델링을 해야하는 게 맞는데 사실 새로
운 지점에 오픈을 신경쓰다 보니 여의치 않았습니다.

막상 손을 그냥 놓을 수 없어서 묵혔던 짐들도 정리도 하고, 센터는
어차피 운영을 못하니 재정비 공사에 들어갔습니다. 직접 페인트 칠하
기는 새로운 경험이었습니다. 뭔가 맘이 복잡할 때는, 역시 일을 해야
속이 더 편해지는 가장 쉬운 몸과 마음의 밸런스 공식임을 실감했습니

다. 지금 이만큼 시일이 지나 생각해 보면 더 많은 일을 할 수 있었던 시기였어요. 아무도 못 만나는 시기였으니 성형수술을 할 걸 하는 후회가 되기도 합니다. ^^

또 준비하고 있던 책을 다 마무리 지었으면 좋았을 거 같아요.

평소에는 혼자 뷰가 좋은 호텔에서 조용히 머무르거나, 제주 한 달 살이라도 하고 싶었습니다. 이렇게 공식적인 온국민 멈춤이었으니 자동으로 호텔에 혼자 머무르는 듯 합니다.

방학이면 뭔가 이것 저것 많은 계획을 갖고 있는데, 방학이 끝날즈음으면 아무것도 안하고 방학이 그냥 끝나는 듯 그런 허무함도 있고. 또는 개학하면 서로가 "방학에 뭐 했어?"라고 어떻게 보냈는지가 재미난 이야기거리가 되는 것처럼, 우리 모두 코로나를 어떻게 보냈는지가 우리에겐 새로운 이야기 거리가 되기도 합니다. 물론 방학이라 하기엔 강제방학이고 주제가 좀 무겁기는 하죠.

원장으로서 센터가 오프라인이 운영이 안 되는 시점을 미리 예측해서 '온라인 강의를 더 활성화했어야 했는데…' 하는 시스템의 후회도 있습니다. 시대를 예측하고, 흐름을 읽어야 하고, 현재 우리의 경쟁 상대는 필라테스 센터가 아니라 AI여야 한다고 생각하고 있었는데, 시기가 이렇게 빨리 올지는 몰랐던 거 같습니다.

그리고 또 이렇게 코로나시국이 길어져서 위드 코로나의 이야기가 나오는 시점까지 되고 보니, 어차피 아무것도 하지 말라고 하는 시기에는 그냥 정말 휴가로 잘 쉬어볼 걸 하는 생각도 들어요.

막상 시간이 주어지면 어떻게 써야할지 모르는 제대로 놀아보거나 제대로 쉬는 법도 모르고 살았구나 하는 생각도 듭니다. 갑자기 큰 돈이 생기면 어떻게 써야할지 모를 것 같은 모습이 그려지기도 합니다.

'처음부터 이렇게 코로나시국이 길어질 거라 예측 했더라면 이렇게 보내지 않았을 텐데….'라는 생각이 들어요.

그래서 매순간 최고의 결정을 내리는 현명한 판단이 중요합니다.

수많은 후회와 함께 코로나시대를 살고 있지만, 지나고 보면, 또 후회가 되겠다 싶어요. 모든 순간을 후회 없이 살기가 쉽지 않지만 그 가치를 깨닫기에는 충분한 기회라고 생각됩니다.

코로나는 모두에게 예측할 수 없는 평등(平等)입니다. Everyone

'바이러스'라는 걸 경험하는, 영화에서 봤던 그 장면에 내가 살고 있다니. IMF 위기에도 시대의 아픔을 직접적으로 겪어내지는 않았습니다. 코로나 시기를 겪어내며 삶의 경험들을 정리하게 됩니다.

아직 끝나지 않았지만 현재의 이 상황들로 조금은 생각의 구조적 정리가 되고, 어른으로서 어떤 상황이 생기면 어떻게 해결을 하고, 어떤 마음으로 상황을 받아들여야 할지 경험하게 되는 시기입니다.

원래 인생은 정해진 각본이 아니고 매일매일이 사건과 문제의 연속인데, 그걸 알고 있었지만 코로나를 겪어내며 더 깊게 알게 되는 이유는 우리 목전에 놓여진 문제가 같은 이슈이기 때문입니다.

작년부터 지금까지 저에게 가장 많이 들려왔던 고민은 '체중 증가'였습니다. 움직임이 줄어들고 인터넷 쇼핑이 늘고. 스트레스가 높아지니 달고 짠 음식들을 더 먹게 되고 살이 찌는 건 당연한 결과인데 그것 때문에 또 스트레스를 받게 됩니다. 당연한 결과를 2차 스트레스의 요인으로 더 크게 받아들이는 모습을 보자니 우리 모두 마음의 여유가 없는 듯 느껴졌습니다.

상황을 자연스럽게 받아들이고, 할 수 있는 상황에서 움직이려고 하고 할 수 있는 범위에서 할 수 있는 것들을 하기. 코로나를 정리하는 가장 깔끔한 방법인 듯합니다.

영화를 보면 멋진 주인공이 감옥에서 수감생활을 하면서도 운동으로 몸을 단련하는 모습을 종종 보게 됩니다. 운동이 전문직업인 저로서는 그런 영화 장면들이 굉장히 크게 각인됩니다. 어떤 상황에서도 운동은 해야 하는데, 그게 생각만큼 쉽지 않고, 늘 숙제처럼 느껴집니다. 실질적으로 스포츠가 아닌 운동(運動: 사람이 몸을 단련하거나, 건강을 위하여 몸을 움직이는 일), 움직임은 어디에서든 가능합니다.

코로나에 외부 활동을 못하지만 집에서, 방에서조차 손발이 묶여 못 움직이는 상황은 아니니까요. 언제든 할 수 있지만, 언제든 핑계거리가 있으면 거기에 합리화하고 싶은 운동(運動). 몸짱 열풍으로 모두가 몸짱이 되려고 하는 것 같지만 양극화가 더 심해집니다.

요즘 음식 문화 먹는 문화가 쉽게 배달 오면 쉽게 먹어지고, 더 좋아하고, 먹는 방송이 더 활성화 되면서 야식 주문은 더 늘어나고. 유튜브에서 먹는 방송을 보면, 예전보다 맛집 정보와 요리 정보도 더 많아졌습니다. 게다가 새벽배송으로 원하는 식재료, 냉동식품은 집 앞으로 배송이 되니 움직임은 점점 더 줄어들고 먹을 것을 손가락만 까닥 하면 문 앞으로 배송이 됩니다.

삶이 더 편해지면서 우린 광고에 더 많이 노출되고 먹거리와 편안함에 더욱 더 많이 노출되기 쉬운 시대를 살게 되었습니다. 옛날을 생각하면, 먹거리가 별로 없어서 어쩔 수 없이 건강식을 먹을 수밖에 없었고, 컬러 텔레비전이 있기 전에는 방송으로 식욕을 돋우기도 어려웠을 것입니다. 하지만 이젠 컬러 텔레비전보다 유튜브와 광고 쇼핑몰에서 우리를 유혹하는 요소는 훨씬 더 많아졌고, 움직임은 훨씬 더 줄어들었습니다. 일에 대한 성취욕구, 자아성취, 자아개발 이외에도 해야 하는 업무의 양이 더 많아진 사회에서 살다 보니 스트레스는 더 높아지고 사람들과의 관계에서도 더 복잡한 상황들이 많이 생기고…. 우린 먹을 수밖에 없는 상황에서 움직일 일은 더 줄어드는 시대를 살고 있습니다. 그러다 보니 운동은 우리의 선택사항이라기보다는 필수인 시대. 그렇지만 핑곗거리는 더 많아진 시대를 살고 있습니다.

현재 코로나의 시작과 함께 오픈한 앤필라테스 천안점은 5개의 지점 중에 가장 큰 공간에서 가장 적은 매출입니다. 그러나 마음의 여유를 가져봅니다.

코로나로 삶의 많은 배움과 깨달음이 천안점에 고스란히 담겨지길 바랍니다. 지금 당장 빠른 성장이 아니어도, 우리 모두가 더디 가더라도 꾸준히 움직이고, 기준을 조금 낮추어 마음을 비워봅니다. 죽고 사는 일 아니면 '그래도 다 괜찮다.'라고 주문도 외웁니다. 그리고 넓은 천안점에서 강사들의 내공을 더 키우며 준비하고 있으면 조만간 달릴 수 있을거예요.

십년 전에 앤필라테스 1호점을 오픈했을 때에는 센터에 회원이 가득 차고 레슨할 공간도 부족했지만, 그때도 잠 못 자는 고민과 남들과 공유 못 하는 속앓이는 있었거든요. 다행히 4개의 지점은 오랜 시간 강사들과 함께 노력해 온 덕에 꾸준히 필라테스의 효과를 몸소 느끼는 회원님들과 열심히 운동하고 지내고 있어서 쉽게 흔들리지 않는 내공의 덕을 톡톡히 보고 있습니다.

대표로서 많은 선택의 순간과 결정의 순간을 맞으며, 다시 중심을 잡아 준 것이 필라테스입니다.

우리 모두 위드 코로나 움직임의 작은 실천으로 함께 힘 내기로 해요.

- 원인을 알 수 없는 하반신 마비라고 처음 진단을 받았을 때
- 응급으로 디스크 수술을 했을 때
- 통증으로 1년을 모든 외부활동을 멈추고 재활에만 집중하던 때
- 교통사고로 직접 차에 부딪혀 공중부양하고 바닥에 떨어졌을 때
- 오토바이 사고로 아킬레스건이 파열되었을 때
- 자전거 사고로 발목이 골절되었을 때

- 스케이트 사고로 머리를 다쳐서 정신을 잃었을 때
- 스키 사고로 응급실에 실려 갔을때
- 나팔관 한 쪽 제거 수술을 받게 되었을 때
- 여러 번의 유산으로 아이를 잃게 되었을 때
- 요추 횡돌기 골절로 꼼짝 못하고 누워있을 때
- 센터를 3개 운영하던 시기 메르스를 겪어 낼 때
- 혼자 파리에서 앞니가 3개나 부러져서 응급실에 실려갔을 때
.
.
.

큰 사고만 이 정도이고 자동차 사고도 정말 여러번이며 작은 수술도 여러번입니다

이 많은 사건과 사고들이 저에게는 매순간 작은 전쟁 같았습니다.
지금 겪어 내고 있는 전쟁 같은 이 코로나가 정말 빨리 끝나면 좋겠습니다.
매순간 정말 너무 힘이 들고 매순간 나에게만 왜 이런 일이 생기는지 화가 날 때도 있었지만, 어쩌면 그냥 사고입니다. 내 잘못, 내 부주의도 있지만, 갑자기 어느날 우리 모두에게 생길 수 있는 일들…. 코로나, 어느날 우리에게 갑자기 생긴 이 큰 사고가 시간이 지나면 상처가 아물듯 자연스럽게 해결되는 시기가 오면 좋겠습니다.

그러는 동안 누구도 원망하지 않고 스스로에게도 너무 자책하지 않고 지금 이 시기에 우리가 할 수 있는 일들을 잘 생각하고 잘 해나가도록, 매일이 건강함으로 몸을 유지하도록, 작은 움직임으로 이 시기를 함께 잘 지내고 겪어내기로 해요.

브릿지피플과
윤웅의
사진이야기

윤웅

브릿지피플과 윤웅의
사진이야기

사진의 시작

저는 1987년도부터 현대전자에서 일하면서 1994년 미국장비 검수차 미국 산호세 지방으로 출장길에 팬탁스 필름 카메라를 구매해서 귀국 하루 전 LA에 있는 디즈니랜드를 온종일 관광하던 중 카메라가 이상한 것 같아 필름통을 열었습니다. 덕분에 미국에서 촬영한 촬영한 사진 절반을 날려버리는 실수로 사진 이야기는 시작합니다.

현대전자시절 산악회를 열정적으로 활동하면서 현대전자에서 가까웠던 북한산·동봉산·치악산·월악산 등을 틈나는 대로 등산하면서 기록을 남깁니다. 같이 산행에 동반한 분들의 사진도 뽑아서 추억의 사진으로 남겨드리고, 당연히 사진 찍으면 같이 동행하신 분들 필름을 현상해서 전달해 드렸습니다.

지금 생각해 보면 정말 사진에 대해 배우지도 않고 인물사진으로 기록을 남기다 보니 주위에서 많은 분들이 저 사람은 사진도 못 찍으면서 사진 찍는다는 소문이 있었는데, 저만 모르고 있었죠.

2009년도에 '링크나우'라는 국내 최대 포털 커뮤니케이션을 알게 되면서 제가 지금까지 정말 집-회사-거래처만 뱅글뱅글 도는 인생을 살고 있음을, 지금까지 제가 알고 있던 인맥보다 더 크고 더 많은 정보들이 공유되고 있음을 확인하고 목표를 500명 이상 인맥을 만들어서 프리미엄 회원이 되는 것으로 삼게 되었습니다.

많은 분들과 소통하자는 개인적인 생각으로 가입과 동시에 유료로 등록하고 최대한 많은 인맥을 쌓으려고 노력하던 중에 처음 삼년 간 페이스북 브릿지피플 회장으로 있던 황성진 대표가 본인의 200번째 인맥에게 자신의 저서인 《독한놈이 이긴다》라는 책을 주겠다는 공유물에 응모하게 됩니다. 어느 날 황성진 회장에게서 회사로 방문하겠는 전화를 받고 직접 만나 본인의 저서를 선물로 주면서 "진정 독함은 착함이요 나눔입니다."라고 코멘트를 달아 주었습니다.

저에 브릿지 피플과의 인연은 그렇게 시작되었습니다.

마음커뮤니케이션에 박진만 대표와 황성진 대표, 미국에서 IT업종에서 회사를 운영하시다 프랑스 알카텔에 2조에 판매하고 한국에 귀국하셔서 국내에서 재단을 운영하시던 김윤종 이사장님과 다음 팬카페로 시작했죠. 현재 꾸준하게 활동하고 있습니다.

소셜네트워크 이야기

2009년도 10월 정도에 갑자기 대한민국에 페이스북 열풍이 불었고, 페이스북에 대해서 많이 공부하면서 많은 분들과 소통하게 되었습니다. 그러면서 페이스 북을 통해 기존에 한국에서 운영되었던 아이러브스쿨/링크나우와는 다른 지연·학연·혈연이 결부되지 않는 인맥이 형성됨을 알게 되었습니다. 새벽 3시까지 많은 분들과 소통하려고 노력을 하였으며, 그해 11월 링크나우 한중일문화정보클럽 강성재 회장님이 주최하는 모임에서 회장님께서 계속해서 저희 윤돈하 종친회장님 말씀을 하셔서 조심스럽게 저희 종친회장님하고 존함이 같다고 말씀드렸습니다. 그랬더니 강성재 회장님께서는 저희 고향에도 자주 오셨고, 한일문화교류의 밤 행사에 종친회장님께서 케익절단식에 참여하는 등 이미 인연이 깊은 사이인 것을 알게 되었습니다.

페이스북 등 소셜네트워크는 이처럼 별세상이었습니다. 우연히 행사에서 만난 사람이 "우리 어디서 본적이 있지 않나요?"라고 말을 건네어 대화를 나누다 보면 페이스북 친구인 경우가 많았죠. 그렇게 SNS 활동에 진심으로 지냈습니다.

2010년 행사장에서 만나 강성재 회장님께서 "자네 계속해서 링크나우에서 인맥을 맺은 것을 계속해서 보내는데, 자네한테 얼마나 도움 되는가? 그리고 자네가 몇 명하고나 진정한 소통을 하고 있나?"라고 물어오셨습니다. 순간 등골이 싸해졌습니다.

SNS에 친구 신청한 기록이 남아서 다른 플랫폼에 연동이 되어 자동으로 윤웅을 푸시하고 있었던 것을 알았습니다. 그제야 인맥을 연결하는 것 보다 인맥과 얼마나 진정한 소통을 할 수 있는가가 중요한지를 알게 되었죠. 그리고 그후로는 인맥을 연결하는 데 신중하게 되었습니다.

이후로 진정한 네트워크의 의미와 지속성에 대해 생각하며 집중하게 된 모임이 브릿지 피플이었습니다.

브릿지피플

2011년도 5월에 브릿지피플 회장을 맞고 있는 황성진 대표가 전화해 대뜸 "형님, 형님은 꿀벌로 우리 모임에 들어오세요."라고 해서 첫모임에 참석했습니다.

브릿지피플 첫 모임에 참석했는데 당시 회원들 중에는 저자와 교수, 국회의원 등 각 분야의 전문가들이 많았습니다. 평범한 직장인 저와는 거리가 먼 것 같았습니다.

나도 모임에서 무언가도 해야겠다는 생각에 과거에 직원들 사진을 남기던 기억을 되살려 제가 지금까지 모임 사진을 찍어서 공유하는 등 스스로 할 일을 찾았습니다. 첫 모임에서 사진을 열심히 찍고 새벽 세 시까지 편집해서 페이스북 단체 페이지에 올린 후 잠이 들던 기억이 납니다.

시련도 있었죠. 서울역 모임에서 그날도 촬영이후에 저에게 전하진 전 국회의원께서 말씀하시길, "웅아, 술 먹는데 사진 좀 찍지 말아라."라고 말씀하셔서 살짝 소심해지기도 했지만 지금까지 열심히 찍사로 활동하고 있습니다.

페이스북 브릿지피플 2013년도 8월 정모사진

사진을 찍게 되면서 모임에 제가 나타나면 맴버들도 자연스럽게 포즈를 취하면 삼삼오오 모여 어깨동무를 하고 카메라에 자동으로 반응하기 시작했습니다. 제가 모임에 늦기라도 하면 웅이 왜 안 오냐며 시작 시간을 늦추고 브릿지피플 이야기를 기록해 주기를 기다려 주셨습니다.

전하진 (전) 의원, 황성진 대표, 김중태 원장님 최용석 대표, 이직 대표 등 6명이 만나는 자리가 있었는데, 당연히 모두 서로 알고 있다고 생각했지만 일면식도 없는 분도 있어서 당황했다는 사실을 전 의원님의 강의를 듣고 알았습니다.

이후 모임에 강희갑 대표님이 함께하시면 사진을 찍어서 올려주셨는데, 그동안 제가 올린 사진들과는 차원이 다른 퀄리티에 충격이 빠지고 조금 부끄러웠습니다. 그 이후로 저는 노선을 달리하여 모임 동영상 촬영으로 변경했습니다. 마침 카메라가 고장·수리 중이도 했죠.

핸드폰으로 영상을 찍어서 30분 촬영하면 2기가 크기의 영상을 다음 TV팟 프로그램을 이용하여 100메가 이하로 줄여서 공유했습니다. 영상 촬영 전담 회원이 되었습니다.

인생 2막 나의 사진이야기

2014년쯤 '최근영의 그림 같은 남도 풍경이야기' 밴드에 초대되어 대뜸 최근영 차장님께 전화해서 다시 사진을 시작하고 싶은데 "어느 회사 카메라를 선택하면 좋을까요?"라고 질문을 드렸더니 "찍고자 하는 사진이 무엇입니까?" 하고 질문을 주셔서 "풍경위주로 촬영하고 싶습니다."라고 대답을 드렸다. 선택은 본인의 몫이지만, 인물은 캐논, 풍경은 니콘이라고 말씀해 주셔서 니콘 D7100과 탑론렌즈 28~300렌즈를 구매해서 저의 제2의 사진 인생이 시작되었습니다.

카메라를 구매해서 처음으로 한 것은 브릿지피플에 20분 정도 일찍 참석해서 강희갑 작가님께 카메라 기본 기능 F값, 셔터스피드 등을 처음으로 교육받은 일입니다. 밴드에 카메라 초보 교육을 신청해 교육을 받는데, 조리개 F9, 셔터스피드 1/250을 알고 있다고 하니 "초보방에서 나가세요."라는 대답이 돌아왔다. 당황했지만 M모드에 대해서는 모르니 교육받게 해달라고 부탁을 했다. 그렇게 수업을 들으며 수업과정을 동영상으로 촬영해 동기들과 공유하는 등 열심히 학습해 낙오 없이 모두 졸업할 수 있었다.

2014년 11월 3일 용인 짚라인

　2014년 11월 13일 브릿지피플 큰형님인 짚라인코리아 이수경 부회장님의 초대로 용인 짚라인에 참석해서 즐거운 하루를 보내고 왔습니다. 이정훈 대표 아들과 제 큰아들이 몸이 가벼워서 마지막 코스에서 혼자

〈2018년 11월 3일 가평 짚라인〉

서 짚라인을 타고 내려오다 중간에 멈추는 바람에 안전요원이 짚라인을 거꾸로 올라가 구출하는 해프닝도 있었습니다.

그리고 2018년도 가평 짚라인에도 이수경 부회장님께서 초대해주셔서 25인승 차량을 이용하여 가평으로 이동하여 참여해 함께할 수 있었습니다.

시간의 기억을 사진으로 보존하는 것을 큰 매력이 있습니다. 같은 모임, 다른 사람, 그리고 함께한 기억의 시간 속으로 타임머신을 타고 금방 날아 갈 수 있으니까요.

브릿지피플은 저에게 사진을 통해 친해지고 사진을 배우며 사진을 통해 기억되는 모임입니다. 카메라 메모리 속 사진이 지워지지 않는 한 저의 메모리에도 영원하게 남아있겠죠.

and 윤웅의
사진이야기

달래촌의 인연

2010년도에 세 달 동안 5번이나 방문하게 되는 계기가 되면서 달래촌 홍보대사를 시작하였으며, 지속적으로 달래촌을 전국으로 알리는 계기가 되었던 달래촌의 강희갑 작가님과 방문하여 강릉 하조대에서 카메라를 이용하여 바위 위로 치는 파도를 장노출로 찍는 연습을 하게 되었습니다. 생에 첫 출사를 계기로 저의 사진 인생 2막이 시작됩니다.

하조대 일출사진 사진 2막의 시작

2019년 1월 1일, 강희갑 형님, 김영기 형님과 함께 초대되어 달래촌 신년행사에 참여하게 되었습니다.

2019년 1월 1일 달래촌 일출

2018년 12월 31일에 안반데기에 도착해서 별사진을 찍으려고 기다리던 중 전국에서 몰려 온 출사객으로 차를 이동하다가 카메라와 삼각대가

〈2019년 1월 1일 강릉 안반데기〉

쓰러지는 일이 생겨서 어렵게 별사진을 찍었던 기억이 반짝반짝합니다.

  강희갑 작가는 함께 출사를 하면서 카메라 조작법 및 상황에 따른 대처법 등 다양한 사진 촬영기법에 대해 가르침을 받은 스승입니다. 그와의 인연도 브릿지 피플에서 맺어주었습니다.

시련과 또다른 도약

  카메라가 넘어지는 바람에 렌즈에 이상이 생겨 수리불가 판정을 받게 되기도 했습니다. 니콘 D800과 탑론렌즈 28~300 렌즈를 새로이 구매하는 등 저의 사진 열정은 식지 않았고 '최근영의 그림 같은 남도 풍경 이야기' 밴드에서 정모와 번개에 참석하게 되면서 사진 촬영에 대한 노하우와 구도가 무엇인지, 빛이 무엇인지 등을 알게 되었습니다. 틈틈이 강희갑 작가의 무료 사진 강의에서 영상을 촬영하면서 사진에 대해 많을 것을 알게 되면서 제3의 사진인생이 시작됩니다.

2018년 8월 영광 불갑사

2018년 8월 영광메타세쿼이아길

2018년 8월 29일 '최근영 남도풍경'에서 영광 불갑사로 출사를 갔습니다. 남도풍경 회원분들과 불갑사에서 꽃무릇 출사를 처음으로 진행하였습니다.

불갑사에서 출사를 마치고 영광 메타세쿼이아길에서 단체로 출사 후에 각자 집으로 귀가했습니다.

남도 풍경에서 두 번째는 안동번개에서 번개가 있었습니다. 늦게 공지를 받아 급하게 도착한 안동하회마을에서 촬영을 하고 인근에서 식사를 하며 이야기를 나누는 등 번개처럼 순식간에 보낸 안동번개였습니다.

저의 사진 인생에서 빼놓을 수 없는 분이 브릿지피플의 강희갑 작가님과 전라남도청 최근영 작가님입니다. 그리고 남도풍경의 김병재 작가님, 유연식 작가님들께 출사 때마다 하나씩 배워가는 재미가 쏠쏠합니다. 제가 '카메라를 버리지 않고 다시 시작하기를 잘했구나' 하는 생각이

2018년 8월 29일 남도풍경 영남방 1주년 번개모임

절절합니다.

2021년 11월 27일에 담양-순창 간 메타세쿼이아길, 담양 메타세쿼이아길, 그리고 광주 아기별똥 단풍길에서 남도풍경 운영자이신 최근영 작가님과 맨투맨으로 출사하면서 저의 잘못된 촬영방법 및 엠모드에 대한 교육을 새롭게 받고 새로이 태어난 계기가 되었습니다.

코로나19 이후 출사를 다닐 수 있는 시간이 많아졌습니다. 네트워킹 모임에서 제 할 일을 찾기 위해 시작한 봉사가 이제 취미이자 안식처, 생활이 되었습니다.

네트워킹은 제가 사진을 더 잘 찍고 싶게 만들어주었고, 모임을 통해 만난 사람들의 도움은 실제로 제가 사진을 더 잘 찍을 수 있게 해주었습니다.

브릿지피플은 선한 영향력을 세상에 돌려주자는 모토로 모인 자발적 사회조직입니다. 매년 열린 강연회를 통해 최신 트렌드와 지식을 나누는 장을 만들어 운영했는데, 2020년 2월 제9회 열린강연회 이후 만날 수 없었습니다.

지식을 통해 선한 영향력을 나눌 수 있는 방법을 찾으며 출판을 통해 코로나로 지친 리더들에게 위로와 공감, 희망을 전하자는 취지로 '공동 출판'을 기획했을 때, 글을 써 본 경험이 없는 제가 참여해도 될지 고민도 했습니다.

하지만 한 가지, 저에게는 사진이 있다는 생각이 났죠. 저는 글 대신 사진으로 기록하고 추억합니다. 혹시 긴 글을 읽어주시는 분들이 계시다면 자신의 좋아하는 것을 찾아 몰입하고 발전하면서 지금 코로나 시국을 이겨내셨으면 좋겠습니다.

인생은 길고, 이 또한 지나가게 되니까요.
2020년 브릿지피플 구호를 함께합니다.
으랏차차!!!!!!!!!!!!

앤필라테스
최윤정 원장의
필라테스 레슨

Physical finess is the first repuisite of happiness.
신체적인 건강은 행복의 첫째 요건이다.

건강이란….

신체적 정신적 사회적으로 완전히 안녕한 상태에 놓여 있는 것

세계보건기구 WHO의 헌장에는 "건강이란 질병이 없거나 허약하지 않는 것만 말하는 것이 아니라 신체적 정신적 사회적으로 완전히 안녕한 상태에 놓여 있는 것"이라고 정의하고 있다. 사람은 인종 종교 정치 경제 사회의 상태 여하를 불문하고 고도의 건강을 누릴 권리가 있다는 것을 명시한 것이다.(두산백과)

면역이란….

우리 몸이 스스로를 보호하는 강한 방어 체계를 갖고 있는데 이런 시스템을 '면역'이라고 부른다. 생체의 내부 환경이 외부인자인 항원에 대하여 방어하는 현상으로 태어날 때부터 지니는 선천면역先天免疫과 후천적으로 생활 등에 적응되어 얻어지는 획득면역獲得免疫으로 구분된다. 말의 어원은 라틴어의 immunitas이며 역병으로부터 면한다는 뜻이다.(두산백과)

면역세포들의 기능이 활발한 사람은 면역력이 좋아서 병원체를 효과적으로 물리칠 수 있으므로 평소 면역력을 높이는 생활 습관을 갖는 것

이 중요하다.

이렇게 건강과 면역의 정의를 종합해보면 우리가 운동을 해야 하는 이유는 충분하다

Pilates is….

Joesph Hubertus Pilates (1883년 ~1967)

필라테스는 (Pilates 또는 Contrology) 근육 강화 운동으로 1910년대 중반기를 전후한 제 1차 세계 대전 중에 영국의 랭커스타 포로수용소에서 인턴으로 근무하던 요제프 필라테스가 포로들의 운동 부족과 재활치료, 정신 수련을 위해 침대와 매트리스 등 간단한 기구만으로 운동할 수 있도록 고안하였는데 이것이 필라테스의 원형이다. 〈〈위키백과〉〉

어릴 때 천식·결핵·류머티즘 등을 앓아 몸이 허약하였던 요제프 필라테스는 건강해지기 위하여 다이빙·스키 등의 운동을 하였고, 자라서 체육교사가 되었다. 1912년에는 영국에서 권투선수로도 활동하였다. 제 1차 세계대전 때 영국 랭커스터 포로수용소에서 인턴으로 근무하면서 포로들의 건강을 위하여 다양한 운동방법을 고안하였다. 그리고 요가·선(禪)·고대 그리스나 로마의 양생법 등을 접목시켜 이 운동을 체계적으로 발전시켰다. 1926년 미국 뉴욕으로 건너와 콘트롤로지(Contrology)이라는 필라테스 스튜디오를 만들고 일반인들에게 보급하기 시작하였다.

이 운동법의 원리는 반복된 동작을 하여 연속적으로 근육을 운동시키면서 통증 없이 근육을 강화하는 것이다. 특히 아랫배와 엉덩이 부분을

파워하우스(Power house)라고 부르며 이 부위를 단련시키는 것이 기본이다. 사용하는 근육의 움직임에 집중하고, 강도를 조절하며 정확한 동작을 이루어야 한다. 몸의 중심이 되는 척추를 바로잡기 위하여 파워하우스를 중심으로 운동한다. 또 동작마다 고유의 호흡패턴이 있어 이를 따라야 운동효과를 최대화할 수 있다. 각 동작을 할 때는 정신을 집중하며, 한 동작에서 다음 동작으로 연결할 때는 부드럽고 유연하게 흐름을 따라 움직여야 한다.

효과는 전신운동을 통하여 몸의 균형과 힘, 유연성이 증가된다. 자세에 균형이 잡히고 관절과 척추가 강화된다. 따라서 일생생활에서 바르고 안정된 자세가 가능하다. 심폐능력과 순환기능력이 강화되는 효과도 있다. 스트레스 감소와 긴장 해소에도 도움이 되며, 신경과 근육이 조화를 이루어 민첩성이 향상된다. (두산백과)

바닥에 등을 대고 누워 위를 향한 자세 supine position
- 등을 바닥에 대고 누워서하는 운동의 장점 : 허리 근력이 약하거나 관절이 약한 사람 과체중인 경우 부상이후 재활을 하면서도 가능하므로 누워서 운동을 하면 여러 가지 이점을 가질 수 있습니다.
- 우선 병원에 환자를 봐도 대부분 등을 침대에 대고 누워있으므로 누구나 할 수 있는 운동이다.(누워서 떡먹기 누워서 떡을 먹는 건 사실 소화기능에도 많은 부담이 되므로 누워서 운동하기로 속담이 바뀌어도 좋을 것 같다)

등을 바닥에 누운 상태에서 하는 생활 속 작은 움직임
- 1단계 : 배를 바닥으로 납작하게 넣어주기, 밀착시켜주기

- 2단계 : 등 뒤를 넓게 벌리면서 호흡을 깊게 마시고 내쉬면서 앞쪽 갈
비뼈를 가운데로 모아주며 배꼽까지 끌어내리기
- 3단계 : 등 전체를 벌리면서 호흡을 가득히 마시고 내쉬면서 배, 허리
를 바닥으로 납작하게 그리고 양옆으로도 잘록하게 모아주며 남아있
는 호흡이 없을 때 까지 충분히 내쉰다.

목 움직이기 끄덕끄덕
- 등을 바닥에 대고 누워서 턱을 천장으로 올렸다가 턱을 끄덕이며 가
슴 쪽으로 당겨준다.

- 이때 두 턱보다는 뒷목이 길어지도록 뒤통수가 바닥을 지긋이 밀어내는 정도에서 반복하기
- 아주 간단한 운동이지만 현대인들에게 꼭 필요한 움직임이다. 머리를 받치고 있는 경추 1번과 2번의 사이의 공간을 만들어주므로 핸드폰과 컴퓨터를 장시간 집중하면서 거의 꺾인 자세를 많이 하고 있기 때문에 목과 어깨질환 예방에 굉장히 중요한 역할을 하게된다.

상체 올리기
- 턱을 가슴으로 당기면서 뒷목을 늘려주는 것을 시작으로 목을 동그랗게 말아서 올라오고 어깨 아래까지 올라오고, 내려가기

Hundred

양손을 천장 위로 올리고 내리기
- 양손을 천장 위로 올려서 머리쪽 바닥으로 내렸다가, 천장 위로 올리고 골반쪽으로 내리기
- 양손을 천장 위로 올렸다가 바깥쪽으로 원그리고 안쪽으로 원 그리기

Single Leg Stretch

One Leg Circle

발목 늘리고 당기기

- 발가락을 천장쪽으로 뻗으면서 발등을 길게 늘려주고,
- 발가락 전체를 몸쪽으로 당겨주면서 뒤꿈치를 밀어내기

한 무릎 접어서 당겨주기

- 한쪽 무릎을 접어서 가슴쪽으로 당겨주며, 반대쪽 다리는 바닥을 눌러주기

한 다리 원 그리기

- 한 다리를 천장으로 올려서 안쪽으로 방향으로 원 그리

고, 바깥쪽 방향으로 원 그리기

골반 들어올리기
- 두 다리 무릎을 구부리고 골반을 천장 위로 올리고 내리기

이렇게 어디서든 천장보고 누워서 아니 침대에 누워있는 시간, 아침에 일어나기 전 또는 잠들기 전에만 움직여도 우리의 몸은 훨씬 더 건강해진다.

물론 움직임은 더 섬세하고 더 큰 움직임들이 있지만 기본부터 매일 매일 하는 습관이 우리의 신체가 내가 하고 싶은 움직임을 하도록 말을 잘 듣는 시스템의 첫 걸음이다.

> Every moment of our life can be the beginning of great things
> 우리 인생의 모든 순간은 어떤 위대한 일의 시작이 될 수도 있습니다.

코로나바이러스 때문에 우리 모두 외부활동도 제한되고 비행기도 탈 수 없는 시기이지만 침대에서 조차 움직임이 제한되는 건 아니니…. 삶의 환경은 전 세계인들이 모두 바뀌었지만 그래도 우리가 그 안에서 할 수 있는 것들을 찾는 게 가장 빠른 적응 방법일거라 생각한다.

그리고 우린 어쩌면 건강을 위해서 좋은 것을 먹고 값비싼 레슨을 받으면서도, 매일 일어나고 잠자리에 들기 전에 하는 일상의 작은 습관들은 간과하고 있다고 생각한다. 이런 시기를 통해 생활 속 작은 실천을 습관화하는 기회로 받아들여도 좋을 듯 하고, 이런 좋은 습관을 몰라서 못 한다기보다는 잊고 있던 것을 새롭게 인지하는 계기가 있을 때 충분

한 동기부여가 되듯이, 알고 있는 것을 적용하고 실천하는 시기로 삼으면 좋겠다.

매트운동은 필라테스의 기반이 되고 모든 필라테스 프로그램들을 통합 할때 필수적인 부분이다. 인공지능이 아무리 발달하더라도 결국 우리 몸은 우리가 직접 움직여야 한다. 전자기기의 발전으로 우리의 삶이 편해지기는 했으나, 그로인해 우리는 직립보행의 시간보다는 의자에 앉아서 또는 누워서 생활하는 시간이 길어지며 움직임이 줄어드는 만큼 예측되는 질병도 많아진 것은 분명하다.

일반인들보다는 쉽게 몸을 건강하게 만드는 데 도움을 주는 기계들을 빨리 접하는 편인데, 벌써 7~8년 전 즈음 기계 안에 누워만 있으면 세포가 재생되고 다이어트 효과까지 있다고 했으나…, 30회차 이상 석 달 이상 해봤으나 효과는 아주 약했다.

마음, 몸, 정신을 함께 건강하게 하기 위한 기본은 움직임에서 시작된다. 내 몸을 잘 컨트롤하고 내가 생각하는 대로, 그리고 내가 하고 싶은 대로 움직일 수 있으려면, 내 몸이 나의 말을 잘 들을 수 있도록 하는 시스템이 구현되어 있어야 한다. 다시 말하면 훈련의 시작.
아주 작은 움직임에서부터 내가 내 몸을 움직이는 훈련이 되면 큰 결정이나 결심에도 시스템이 작동되므로 마인드 컨트롤이 잘 된다.
집중은 우리의 몸과 마음을 연결하는 아주 중요한 도구이고 몸의 움직임을 효과적으로 하려면 집중해야하며, 뇌의 움직임 역시 효과적으로 해야 할 때에도 집중해야 한다

필라테스의 기본은 우리가 우리 스스로의 몸을 인지하는 과정으로부터 시작이 된다. 처음에는 강사가 몸의 정적인 검사와 동적인 검사를 통해서 몸에 정렬을 인지하도록 도와주고 호흡으로 몸의 순환으로의 연결을 도와줍니다.

중심으로부터 몸을 연결하는 방법은 아주 중요한 키워드인데. 시대가 아무리 바뀐다고 하더라도 근본적인 우리 몸의 구조 자체가 바뀌지는 않기 때문에 마음, 몸, 정신의 연결과 더불어 몸의 중심으로부터 신체의 말단을 연결하는 방법도 아주 중요하다

> The Pilates Method of Body Conditioning develops the body uniformly, corrects wrong postures, restores physical vitality, invigorates the mind and elevates the spirit.

신체를 단련하는 필라테스운동법은 신체를 균형 있게 발달시키고, 자세를 바르게 잡아주며, 활력을 회복시켜주고, 마음의 활기를 복돋아 정신과 마음을 고양시킨다.

올바른 움직임을 배운다는 건 몸의 사용 설명서를 익히는 과정이다. 생활습관으로 무의식의 상황에도 자연스럽게 스며들도록 해야 한다. 환경이 바뀌더라도 쉽게 바뀌지 않을 우리가 되려면 어떤 걸 갖추고 있어야할지. 팬더믹 시대처럼 갑자기 받아들여야하는 상황이 어쩌면 우리 모두 같은 조건이다.

잠을 자고, 먹고, 배변을 하고 잠을 자는 장소는 다를 수 있지만 잠을 자는 행위는 같은 조건이고, 먹은 음식은 다를 수 있지만 입에 넣고 씹거나 삼키는 구조의 행위도 누구나 같다. 용변을 보는 화장실 환경은 다를 수 있지만 먹은 음식을 배출하는 구조 행위 역시 누구나 같은 상황이다.

Standing: 다시, 일어서다.

예전에는 필라테스가 뭔지를 설명하는 것부터 시작해야 했다.

요즘은 모르는 사람이 거의 없지만 아직도 플라잉 요가를 설명하며 천장에서 내려오는 줄에 매달려서 하는게 필라테스라고 생각하는 분들도 적지 않게 있다.

인공지능 시대를 대면하지만 없어지지 않을 운동이라고 감히 말할 수 있다. 그 이유는 필라테스의 6가지 원리가 우리 삶에 중요한 원리와 공통점이 많기 때문이다.

- 집중(Concentraction) – 당신이 동작할 때마다 올바른 움직임에 대해 집중하라. 그렇지 않으면 올바르지 않게 동작할 것이며 그 운동의 근본적 이점을 모두 잃어 버릴 것이다.
- 정확성(Precision) – 무엇을 하느냐가 아니라 어떻게 하느냐로 모든 움직임은 목적을 가지고 움직인다. 정확하게 배우고 움직인다는 것은 중요한 결과를 이끌어낸다.
- 컨트롤(Control) – 완전하게 제어된 신체를 지배하는 마음의 컨트롤. 몸 전체의 부분을 컨트롤 할 수 있어야 한다.
- 센터링(Centering) – 모든 움직임은 중심에서 바깥으로 뻗어내는 힘

에서 나온다. 안정적이고 강하며 유연하게 중심을 발달시킨다.

- 호흡(Breath) - 인생에서 제일 먼저 배워야 할 것은 호흡법입니다.
- 플로우(Flow) - 모든 동작과 동작은 시작과 끝의 연결이며 동작은 움직임의 연속으로 각 동작마다의 고유한 리듬으로 몸은 중심으로부터 연결되어 고르게 움직이게 된다.

I invited all these machines, Began back in Germany was there until 1925, used to exercise our rheumatic patients. I thought why use my strength? So I made a machine to do it for me. Look, you see it resists your movements in just the right way so those inner muscles really have to work against it. That way can concentrate on movement. You must always do it slowly and smoothly. Then your whole body is in it.

독일에서 1925년까지 류머티즘 환자들을 훈련시키기 위해 사용되었던 기계들을 모두 초대했습니다. 이 기계들은 왜 내가 힘을 이렇게 써야만 하지 라는 생각에 나를 위해 기계를 만들었습니다. 기계를 한번 보세요, 그게 올바른 방법으로 당신의 움직임에 저항해서 당신의 안쪽 근육들이 정말로 그것에 대항하게 해요. 그렇게 당신이 움직임에 집중할 수 있게 해줍니다. 당신은 항상 천천히 부드럽게 동작해야 합니다. 그러면 당신의 몸 전체가 그 기구의 저항 안에 있게 됩니다.

필라테스에서 운동의 횟수는 반복횟수는 동작마다 정해져 있고 횟수보다는 동작의 정확성과 집중이 중요하다. 레슨이 진행되는 동안 마음 몸 정신 신경계의 연결로 동작을 하기 때문에 운동의 순서에 따라 흐름이 움직임으로 연결되어 어느 동작 하나도 쉬운 것이 없고, 어느 동작 하나도 신경을 안 쓰는 부위가 없게 된다.

눈을 감고 마음을 수련하거나 영적인 수련이 아닌데 마음과 몸의 연결하게 된다.

우리는 건강하기 위해 지금보다 더 많은 시간을 투자를 해야 한다. 좀 더 격하게 좀 더 힘들게 하지 않더라도 삶에 스며드는 동작들로 움직여야 한다.

우리 몸의 구조 자체는 바뀌지 않으므로 단순히 관절을 접고, 펴고, 돌리는 움직임보다는 해부학의 원리로 풀어내는 동작들을 통해 몸이 기능적으로 잘 사용되도록 약한 곳을 강화시키고 과하게 사용한 곳은 이완시키면서 통증이나 부상 없이 건강한 삶을 유지해야 한다.

유지한다는 것 자체가 수평선으로 똑같은 것이 아니라 삶은 시간으로부터 중력으로부터 우리를 당겨내기 때문에 저항하는 힘을 길러내야 한다. 우리가 움직임에 노력보다도 시간과 중력은 더 빠르게 더 많이 움직이기 때문이다.

현재 우리가 겪어내고 있는 팬데믹 시대에 우리 삶에 허락 없이 쳐들어온 바이러스와의 싸움에서 현대사회를 전쟁처럼 살아가고 있는 우리가 또 하나 이겨내고, 스트레스로부터 버텨내고 이게 바로 면역력을 키우는 것이다.

• 잘 먹고, 잘 자고, 잘 싸고
• 건강에 가장 정확한 명언에 한 가지 추가는 잘 움직이기

- 작은 움직임도 섬세하게 꾸준하게 처음 습관을 들일 때 정확하게 집중해서 스며들도록
- 움직임은 몸의 중심으로부터 강화시키고 동작은 흐름으로 이어지도록 깊은 호흡과 함께

Breathing is the first act of life and the last,
our very life depends on it.
호흡은 우리 삶의 첫 번째 행동이자 마지막 행동이며
우리 삶은 호흡에 의존한다.

Physical healthis the first requisiteof happiness.
신체적인 건강은 행복의 첫번째 요건이다.

Pilates is complete coordination of body, mind and spirit.
필라테스는 몸과 마음, 정신의 완벽한 조화입니다.

호흡은 배우지 않아도 무의식의 과정으로 하고 있다. 그리고 그 자체만으로도 훈련을 통해 건강에 큰 영향을 준다. 얕은 호흡을 한다는 건 건강이 약화되었다는 신호이고 우리 몸이 호흡을 잘 할 수 없는 심리상태 또는 자세 통증의 결과이다.

규칙적인 긴 호흡이야말로 언제 어디서든 가장 경제적인 노력이고 그 효과는 생각 그 이상이다. 호흡은 단순히 숨을 쉰다는 것. 호흡呼吸을 숨을 쉬는 것으로 이해하고 숨을 마실 때마다 산소를 섭취하고 내쉴 때마다 이산화탄소를 배출한다. 생물학적인 미시적인 의미의 호흡은 생물

의 세포가 영양물질을 물과 이산화탄소로 산화시켜 에너지를 얻는 화학적 과정이다.

호흡은 심리적 신체적으로 직접적인 영향을 주므로 몸의 정렬 근육이 자세에 미치는 영향을 가장 잘 표현해준다. 그러므로 호흡을 잘 한다는 것은 심신과 신체의 안정적인 움직임의 조절과 좋은 자세를 만들어준다

잘 먹고, 잘 자고, 잘 싸고, 잘 움직이고, 잘 숨쉬기

- 면역력을 위해서 건강한 삶을 위해서 우리가 필라테스를 해야 하는 이유는 먹는 것 이외에 잘 자고, 잘 싸고, 잘 움직이고, 잘 숨쉬기를 해부학적인 베이스로 가장 잘 도와주는 운동이다.

Good posture can be successfully acquire only when the entire mechanism of the body is under perfect.

좋은 자세는 신체의 전체적인 메카니즘이 완벽할 때에만 성공적으로 얻어질 수 있다.

The pliates Method of Body Conditioning develop the body uniformly, corrects wrong postures , resores the spirity.

신체를 단련하는 필라테스는 신체를 균형있게 발달시키고,

자세를 바르게 잡아주며, 활력을 회복시켜주고,
마음의 활기를 북돋아 정신과 마음을 고양시킨다.

If your spine is inflexibly stiff at 30, you are old,
If it is completely flexible at 60, you are young
만약 서른 살에 당신의 척추가 뻣뻣하다면 당신은 늙은 것이고,
60살에도 완벽히 유연하다면, 당신은 젊은 것이다.

By all means, never fail to get all the sunshine
and fresh air you can.
어쨌든 당신이 취할 수 있는 햇살과 신선한 공기를 절대 놓치지 말라.

자신을 믿고 일하는 장인에게는 긴 침묵의 시간을 어떻게 보내느냐에 따라 새로운 숨을 쉬는 시간이 되어주는 것 같습니다. 필라테스로 건강을 찾고 필라테스를 업으로 삼는 최윤정은 필라테스로 다시 중심을 잡아 봅니다.

업무 플랫폼으로
재택근무도
쉽게 해결하세요

업무에 필요한 모든 것을 쉽게, 빠르게 공유하세요

쉬운 업무 플랫폼, 티그리스

뉴스피드	메신저	캘린더	저장소	이메일
전자결재	프로젝트관리	화상회의	인사·근태관리	급여관리
영업관리	세무·회계관리	#지식	AI챗봇	관리자기능

도입문의

Tel   1668-3708
E-mail   contact@tigrison.com

TIGRIS